大学赤本シリーズ

500

京都外国語大学
京都外国語短期大学

教学社

はしがき

おかげさまで，大学入試の「赤本」は，今年で創刊70周年を迎えました。

これまで，入試問題や資料をご提供いただいた大学関係者各位，掲載許可をいただいた著作権者の皆様，各科目の解答や対策の執筆にあたられた先生方，そして，赤本を使用してくださったすべての読者の皆様に，厚く御礼を申し上げます。

以下に，創刊初期の「赤本」のはしがきを引用します。これからも引き続き，受験生の目標の達成や，夢の実現を応援してまいります。

本書を活用して，入試本番では持てる力を存分に発揮されることを心より願っています。

編者しるす

*　*　*

学問の塔にあこがれのまなざしをもって，それぞれの志望する大学の門をたたかんとしている受験生諸君！　人間として生まれてきた私たちは，自己の欲するままに，美しく，強く，そして何よりも人間らしく生きることをねがっている。しかし，一朝一夕にして，この純粋なのぞみが達せられることはない。私たちの行く手には，絶えずさまざまな試練がまちかまえている。この試練を克服していくところに，私たちのねがう真に人間的な世界がはじめて開かれてくるのである。

人生最初の最大の試練として，諸君の眼前に大学入試がある。この大学入試は，精神的にも身体的にも，大きな苦痛を感ぜしめるであろう。あるスポーツに熟達するには，たゆみなき，はげしい練習を積み重ねることが必要であるように，私たちは，計画的・持続的な努力を払うことによって，この試練を克服し，次の一歩を踏みだすことができる。厳しい試練を経たのちに，はじめて満足すべき成果を獲得できるのである。

本書は最近の入学試験の問題に，それぞれ解答を付し，さらに問題をふかく分析することによって，その大学独特の傾向や対策をさぐろうとした。本書を一般の参考書とあわせて使用し，まとはずれのない，効果的な受験勉強をされるよう期待したい。

（昭和35年版「赤本」はしがきより）

挑む人の、いちばんの味方

赤本創刊70周年

1954 年に大学入試の過去問題集を刊行してから 70 年。赤本は大学に入りたいと思う受験生を応援しつづけてきました。これからも，苦しいとき落ち込むときにそばで支える存在でいたいと思います。

そして，勉強をすること，自分で道を決めること，努力が実ること，これらの喜びを読者の皆さんが感じることができるよう，伴走をつづけます。

そもそも赤本とは…

受験生のための大学入試の過去問題集！

70年の歴史を誇る赤本は，500点を超える刊行点数で全都道府県の370大学以上を網羅しており，過去問の代名詞として受験生の必須アイテムとなっています。

なぜ受験に過去問が必要なのか？

大学入試は大学によって問題形式や頻出分野が大きく異なるからです。

赤本の掲載内容

傾向と対策

これまでの出題内容から，問題の「**傾向**」を分析し，来年度の入試に向けて具体的な「**対策**」の方法を紹介しています。

問題編・解答編

- 年度ごとに問題とその解答を掲載しています。
- 「**問題編**」ではその年度の試験概要を確認したうえで，実際に出題された過去問に取り組むことができます。
- 「**解答編**」には高校・予備校の先生方による解答が載っています。

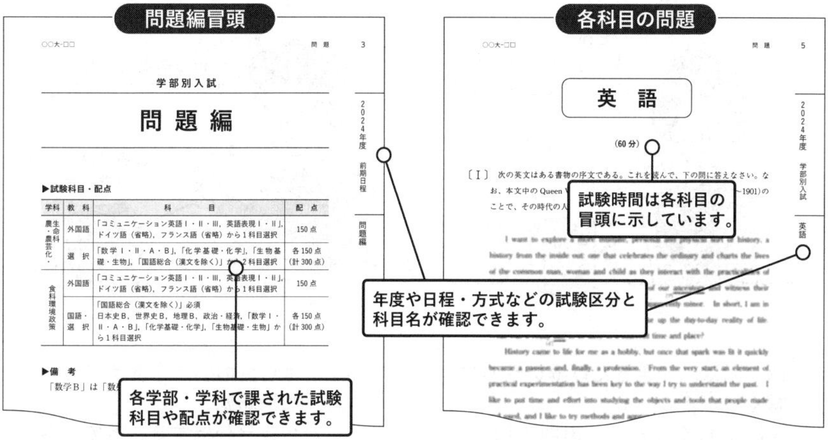

他にも，大学の基本情報や，先輩受験生の合格体験記，在学生からのメッセージなどが載っていることがあります。

掲載内容について

著作権上の理由やその他編集上の都合により問題や解答の一部を割愛している場合があります。なお，指定校推薦入試，社会人入試，編入学試験，帰国生入試などの特別入試，英語以外の外国語科目，商業・工業科目は，原則として掲載しておりません。また試験科目は変更される場合がありますので，あらかじめご了承ください。

受験勉強は

過去問に始まり，

STEP 1

なにはともあれ

まずは解いてみる

しずかに…
今，自分の心と
向き合ってるんだから
ムーン
それは
問題を解いて
からだホン!

過去問は，**できるだけ早いうちに解く**のがオススメ！
実際に解くことで，**出題の傾向，問題のレベル，今の自分の実力**がつかめます。

STEP 2

じっくり具体的に

弱点を分析する

分析の結果だけど
英・数・国が苦手みたい
スリー
必須科目だホン
頑張るホン

間違いは自分の弱点を教えてくれる**貴重な情報源。**
弱点から自己分析することで，**今の自分に足りない力や苦手な分野**が見えてくるはず！

合格者があかす 赤本の使い方

傾向と対策を熟読
（Fさん／国立大合格）

大学の出題傾向を調べるために，赤本に載っている「傾向と対策」を熟読しました。

繰り返し解く
（Tさん／国立大合格）

１周目は問題のレベル確認，２周目は苦手や頻出分野の確認に，３周目は合格点を目指して，と過去問は繰り返し解くことが大切です。

過去問に終わる。

STEP 3

志望校にあわせて

苦手分野の重点対策

明日からはみんなで頑張るよ！
参考書も！ 問題集も！
よろしくね！
呼んだ?
なにを!?
どこから!?
グッ
グッ

参考書や問題集を活用して，苦手分野の**重点対策**をしていきます。**過去問を指針**に，合格へ向けた具体的な学習計画を立てましょう！

STEP 1▶2▶3

サイクルが大事!

実践を繰り返す

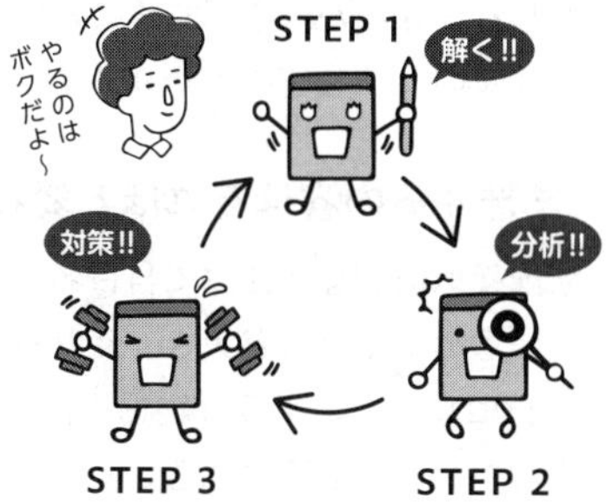
やるのはボクだよ～
STEP 1
解く!!
分析!!
対策!!
STEP 3
STEP 2

STEP 1～3を繰り返し，実力アップにつなげましょう！
出題形式に慣れることや，**時間配分を考えること**も大切です。

目標点を決める

（Yさん／私立大合格）

赤本によっては合格者最低点が載っているので，それを見て目標点を決めるのもよいです。

時間配分を確認

（Kさん／私立大学合格）

赤本は時間配分や解く順番を決めるために使いました。

添削してもらう

（Sさん／私立大学合格）

記述式の問題は先生に添削してもらうことで自分の弱点に気づけると思います。

新課程入試 Q&A

2022 年度から新しい学習指導要領（新課程）での授業が始まり，2025 年度の入試は，新課程に基づいて行われる最初の入試となります。ここでは，赤本での新課程入試の対策について，よくある疑問にお答えします。

Q1. 赤本は新課程入試の対策に使えますか？

A. もちろん使えます！

旧課程入試の過去問が新課程入試の対策に役に立つのか疑問に思う人もいるかもしれませんが，心配することはありません。旧課程入試の過去問が役立つのには次のような理由があります。

● 学習する内容はそれほど変わらない

新課程は旧課程と比べて科目名を中心とした変更はありますが，学習する内容そのものはそれほど大きく変わっていません。また，多くの大学で，既卒生が不利にならないよう「経過措置」がとられます（Q３参照）。したがって，出題内容が大きく変更されることは少ないとみられます。

● 大学ごとに出題の特徴がある

これまでに課程が変わったときも，各大学の出題の特徴は大きく変わらないことがほとんどでした。入試問題は各大学のアドミッション・ポリシーに沿って出題されており，過去問にはその特徴がよく表れています。過去問を研究してその大学に特有の傾向をつかめば，最適な対策をとることができます。

出題の特徴の例	・英作文問題の出題の有無 ・論述問題の出題（字数制限の有無や長さ） ・計算過程の記述の有無

新課程入試の対策も，赤本で過去問に取り組むところから始めましょう。

Q2. 赤本を使う上での注意点はありますか？

A. 志望大学の入試科目を確認しましょう。

過去問を解く前に，過去の出題科目（問題編冒頭の表）と 2025 年度の募集要項とを比べて，課される内容に変更がないかを確認しましょう。ポイントは以下のとおりです。科目名が変わっていても，実際は旧課程の内容とほとんど同様のものもあります。

英語・国語	科目名は変更されているが，実質的には変更なし。 ▶▶ **ただし，リスニングや古文・漢文の有無は要確認。**
地歴	科目名が変更され，「歴史総合」「地理総合」が新設。 ▶▶ **新設科目の有無に注意。ただし，「経過措置」**（**Q3参照**） **により内容は大きく変わらないことも多い。**
公民	「現代社会」が廃止され，「公共」が新設。 ▶▶ **「公共」は実質的には「現代社会」と大きく変わらない。**
数学	科目が再編され，「数学 C」が新設。 ▶▶ **「数学」全体としての内容は大きく変わらないが，出題科目と単元の変更に注意。**
理科	科目名も学習内容も大きな変更なし。

数学については，科目名だけでなく，どの単元が含まれているかも確認が必要です。例えば，出題科目が次のように変わったとします。

旧課程	「数学Ⅰ・数学Ⅱ・数学 A・数学 B（数列・ベクトル）」
新課程	「数学Ⅰ・数学Ⅱ・数学 A・**数学 B（数列）・数学 C（ベクトル）**」

この場合，新課程では「数学C」が増えていますが，単元は「ベクトル」のみのため，実質的には旧課程とほぼ同じであり，過去問をそのまま役立てることができます。

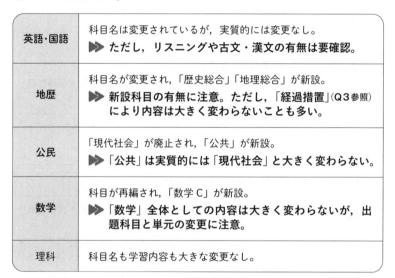

Q3.「経過措置」とは何ですか？

A. 既卒の旧課程履修者への対応です。

多くの大学では，既卒の旧課程履修者が不利にならないように，出題において「経過措置」が実施されます。措置の有無や内容は大学によって異なるので，募集要項や大学のウェブサイトなどで確認しておきましょう。

◯旧課程履修者への経過措置の例

- 旧課程履修者にも配慮した出題を行う。
- 新・旧課程の共通の範囲から出題する。
- 新課程と旧課程の共通の内容を出題し，共通範囲のみでの出題が困難な場合は，旧課程の範囲からの問題を用意し，選択解答とする。

例えば，地歴の出題科目が次のように変わったとします。

旧課程	「日本史Ｂ」「世界史Ｂ」から１科目選択
新課程	「**歴史総合**，日本史探究」「**歴史総合**，世界史探究」から１科目選択※ ※旧課程履修者に不利益が生じることのないように配慮する。

「歴史総合」は新課程で新設された科目で，旧課程履修者には見慣れないものですが，上記のような経過措置がとられた場合，新課程入試でも旧課程と同様の学習内容で受験することができます。

要チェックだホン

新課程の情報は WEB もチェック！
より詳しい解説が赤本ウェブサイトで見られます。
https://akahon.net/shinkatei/

科目名が変更される教科・科目

	旧課程	新課程
国語	国語総合 国語表現 現代文A 現代文B 古典A 古典B	現代の国語 言語文化 論理国語 文学国語 国語表現 古典探究
地歴	日本史A 日本史B 世界史A 世界史B 地理A 地理B	歴史総合 日本史探究 世界史探究 地理総合 地理探究
公民	現代社会 倫理 政治・経済	公共 倫理 政治・経済
数学	数学Ⅰ 数学Ⅱ 数学Ⅲ 数学A 数学B 数学活用	数学Ⅰ 数学Ⅱ 数学Ⅲ 数学A 数学B 数学C
外国語	コミュニケーション英語基礎 コミュニケーション英語Ⅰ コミュニケーション英語Ⅱ コミュニケーション英語Ⅲ 英語表現Ⅰ 英語表現Ⅱ 英語会話	英語コミュニケーションⅠ 英語コミュニケーションⅡ 英語コミュニケーションⅢ 論理・表現Ⅰ 論理・表現Ⅱ 論理・表現Ⅲ
情報	社会と情報 情報の科学	情報Ⅰ 情報Ⅱ

目　次

2022 年度 問題と解答

掲載内容についてのお断り

- 公募制推薦入試・一般入試〔A 日程〕については，代表的な 1 日程分を掲載しています。
- 著作権の都合上，下記の内容を省略しています。
  2024 年度：公募制推薦入試　適性検査［1］の英文
  2022 年度：公募制推薦入試〔英語課題型〕　適性検査の英文

UNIVERSITY GUIDE

大学情報

基本情報

学部・学科の構成

大　学

●外国語学部

英米語学科
スペイン語学科
フランス語学科
ドイツ語学科
ブラジルポルトガル語学科
中国語学科
日本語学科
イタリア語学科
ロシア語学科

●国際貢献学部

グローバルスタディーズ学科
グローバル観光学科

短期大学

キャリア英語科（夜間課程）

大学院

外国語学研究科

所在地

京都外国語大学
京都外国語短期大学

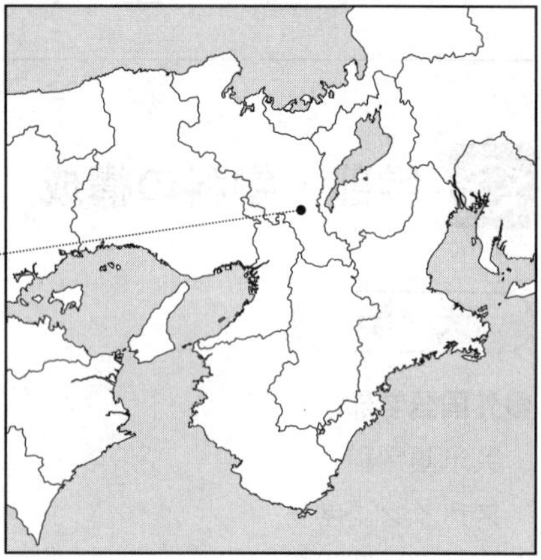

〒615-8558　京都市右京区西院笠目町 6

募集要項の入手方法

総合型選抜入試は8月中旬頃，学校推薦型選抜・一般選抜入試は9月中旬頃より配布される予定です。資料請求は，電話，大学ホームページまたはテレメールから申し込むことができます。

要項請求先・問い合わせ先

京都外国語大学・京都外国語短期大学
入試広報部
〒615-8558　京都市右京区西院笠目町6
TEL　(075)322-6035〔直通〕
資料請求ページ　https://www.kufs.ac.jp/request/index.html

京都外国語大学・短期大学のテレメールによる資料請求方法

スマートフォンから　QRコードからアクセスしガイダンスに従ってご請求ください。

パソコンから　教学社 赤本ウェブサイト(akahon.net)から請求できます。

TREND & STEPS

傾向と対策

科目ごとに問題の「傾向」を分析し，具体的にどのような「対策」をすればよいか紹介しています。まずは出題内容をまとめた分析表を見て，試験の概要を把握しましょう。

注 意

「傾向と対策」で示している，出題科目・出題範囲・試験時間等については，2024 年度までに実施された入試の内容に基づいています。2025 年度入試の選抜方法については，各大学が発表する学生募集要項を必ずご確認ください。

掲載日程・方式・学部

2024 年度入試では，公募制推薦入試がそれまでの〔英語重視型〕を踏襲し一本化された。〔英語課題型〕（グローバルスタディーズ学科のみ）は総合型選抜の英語読解論述入試となった。

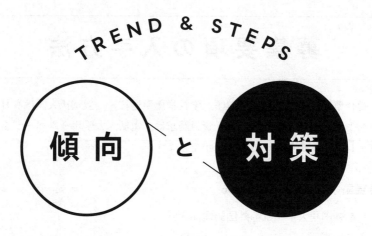

英　語

▶総合型選抜　英語読解論述入試

年度	番号	項　目	内　容
2024 ◐	〔A〕	読　　解	内容説明
	〔B〕	英　作　文	意見論述（120 語）
2023 ◐	〔A〕	読　　解	内容説明
	〔B〕	英　作　文	意見論述（120 語）
2022 ◐	〔A〕	読　　解	内容説明
	〔B〕	英　作　文	意見論述（120 語）

（注）●印は全問，◐印は一部マークセンス法採用であることを表す。
2023 年度までの入試名称は「学校推薦型選抜　公募制推薦入試〔英語課題型〕」。
国際貢献学部グローバルスタディーズ学科で実施。

▶学校推薦型選抜　公募制推薦入試

年度	番号	項　目	内　容
2024 ◐	〔1〕	読　　解	空所補充，同意表現，内容説明，内容真偽，主題
	〔2〕	文法・語彙	空所補充
	〔3〕	文法・語彙	誤り指摘
	〔4〕	読　　解	内容説明，要約文の完成
	〔5〕	英　作　文	意見論述（20 語以上）
	〔6〕	リスニング	内容説明
2023 ◐	〔1〕	読　　解	空所補充，同意表現，内容説明，内容真偽，主題
	〔2〕	文法・語彙	空所補充
	〔3〕	文法・語彙	誤り指摘
	〔4〕	読　　解	内容説明，要約文の完成
	〔5〕	英　作　文	会話文の完成（20 語以上）
	〔6〕	リスニング	内容説明

2022 ◑	〔1〕	読　　解	空所補充，内容真偽，内容説明
	〔2〕	文法・語彙	空所補充
	〔3〕	文法・語彙	誤り指摘
	〔4〕	読　　解	内容説明，要約文の完成
	〔5〕	英 作 文	会話文の完成（20 語以上）
	〔6〕	リスニング	内容説明

（注）●印は全問，◑印は一部マークセンス法採用であることを表す。
2023 年度までの入試名称は「学校推薦型選抜　公募制推薦入試〔英語重視型〕」。
科目名は「適性検査」として出題。
大学（全学部・全学科）・短期大学で実施。
短期大学は〔1〕～〔5〕を解答。

▶一般選抜　一般入試〔A 日程〕

年度	番号	項　目	内　容
2024 ◑	〔1〕	読　　解	空所補充，内容説明，内容真偽
	〔2〕	文法・語彙	空所補充
	〔3〕	文法・語彙	誤り指摘
	〔4〕	読　　解	内容説明，要約文の完成
	〔5〕	文法・語彙	語句整序
	〔6〕	英 作 文	会話文の完成（15 語以上 2 問）
	〔7〕	リスニング	内容説明
2023 ◑	〔1〕	読　　解	空所補充，内容説明，内容真偽
	〔2〕	文法・語彙	空所補充
	〔3〕	文法・語彙	誤り指摘
	〔4〕	読　　解	内容説明，要約文の完成
	〔5〕	文法・語彙	語句整序
	〔6〕	英 作 文	会話文の完成（15 語以上 2 問）
	〔7〕	リスニング	内容説明
2022 ◑	〔1〕	読　　解	空所補充，内容説明，内容真偽
	〔2〕	文法・語彙	空所補充
	〔3〕	文法・語彙	誤り指摘
	〔4〕	読　　解	内容説明，要約文の完成
	〔5〕	文法・語彙	語句整序
	〔6〕	英 作 文	会話文の完成（15 語以上 2 問）
	〔7〕	リスニング	内容説明

（注）●印は全問，◑印は一部マークセンス法採用であることを表す。
大学（全学部・全学科）・短期大学で実施。
短期大学は〔1〕～〔6〕を解答。

読解英文の主題

年度	区分	番号	主題
2024	総合型	—	英国の移民問題とナショナリズム
	推　薦	〔1〕	オンライン学習成功の秘訣
		〔4〕	ピアジェの認知発達段階説
	一　般	〔1〕	サンタクロースの歴史
		〔4〕	ストラディバリウスの再現
2023	推　薦〔英語重視型〕	〔1〕	ドローンがもたらす恩恵
		〔4〕	目隠しをしなさい
	推　薦〔英語課題型〕	—	オフグリッド
	一　般	〔1〕	日本における自動販売機の増加要因
		〔4〕	偶然の一致
2022	推　薦〔英語重視型〕	〔1〕	色彩の役割
		〔4〕	環境教育の必要性
	推　薦〔英語課題型〕	—	世界的な人口移動
	一　般	〔1〕	脳の大きさと緯度との関係
		〔4〕	創造的思考力と批判的思考力

傾向　マークセンス法と記述式による標準的な出題

01　出題形式は？

総合型は筆記試験（70分）でマークセンス法と記述式の併用である。英語長文の読解と英語での意見論述問題が出題されている。

推薦は筆記試験（70分）とリスニング（約10分）で，マークセンス法と記述式の併用である。2022・2023年度〔4〕の読解問題では，あるパラグラフの内容を別の英語で言い換えた要約の空所補充問題が出題され，2024年度も同型式であった。〔5〕の英作文では，質問に対する答えを完成させる形式の問題が出題されている。

一般は筆記試験（80分）とリスニング（約10分）で，マークセンス法と記述式の併用である。2022〜2024年度〔4〕の読解問題では，本文のある下線部の箇所を説明する英文の空所補充問題が出題されている。〔6〕の英作文では，会話文の流れに合う英文を書く問題が出題されている。

02 出題内容はどうか？

総合型は，選択式で英文の内容理解を問う読解問題と，質問に対して，具体例を挙げて考えを述べる自由英作文が出題されている。

推薦では，〔1〕は読解問題で内容を問うものが中心となっており，空所補充問題も出題されている。〔2〕は短文の空所補充問題で，語句を選択する問題。〔3〕は誤り箇所を選択する問題。〔4〕は読解問題で，選択式で英文の内容理解を問う問題が出題されている。〔5〕の英作文問題は，質問に対して2つの選択肢から応答を選び，その理由を答える形式である。

一般は推薦とほぼ同じ形式であるが，〔5〕で語句整序問題が出題されている。英作文問題は，会話が自然につながるように応答文を書く問題2問で，非常にわかりやすい内容になっているものの，答え方には少し工夫が必要である。

リスニングは，2022～2024年度は推薦・一般は同じ形式で，内容説明が10問出題されている。

03 難易度は？

全体的に基本的な知識・理解を問う設問が多い印象だが，判断に迷うものも散見されるので，少し悩むものは後に回して全体としての得点を優先するとよい。

対策

01 読　解

まずは長文を読むために語彙を覚えるようにしよう。市販されている単語集などを利用するのがよいだろう。長文の素材はほとんどが時事的な評論文であり，パラグラフの内容を問う問題が多いので，日頃からパラグラフごとに何が書かれているのか意識しながら読んでいくようにしよう。また，英文を読み進める際には代名詞などの指示内容にも注意したい。設問は本文の展開順に作られていることが多い。

02 文法・語彙

推薦・一般は，〔2〕は単語・熟語の知識を問う問題である。動詞・名詞・形容詞の出題が多い。〔3〕の誤り指摘問題は文法・語法力を問う問題。まずは文法書で文法・語法の知識をしっかり身につけた上で練習問題に当たるのがよい。一般で出題されている〔5〕の語句整序問題は，日本文が与えられていないので，各選択肢の品詞（文中での働き）を考えたり，見たり，確認したりし，英文の意味を考えて前後の単語とのつながりを見ることが大切である。

03 英作文

推薦は意見論述形式，一般は会話文形式の英作文が出題されている。シンプルな内容で，理解することも書くこともそれほど難しさは感じないだろう。使い慣れている簡潔な英単語・文法表現で書くことを大切にしたい。一方，一般についても著しく難度が上がるわけではないものの，会話の返答に対して整合性のある（とれる）英文を書くよう注意が必要である。また，総合型では自由英作文が課されているので，本書のほかに，『英検準1級過去問題集』（教学社）などの英検対策書，また『大学入試 すぐ書ける自由英作文』（教学社）などでも練習をしておくとよいだろう。

04 形　式

推薦・一般は，問題文が英語なので，この形式に慣れておくとよい。

日本史

▶一般選抜　一般入試〔A日程〕

年度	番号	内容	形式
2024 ●	〔1〕	弥生〜室町時代の日中朝関係	選択・正誤
	〔2〕	江戸〜明治時代の対外関係 ⊘地図	選択・配列
	〔3〕	弥生〜第二次世界大戦後の交易・商業・金融・経済	選択・正誤・配列
	〔4〕	原始〜現代の文化・政治・外交・経済	選択
2023 ●	〔1〕	古代〜中世の日朝関係	選択・配列
	〔2〕	近世〜近代の対外関係 ⊘地図	選択・配列
	〔3〕	古代〜現代の経済基盤	選択・配列
	〔4〕	原始〜近代の文化・政治・産業・社会	選択
2022 ●	〔1〕	原始〜中世の大陸からの影響 ⊘地図	選択・配列
	〔2〕	中世〜近代の日欧米関係	選択・配列
	〔3〕	原始〜現代の「移動」の歴史	選択・配列・正誤
	〔4〕	原始〜現代の社会・事件・文化・運動	選択

（注）●印は全問，◑印は一部マークセンス法採用であることを表す。

傾向　バランスのとれた学習を 正文（誤文）選択問題の正答がカギ

01　出題形式は？

大問4題の出題で解答個数は36個となっている。形式はすべてマークセンス法による選択式である。このうち，語句を選択させる一問一答式の問題が半数近くを占めるが，そのほかには正文（誤文）選択問題や，4文から正しい2文を選択させる問題，正文と誤文の組み合わせを選択させる問題や年代順に正しく配列したものを選択させる問題も見られる。試験時間は2教科型が60分，3教科型は2教科で120分。配点は，〔1〕〔2〕

が各16点，〔3〕が32点，〔4〕が36点となっている。

なお，2025年度は出題科目が「日本史探究」となる予定である（本書編集時点）。

02 出題内容はどうか？

時代別では，原始・古代から，中世，近世，近現代まで幅広く出題されている。少ないながら，戦後からの出題があることに注意が必要である。また，全時代にわたる大問が出題されている。

分野別では，政治史・対外関係史・社会経済史・文化史から出題されている。

また2022～2024年度は出題されなかったが，過去には「民撰議院設立の建白書」などの史料問題が出題されたこともある。

03 難易度は？

ほぼすべての問題が教科書の範囲内からの出題であり，難問は含まれていない。しかし，正文（誤文）選択問題は，選択肢をひとつずつ注意して正誤判定をする必要がある。文章を丁寧に読むことで正答を導いてほしい。

出題の多くを占める用語選択問題は，概して教科書記載の内容であり，史実を正確に把握していれば解答が可能である。時代順の配列を選択させる設問は，年代を知らなくても主要な出来事の推移をつかんでいれば解答は可能であるため，苦手意識をもたずに取り組んでほしい。試験では用語選択問題をスピーディーに解答し，文章の正誤判定が必要な問題や配列問題などの検討に十分な時間をかけられるようにしたい。

対策

01 教科書内容の徹底理解を

教科書記載の重要語句を中心に，その前後の記述についても注意を払いつつ精読をしていくこと。歴史用語を単独で理解しようとせず，流れの中に位置づけて理解していきたい。その際に欠かせないのが『日本史用語集』（山川出版社）などの教材である。用語の理解は史実そのものの理解をも深めるので，教科書を読みつつ意味のわかりにくい用語が見つかったら，用語集や歴史事典で調べて意味の確認をしていこう。

02 史料集と図説資料集の利用を

教科書内容の理解を深めるための教材として，用語集のほかに史料集や図説資料集などがある。史料集には，教科書記載の史料をはじめ，著名な史料が多く収録されており，また現代語訳が付されていることもある。ひとつひとつの史料について，何を記しているものなのかを中心に理解することが望ましい。また，図説資料集については，写真や地図などの視覚的把握のための教材として活用したい。地図問題対策として，地名を伴う歴史用語については，その場所を図説資料集などで必ず確認する習慣を身につけておこう。

03 全時代にわたるテーマ史学習を

テーマ史問題を解くためには，全時代にわたる主要な出来事の理解が何よりも重要である。そのためには，各時代の政治史・対外関係史・社会経済史・文化史について，それぞれの理解を深めながら，テーマ史間のつながりに留意しておく必要がある。

日本史では，いわゆる為政者（権力者）によって政治が決定され，かつ対外関係の構築や国内の経済政策，文化的事業が決まっていくことが多い。そこで，為政者の動きを軸に，対外関係史・社会経済史・文化史との相互関連性について，図説資料集の巻末にある年表などを活用しながら整理していくと効果的である。

04 既出問題の研究を

既出問題（過去問）は，出題の傾向や内容を知る上でも極めて有用である。過去問に取り組み，出題の特徴や形式をつかんでおくことで，本番の予行演習ができるだけでなく，効果的な対策を講じることが可能になる。また，日本史学習の習得度を測るためのものとしても，過去問は有効である。本書を活用しながら，学習を進めていくとよいだろう。

世界史

▶一般選抜　一般入試〔A日程〕

年度	番号	内　容		形　式
2024 ●	〔1〕	中世以降のイギリス史		選択･配列･正誤
	〔2〕	中国における歴史書	⊘地図	選択・正誤
	〔3〕	世界史上の建築物	⊘年表	選択･配列･正誤
2023 ●	〔1〕	ハプスブルク家をめぐる歴史	⊘地図	選択・正誤
	〔2〕	中国における宗教		選択･正誤･配列
	〔3〕	世界史上の派閥や政党	⊘年表	選択･正誤･配列
2022 ●	〔1〕	バルカン半島をめぐる歴史	⊘地図	選択・正誤
	〔2〕	中国税制史		選択･配列･正誤
	〔3〕	世界史上の条約	⊘年表	正誤･選択･配列

（注）●印は全問，◑印は一部マークセンス法採用であることを表す。

傾向　幅広い時代と地域に関する出題
配列・正誤問題や地図・年表を利用した問題も

01　出題形式は？

大問 3 題，全問マークセンス法による選択式で，解答個数は 36 個。試験時間は 2 教科型が 60 分，3 教科型は 2 教科で 120 分。配点は〔1〕〔2〕が各 32 点，〔3〕が 36 点となっている。空所補充と下線部についての正文（誤文）選択問題が大半を占めるが，正誤の組み合わせのほか，年代配列を問う問題もある。また，単答形式による空所補充では，複数の用語の組み合わせを選択する形式もある。地図や年表を利用した問題も出題されている。

なお，2025 年度は出題科目が「世界史探究」となる予定である（本書編集時点）。

02 出題内容はどうか？

地域別では，大問 3 題と少ないながらも，2022 年度〔3〕世界史上の条約，2023 年度〔3〕世界史上の派閥や政党，2024 年度〔3〕世界史上の建築物など，テーマ性をもたせ幅広い地域から出題されている。2022～2024 年度まで，欧米地域関連ではヨーロッパ史が大問として出題され，アジア地域では，中国などの東アジアだけでなく，西アジア・中央アジア・南アジア・東南アジアと幅広く出題されている。過去にはアフリカについても出題されており，要注意である。

時代別では，古代から現代までまんべんなく出題されており，第二次世界大戦後など現代史からも出題されている。

分野別では，政治史が中心だが，文化史や経済史からも出題されている。2024 年度は 10 問弱が文化史関連の出題で，比重が大きかった。

03 難易度は？

教科書レベルの基本事項を問う問題が多い。空所補充問題は，選択肢もあるので，問題文をきちんと読んでいけば対応可能である。また，やや難度の高い問題であっても消去法で解答できるものがほとんどなので，落ち着いて対応したい。時代・地域ともに幅広く出題されるので，未学習の分野を残さないようにしよう。

解答個数に対して試験時間は十分にある。見直しの時間が確保できるように，時間配分を工夫したい。

対策

01 教科書の読み込みと用語集の活用を

教科書の内容に準拠した基本的な問題が多い。まずは教科書を丹念に読み込むことが重要である。その際，重要語句を中心に，その前後の文章とのつながりに注目しながら読み，重要語句を確実に理解するとともに歴史の流れを整理しておきたい。また，教科書は本文のみならず，脚注や資料・地図・写真の解説なども精読しておけば，細かい知識が要求されても大いに役立つであろう。その上で，『世界史用語集』（山川出版社）などを用いて，細かな知識を補っておくことも効果的である。

02 重要年代は確実に覚えよう

年代配列問題や年代そのものを覚えていなければ解けない問題も出題されている。重要な年代は歴史事象の前後関係を意識しながら覚えておきたい。重要年代を覚えておくことは，複数の歴史事象の前後関係を問う問題でも解答の手がかりとなるであろう。

03 文化史対策は早めにしっかりと

文化史については教科書で重要な人物の作品や業績を理解するだけでなく，図説などを利用して，文学・哲学・美術様式・科学と技術などの流れも整理したい。建築物や芸術作品は写真やイラストを参照して視覚的に覚えることも効果的である。

04 地図問題に対する対策を

地図を利用した問題が出題されている。学習の際には，各時代・各地域における王朝・国家の領域，首都など重要な都市，河川や戦場などを必ず地図で確認して知識の定着を図っておきたい。

05 過去問の研究を

本書を十分に活用して問題の特徴・レベルを理解してほしい。過去問に触れることで，自己に不足している分野を知り，それに対する対策を行いたい。

数　学

▶一般選抜　一般入試〔A日程〕

年度	番号	項　目	内　容
2024 ●	〔1〕	小問4問	(1)不等式 (2)データの分析 (3)確率 (4)整数の性質
	〔2〕	2次関数	2次関数のグラフ，2次不等式，2次関数の最小値
	〔3〕	図形と計量	三角比，内接円の半径，2次関数の最大値
	〔4〕	場合の数	正十二角形と場合の数
2023 ●	〔1〕	小問4問	(1)式の値 (2)データの分析 (3)確率 (4)整数の性質
	〔2〕	2次関数	2次関数のグラフ，最大値・最小値
	〔3〕	図形と計量	正弦定理・余弦定理の利用，三角形の面積，円周角の定理，円に内接する四角形の性質
	〔4〕	場合の数	大人と子どもが一列に並ぶときの場合の数

（注）●印は全問，◑印は一部マークセンス法採用であることを表す。
2023年度より出題。

出題範囲の変更

2025年度入試より，数学は新教育課程での実施となります。詳細については，大学から発表される募集要項等で必ずご確認ください（以下は本書編集時点の情報）。

2024年度（旧教育課程）	2025年度（新教育課程）
数学Ⅰ・A	数学Ⅰ・A

旧教育課程履修者への経過措置

旧教育課程履修者に不利とならないよう配慮して出題する。

傾向　基本問題・標準問題が中心　まずは基礎の徹底を！

01 出題形式は？

大問は4題，全問マークセンス法で，a～dの4つの選択肢の中から正解を選ぶ形式になっている。試験時間は2教科型が60分，3教科型は2

教科で 120 分である。計算のための余白はそれほど多くはないが，計算量が多い問題はほとんど出題されていないので，それほど問題にはならないであろう。

02 出題内容はどうか？

2023・2024 年度ともに「2 次関数」「図形と計量」「場合の数と確率」を中心に各分野から満遍なく出題されている。2 次関数では，解答の過程で場合分けをしながら考える必要がある問題，図形と計量では発想力が問われる問題，場合の数では重複に注意しながら数え上げる問題など，やや難度が高い問題も一部出題されている。

03 難易度は？

一部にやや難しい問題も出題されているが，決して難問というようなレベルではなく，全体的には基礎的・標準的な問題で構成されている。解答個数が約 30 個と多めであるため，テンポよく解き進めていかないと時間が足りなくなる可能性がある。全体的にみて，2024 年度は 2023 年度と同程度の難易度であった。

対策

01 基礎力の充実を

問題はほぼ基礎的・標準的な問題で構成されているので，教科書を中心に基本事項や公式を整理し，教科書の例題や練習問題をまずはきちんと解けるようにしておくこと。その上で，『チャート式　解法と演習　数学Ⅰ＋A（黄チャート）』（数研出版）や『数学Ⅰ・A　基礎問題精講』（旺文社）などの標準的なレベルの問題集に取り組むことができれば，高得点が狙えると思われる。

02 頻出分野を重点的に

数Ⅰ・Aの範囲から満遍なく出題されているが，2023・2024 年度は，その中でも「2 次関数」「図形と計量」「場合の数と確率」が中心となっている。この分野を中心に，幅広く学習をしておくこと。

03 計算ミスをしても慌てずに

全問マークセンス法で，選択肢の中から正解を選択する形式であるので，計算ミスによって間違いの選択肢を選んでしまう可能性は低いと思われる。自分が出した答えが選択肢の中にない場合は，落ち着いて計算し直すことが大切である。

国語

▶一般選抜　一般入試〔A日程〕

年度	番号	種　類	類別	内　容	出　典
2024 ●	〔1〕	現代文	評論	内容説明，空所補充，文法（口語），文学史，語意，指示内容，内容真偽	「心にとって時間とは何か」 青山拓央
	〔2〕	現代文	資料	語意，空所補充，内容説明，資料読み取り，内容真偽	「令和４年版水循環白書」 内閣官房水循環政策本部事務局
	〔3〕	国語常識		書き取り，読み	
2023 ●	〔1〕	現代文	評論	内容説明，空所補充，文学史，指示内容，語意，内容真偽	「合理的とはどういうことか」 岡部勉
	〔2〕	現代文	評論	内容説明，空所補充，資料読み取り，内容真偽	「グリーン・ニューディール」 明日香壽川
	〔3〕	国語常識		書き取り，読み	
2022 ●	〔1〕	現代文	評論	空所補充，文法（口語），内容説明，読み，語意，文学史，主旨	「『倫理の問題』とは何か」 佐藤岳詩
	〔2〕	現代文	資料	指示内容，空所補充，文の構造，資料読み取り，内容説明	「令和三年版環境・循環型社会・生物多様性白書」 環境省
	〔3〕	国語常識		書き取り，読み	

（注）●印は全問，◐印は一部マークセンス法採用であることを表す。

傾向　読解力と基礎知識をバランスよく問う　国語常識と文学史は要チェック

01　出題形式は？

現代文２題と国語常識１題の計３題の出題で，2024年度の配点は大問順に50・40・10点となっている。試験時間は２教科型が60分，３教科型は2教科で120分。全問マークセンス法である。

02 出題内容はどうか？

現代文は，〔1〕では，評論からの出題が続いている。内容説明・空所補充などの内容把握力を問う設問が多いが，語意・文法（口語）・文学史（昭和まで）などの国語常識を問う問題も例年出題されている。〔2〕では，資料読み取りが出題されており，2023年度以降は文章と，それに関連する資料および資料に関する会話文の内容を問うという形式になっている。

国語常識は，漢字の書き取りが3問，読みが2問出題されている。

03 難易度は？

全体的に基礎的な問題が多いが，〔1〕の評論文を読み取る練習が必要である。漢字，文法，文学史といった知識問題も頻出なので，これらの知識の有無が合否を左右するであろう。内容説明，空所補充の設問は，傍線部や空所の前後の注意深い読解が必要であるが，本文中に明確な根拠を求めることのできる素直な設問である。資料読み取りも，丁寧に読めば特に難解なものではなく，標準的である。

時間配分としては，国語常識は10分以内で終わらせ，残りの時間で大問2題を解くようにするとよい。

対策

01 現代文

『マーク式基礎問題集』（河合出版）などを利用して，評論の問題演習を丁寧にこなしておこう。また，国語常識の拡充のためにも，『大学入試 国語頻出問題1200』（いいずな書店）などの問題集に繰り返し取り組んでほしい。口語文法も確認しておくこと。文学史は，主要な作品名と作者名が結びつけられるようにしておきたい。副教材として学校で使っている「国語便覧（総覧）」を繰り返し復習してほしい。

02 資料の読み取り問題

グラフの読み方も問われるので，日頃から新聞記事などで文章とグラフを併せて読む習慣をつけておくとよいだろう。

03 漢字・国語常識

漢字の書き取りや読みは必ず出題されている。「言葉の知識」を問う設問があるので，「国語常識」「国語必携」などと題された問題集を活用して知識拡充に努めてほしい。

2024年度

問題と解答

総合型選抜　自己推薦型入試

問題編

▶試験科目・配点

科　目	内　　　容	配　点
活動実績	活動実績報告書，自己推薦書（志望理由を含む），証明書類等	50 点
小論文	800 字	50 点
面　接	個人面接（10〜15 分）	50 点

（注）　国際貢献学部グローバルスタディーズ学科を志望する者は，英語での面接となる。

▶備　考

- 活動実績報告書，自己推薦書などの出願書類および小論文，面接の成績により総合的に合否を判定する。

小論文

（60分　解答例省略）

《課題文》

中学や高校の勉強では、ずいぶん暗記をさせられた。歴史の年代や英単語、化学の元素記号など、暗記しなければならないものは、山ほどあった。正直言って、暗記は好きではなかった。数学の問題を解くほうが、よほど楽しかった。暗記は、さして意味もわからずに、ただ繰り返し覚えるだけだから、そう楽しいものであるはずがない。どうしてこんなにもたくさん暗記しなければならないのか。そう思うことがたびたびあった。

意味もわからずに、ただ暗記しても、しようがないだろうと思われがちだが、じっさいは、結構、暗記は役に立つ。中学のときの世界史で、中国の歴史を習うとき、まず、最初に歴代王朝の名称を丸暗記させられた。殷、周、秦、漢、隋、唐、……。それぞれの王朝がいつごろなのか、どんな時代だったのか、いっさい知らずに、ただただ覚えた。そんなことをして何になるのだろうと思ったが、王朝の名称と時代順が頭に入っていると、そのあと学んだ具体的な事象を整理し、一望するのにすごく役に立った。中国の壮大な歴史の全貌を頭のなかで一挙に思い浮かべてみるのは、なかなか爽快なものである。何十年もまえのことなので、もうはっきりとは王朝名を思い出せないが、あのときの爽快感だけは、いまも明瞭に残っている。

日本人初のノーベル賞（物理学賞）の受賞者の湯川秀樹も、幼いころから漢文の素読を祖父にやらされたそうである。漢文の素読とは、意味がわからないまま、ただ漢文を声に出して読むことである。たとえば、「北の冥《うみ》に魚あり。其《そ》の名を鯤《こん》と為《い》う。鯤の大いさ、その幾千里なるを知らず。化して鳥と為《な》るとき、其の名を鵬《ほう》と為う。……」（『荘子』）と声に出して読む。意味もわからずに、ただただ読む。それは湯川少年にとってなかなかつらいことであったようだが、その後、大人の書物を読み始めるときに、おおいに役に立ったそうだ。漢字への慣れにより、文字への抵抗がまったくなかったのである。

このことに関連して、「単純提示効果」という面白い現象がある。同じものに何度も接していると、それを好ましく感じるようになるという現象だ。意味のわからないもの、たとえば無意味な綴り（kmwjtx のようなもの）でさえ、とにかく何度も接していると、好感度が増してくる。人間は馴染みのないものには不安を抱き、慣れ親しんだものには安心感を抱く傾向がある。広告を繰り返すのも、この人間の心理を利用している。

お坊さんになる人はよく経典の暗誦を行う。「……色即是空　空即是色　受想行識　亦復如是……」（『般若心経』）。漢文を書き下すこともなく、じかに音読みする。もちろん、意味はわからない。それでも、ひたすら繰り返し読み、おのずと暗誦していく。このような一見、無意味にみえることが、あとで経典の内容を学ぶうえで、すこぶる役に立つ。全文が頭に入っていることで、各部分の理解が容易になるのだ。

これと似たようなことは、私の専門の哲学でも起こる。哲学を勉強しはじめたころ、哲学の本は難解なので、なかなか最初から順に理解していくことができなかった。理解しがたい箇所にぶつかると、とりあえずそれを読み飛ばしてつぎへ進んでいくしかない。そうすると、そのつぎの部分の理解が十分でなくなる。それでも、仕方ないから不十分な理解のまま、さらにさきへ読み進めていく。すると、またしても理解しがたい箇所にぶつかる。このようなことを繰り返していると、そのうちほとんど意味がわからなくなり、もう読み進めることができなくなる。こうして途中で挫折する。しかし、挫折したままでは、哲学書全体の理解は叶わぬ夢になってしまう。

大事なことは、理解しようなどと思わずに、とにかく全文を読みきることだ。なまじ理解しようと思うから、理解できなくなると、挫折する。最初から理解を求めなければ、最後まで読みきることができる。意味がわからなくても、文字面だけでも結構楽しいものがある。それを頼りにとにかく読む。そして繰り返し読む。もちろん、そうしたところで、わからない箇所が多すぎるから、「読書百遍意自ずから通ず」というわけにはいかない。それでも暗記するくらい繰り返し読んでおけば、そのあと必死の理解を試みることで、何とか理解できるようになってくる。理解できないまま全文を読みきることが理解に至る必須の条件なのである。

（信原幸弘著『「覚える」と「わかる」：知の仕組みとその可能性』より）

《問　題》

課題文を読み、以下の指示に従って答えなさい。

(1)　筆者が主張する暗記の意義について、200字以上300字以内で解答欄①に書きなさい。

(2)　次の問いへの答えを、300字以上500字以内で解答欄②に書きなさい。

問：丸暗記が通用しない学問にはどういうものがあるか。そして、それに対してどのような勉強方法が有効か。

総合型選抜　英語読解論述入試

問 題 編

▶試験科目・配点

区分	学部(学科)	科　　目	配　点
大学	国際貢献(グローバルスタディーズ)	英語：英語長文の読解と英語論述	100点

英 語

（70 分）

次の英文を読んで、続く質問に答えなさい。

The UK (official name “the United Kingdom of Great Britain and Northern Ireland”) is a small island country. Yet it has been very important throughout the course of both European and global history. For example, the first industrial revolution occurred in this country, and the British Empire once ruled about one-quarter of the world, having many colonies around the globe. Before the USA became the most powerful country in the 20th century, it was Britain that was number one.

The UK has long been culturally influential, too. Many sports such as football, rugby, and cricket were born in the UK. Wimbledon is a great place for tennis fans, and the British Open is one of the most prestigious golf tournaments in the world. Many people visit the UK to see these sports events, or enjoy watching them on TV and online. World-famous characters such as Peter Rabbit, Paddington Bear, Thomas the Tank Engine, Winnie-the-Poo, and more recently, Shaun the Sheep were created there. They are beloved by people of all ages, genders, and nationalities. Furthermore, a lot of people around the world are very interested in the British royal family. Some admire their rich and elegant lifestyle, while others are more interested in gossip about them.

It is perhaps a less well-known fact that Britain has historically received many immigrants. Until the first half of the 20th century, most of the immigrants to Britain were from Europe. For example, it is estimated that about 50,000 Protestants fled France and settled in England in the 17th century seeking religious freedom. Another example is the Irish families who had to leave their homeland for their neighbouring country in the mid-19th century, due to a shortage of food, a terrible event that became known as the Irish Potato Famine. The end of World War II, however, marked a change in this migration trend. Although the UK was on the winning side, many towns and cities had been badly damaged due to air raids by German bombers. Many young British people also lost their lives on the battlefields. Therefore, when the UK began to recover from the ravages of war and started to rebuild its economy, there was a shortage in the number of people who were able to enter the workforce. To make up for the shortage of labour, the British government decided to invite people from the colonies to come to the UK and passed a new law called the British Nationality Act in 1948. This law allowed those who lived in the British colonies to live and work under the same conditions as British citizens, without the requirement of a visa or work permit.

After the new law came into effect, more and more people began to arrive from overseas looking for better job opportunities, with the majority from the Caribbean countries of Jamaica and Barbados. The immigrants who came to the UK from those countries at that time were called the "Windrush Generation", because the first group, who were from Jamaica, came to Britain on a ship called the *Empire Windrush*. The majority of these first immigrants were young men, and most came without their families, but as soon as they became settled in their new country and found new jobs, they paid for their families to come over, too. By 1960, "Afro-Caribbeans" and their families had settled in large numbers in several of Britain's cities, but usually in the poorest and most unattractive parts. At the time, however, the conditions they lived in in Britain were not too bad, and often better than those they had left in in the West Indies. There were jobs, so they could make money, and there were also schools for their children to attend. At first, the new immigrants and their young families lived quietly and in harmony alongside the white communities in the cities they had moved to, but the two communities rarely mixed. However, as the number of immigrants grew, racial tensions began to develop and the immigrants found it harder to secure jobs, often experiencing racial discrimination. In addition, their children were often bullied at school and in the streets. There were even riots between immigrants and British racist groups.

Over the following decades, and mostly due to the unrest seen in the 1950s and 1960s, the British government decided to try and restrict the number of immigrants from its former colonies. In the 2000s, a new immigration system called the "points-based system" was introduced. Under this system, only those people from outside the European Union (EU) who had enough "points" could get a work permit (EU citizens were able to work without visas.) Points were decided on several factors, for example, educational background, salary and age. In 2020, Britain left the EU, and the British government announced that a similar immigration system would also be introduced for those who wished to immigrate from EU countries.

(Adapted from "The UK: Immigration and Nationalism" in Global Perspectives in the English-speaking World: Past and Present. JA Kusaka, Jesse Elam & Dax Thomas. Shohakusha, 2022.)

問A　本文の内容に基づいて、次の英文を完成させるのに最も適したものを(a)〜(d)の中から一つ選び、記号で解答用紙に記入しなさい。（10点×5）

1. According to the writer,

   (a) Britain has always been more powerful than the USA.
   (b) the USA has more colonies in the world than Britain now.
   (c) Britain didn't become a real power until the 20th century.
   (d) the USA became the most powerful country in the 20th century.

2. According to the article,

   (a) more people visit the UK to watch Wimbledon than watch it on TV.
   (b) recently, more people prefer Shaun the Sheep to Paddington Bear.
   (c) Winnie-the-Poo is loved by people of all ages in different countries.
   (d) most people are only interested in gossip about the royal family.

3. According to the article,

   (a) most Protestant immigrants in Europe in the 17th century settled in France.
   (b) the Irish Potato Famine forced many starving Irish families to move to the UK.
   (c) many German bombers were damaged in air raids over UK cities and towns.
   (d) in 1948 the British government invited immigrants to live with British citizens.

4. According to the writer,

   (a) the immigrants from the Caribbean traveled to the UK on the "Windrush Generation."
   (b) most of the Afro-Caribbean families were the poorest and least attractive immigrants.
   (c) at first Afro-Caribbean and white families did not really mix, but they got on with each other.
   (d) immigrant children would often racially discriminate against British children at school.

5. According to the article,

   (a) the British government made a decision to limit immigrant numbers after the 1960s.
   (b) the points-based immigration system was created for EU citizens with working visas.
   (c) the number of points a person could get depended on where they lived in the EU.
   (d) the British government decided to leave the EU to stop all immigration to the UK.

問B　次の指示に従って、解答用紙に記入しなさい（50点）

Thousands of migrants leave their countries each year looking for a new home and opportunities. How do you think the government in your country helps such migrants? Give some examples to support your answer in 100–120 words (in English).

解答編

英 語

A **解答** 1 —(d) 2 —(c) 3 —(b) 4 —(c) 5 —(a)

解説

《英国の移民問題とナショナリズム》

1． 第1段最終文（Before the USA …）には，「米国が20世紀に最も強力な国になるまでは，英国が一番だった」とあるので，(d)の「米国は20世紀に最も強力な国になった」が正解。(a)は現在完了形が使われているため，現状のことを表して，「英国は常に米国よりも強大でありつづけている」の意味になり同文に矛盾する。他の選択肢もそれぞれ，(b)「米国は現在，英国よりも多くの植民地を有する」，(c)「英国は20世紀まで実権（覇権）を握ることはなかった」となり，本文内容に合致しないため誤り。

2． 第2段第5・6文（World-famous characters such … genders, and nationalities.）には，They are beloved by people of all ages, genders, and nationalities.「それら（英国発祥のキャラクター）は，あらゆる世代，性別，国籍の人々から愛されている」とあるので，その言い換えとなる(c)「『くまのプーさん』はさまざまな国であらゆる世代の人々に愛されている」が正解。(a)，(b)はそれぞれ「ウィンブルドンを生で観戦するかテレビで視聴するか」，「『ひつじのショーン』と『くまのパディントン』の人気度合い」について比べる表現で，本文にはそのような比較についての記載がない。(d)は，「大半の人は英国王室の噂話にしか興味がない」の意味で本文内容に反するため誤り。

3． 第3段第4文（Another example is …）に，「また別の例は，アイルランドの人々である。彼らは，アイルランドの『じゃがいも飢饉』として知られる凄惨な出来事による食糧難のため，19 世紀半ばに母国を出て近接する英国への移住を余儀なくされた」とあり，(b)「アイルランドの『じゃがいも飢饉』のために，飢えた多くのアイルランド人が英国に移住せざるを得なくなった」が正解。判断に迷うと思われる(d)は，「1948 年に，英国政府は英国市民と生活するよう移民を招待した」の意味。第 3 段 9・10 文（To make up … or work permit.）にあるのは，「英国植民地に住む人たちに，ビザや就労許可証取得の義務なく，英国国民と同じ条件での居住および労働を許可する」という 1948 年に制定された英国国籍法の内容であり，確かに労働力確保のため植民地から人を呼び込むことを狙ったものだが，(d)のように「招待」したわけではないため誤り。

4． 第 4 段第 7 文（At first, the …）に，「当初，新しい移民とその若い家族は，自分たちが移り住んだ先の白人社会とも，溶け合うことはほぼないとはいえ，穏やかに調和して生活していた」とあることから，その言い換えである(c)「当初，アフリカ系カリブ人家庭と白人家庭は本当に溶け合うことはなかったものの，お互いにうまくやっていた」が正解。get on with ～は「～と仲良くやっていく」という意味の成句。(a)「カリブ海周辺諸国からの移民は，ウィンドラッシュ世代に乗って英国に渡った」，(b)「アフリカ系カリブ人家庭の大半は最貧困かつ最も魅力に乏しい移民である」，(d)「移民の子どもたちは，しばしば学校で英国人の子どもたちを人種差別したものだ」はいずれも本文内容と一致せず不適。

5． 最終段冒頭文（Over the following …）に，「以後英国は，主に 1950～1960 年代の社会不安を受けて，かつての植民地からの移民を制限しようと試みた」とあるので，(a)が正しい。同段に，2000 年代に導入されたポイントベース制では EU 市民であればビザ不要であること，ポイントは学歴や給与，年齢などの諸要素で決定されること，また 2020 年，英国の EU 離脱に伴い EU 諸国からの移民希望者についても同様の制度を適用すると英国政府が発表した（全ての移民を受け入れないということではない），とあることから(b)，(c)，(d)はいずれも誤り。

B 解答例　Japan has already established some service centers where foreign workers can obtain necessary information and support for day-to-day affairs. The Foreign Residents' Support Center (FRESC), for example, serves as a one-stop consulting center providing foreign nationals with assistance concerning employment, visa application procedures, and legal aid. It is useful not only for foreign jobseekers but also for companies wishing to employ them as they can access a highly skilled workforce. Additionally, in response to the growing number of foreign residents, Japan plans to train more professionals who can help them adjust to their new lives, by providing language education and appropriate advice on employment, childcare services, public paperwork, and other related matters. (112words)

解説

設問は「多くの移民が毎年，新しい住まいや（雇用の）機会を求めて母国を後にしている中，あなたの政府は国内で，どのようにそういった人々を支援していますか」というもの。賛否の立場をとるものではなく，あくまで国際貢献に関する国内での公的支援について，具体的な知識をもとに説明する必要がある点に注意。

解答例では，外国人就労者が事務手続きや必要な情報を一カ所で得ることができる相談窓口（FRESC）を例に挙げた上で，職を求めている人と企業の接点にもなっている点を加えている。また，外国人居住者の増加に伴い，その支援員育成を強化し，語学教育とあわせて雇用や子育て，事務書類に関して適切な助言を行うことで，日本社会に溶け込んでもらおうとする方針についても触れている。

これ以外にも，外国人雇用や共生社会というキーワードで調べると，「外国人雇用に関する助成金」や「公立学校園での多文化共生教育」などが見つかるが，いずれにしても移民の生活支援という観点から内容を論述していくことが必要になる。

学校推薦型選抜　公募制推薦入試：11 月 23 日実施分

問　題　編

▶試験科目・配点

区分	科　目	内　　　容	配　点
大学	適性検査	英語	100 点
		英語リスニング	20 点
短大	適性検査	英語	100 点

▶備　考

- 短期大学の適性検査（英語）の試験問題は大学と共通だが，英語リスニングは課さない。

適性検査

(大学：筆記 70 分，リスニング約 10 分
短大：筆記 70 分)

[1] Read the passage below and answer the questions that follow.

著作権の都合上，省略。

著作権の都合上，省略。

(Adapted from a work by StudyCorgi.com)

A. Choose the best word or expression to fill in each blank, ① through ③.　[3×3]

1. (①) a. At once　b. For instance　c. In case　d. On the contrary
2. (②) a. Finally　b. However　c. Otherwise　d. Surprisingly
3. (③) a. although　b. because　c. unless　d. whereas

B. Which of the following uses of "pass" has the same meaning as the underlined part (1)?　[4]

4. a. Andrea <u>passed</u> on a second helping of turkey because she was very full.
   b. I saw a plane <u>passing</u> low overhead while I was gardening.
   c. The boy <u>passes</u> the ball without looking, so his elder brother gets angry.
   d. We kept singing to <u>pass</u> the time, and it eventually made the audience happy.

C. Which of the following best expresses the content of the underlined part (2)?　[4]

5. a. Online communication is helpful, but students might accidentally overlook some of the assigned tasks.
   b. Online study skills allow students to make their own effective study plans and carry them out effectively.
   c. Students make study plans very carefully with the help of the classmates, but some fail to do so.
   d. The teachers of the online courses are able to help the students to be independent learners.

D. Which of the following ideas is **NOT** found in the passage about how time management can be improved?　[4]

6. a. Blogs and presentations should not be used, because students may waste time without doing their assignments.
   b. Getting occasional rest is extremely important for students to improve their productivity.
   c. Making a timetable is useful to consider whether the time was spent properly to complete the tasks.
   d. Proper planning is of great importance, because learners can avoid wasting time and effort.

E. Which of the following titles would be best for the passage? [4]

7. a. Advantages and Disadvantages of Online Communication
   b. Effective Time Management for Online Educators
   c. Strategies for Successful Online Learners
   d. The Way to Reduce Online Learning Stress

[2] In the context of the following statements, choose the best word or expression to fill in each blank. [3×10]

8. You should have a ruler if you want to measure things or (　　　) straight lines.
   a. compose　b. draw　c. paint　d. write

9. My computer broke down this morning, so I saved the data from it and (　　　) the files.
   a. abandoned　b. conceived　c. maintained　d. recovered

10. Jack wants everything to be perfect, so he does things carefully and (　　　).
   a. gradually　b. partially　c. thoroughly　d. timidly

11. My father teaches (　　　) at college. He knows a lot about the countries, mountains, rivers, and oceans of the world because of his profession.
   a. biology　b. chemistry　c. geography　d. physics

12. The staff members of the sales division feel (　　　) about their new models. They will advertise them very proudly and broadly.
   a. bitter　b. confident　c. conscious　d. uncertain

13. We encourage people to use this eco-friendly washing powder. The product is not (　　　) to our environment.
   a. beneficial　b. economical　c. harmful　d. similar

14. Nancy is a careless person. She tends to make mistakes, because she doesn't (　　　) what she does.
   a. catch up with　b. make use of　c. pay attention to　d. take charge of

15. The popular magazine (　　　) all the articles written by the politician, because his ideas and policies are always disapproved of by the general public.
   a. added　b. distributed　c. rejected　d. respected

16. My brother is a good (　　　). He observes a wide variety of stars and planets and presents his study results at conferences.
   a. astronomer　b. engineer　c. mechanic　d. priest

17. The greenhouse effect is the (　　　　) warming of the air surrounding the Earth as a result of heat being trapped by pollution. It has happened slowly over a long time.
    a. effective　　b. gradual　　c. immediate　　d. rapid

[3] Choose the underlined part in each text below that is **NOT** grammatically correct. [3×5]

18. Lacks (a) of Vitamin D has been linked (b) to an increased risk of COVID-19, as well as (c) an increased risk of experiencing (d) severe effects from the condition.

19. Social media (a) and smartphones (b) have only made it (c) easier to take and sharing (d) photos.

20. Proverbs are well-known phrases (a) or sentences that gives (b) advice to people, and some (c) of them are common (d) in different countries.

21. If (a) you ask your students about the most valuable (b) skills they learned in (c) school, they will probably mention of (d) school excursions and events.

22. In the workplace, correction (a) errors and misunderstandings early (b) will save us significant time and create (c) good personal relationships (d).

[4] Read the passage below and answer the questions that follow. The letters [A] through [F] next to the passage indicate paragraphs. The words marked with an asterisk (*) are explained in Japanese after the passage.

[A] Our bodies grow and develop as we age, so it should come as no surprise that our thoughts do, too. Understanding the development of thought can help us understand our interactions with people of different ages, especially children and young adults.

[B] The pioneer of the study of cognitive development* is Jean Piaget (1896-1980), a French psychologist. Piaget formed his theories by both observing and talking to children, including his own, and by setting conventional intelligence tests. Piaget's method was innovative because rather than observing his subjects in a laboratory, he observed them in a natural setting, such as at play or in their homes.

[C] Piaget's fascination with this subject grew from watching his nephew Gerard playing with a ball. He noted that when the ball rolled away from Gerard, but was still in sight, such as under a table, the child was able to find it and pick it up. However, when the ball rolled under a sofa, and Gerard could no longer see it, he tried to find it in the place he had seen it last. From this, Piaget suggested that young children lacked the ability to see objects as separate from themselves.

[D] To test this, Piaget began carefully observing his own baby daughter, Jacqueline, as she grew up. As a baby, she apparently believed that objects did not exist if she could not see them. At nearly 12 months of age, she would search for missing objects she could no longer see—thus indicating that she knew they still existed. However, like Gerard in the prior example, she sometimes looked in the wrong place. At around 21 months, she seemed to clearly understand that objects existed whether she was looking at them or not.

[E] Piaget concluded that adults not only think faster than children, but differently. Eventually, he classified cognitive development into the following four stages:

(i) The Sensorimotor Stage (from birth to two years old): Infants and toddlers* use input from their senses—seeing, touching, smelling, tasting, hearing—to understand their world. That's one reason toddlers are constantly putting objects into their mouths. They're not trying to eat; they're trying to learn. A main goal of this stage is for children to learn "object permanence"; that is, to understand that an object exists even when they can't see it. This leads to their being able to name objects with words.

(ii) The Preoperational Stage (from two to six years old): Children use play as a method of learning. They are *egocentric*, meaning that they have trouble understanding the point of view of other people, and are not good at logical thinking. Children have a more mature use of language than infants and toddlers, and can use symbols, memory, and imagination.

(iii) The Concrete Operational Stage (from six or seven to 11 years old): Children have improved use of logic, and can reason mathematically. They can divide and sort items into groups, and think about two dimensions, such as length and width, at the same time. However, their logic applies mostly to concrete objects and not abstract or hypothetical ideas. At this stage, they become less egocentric and begin to consider the viewpoint and feelings of other people.

(iv) The Formal Operational Stage (from age 11 or 12 on up): Adolescents* can think logically about abstract and hypothetical ideas, such as what might happen in the future. They can understand complex mathematical formulas, and relationships such as cause and effect. At the beginning of this stage, there is a return to egocentric thought. It is estimated that only about 35% of high school graduates in industrialized countries reach this stage, and that many adults, in fact, never do.

[F] Modern child psychologists have made adjustments to Piaget's theories. For example, it is now accepted that the age ranges of the four stages are approximate, and that there is some variation in the rate of children's development. However, the stages and their characteristics are still accepted and studied today.

cognitive development：認知発達
toddler：歩き始めの幼児
adolescent：思春期の人

(Adapted from a work by Louis Rogers & Dorothy E. Zemach)

A. Choose the best option to complete each sentence. [3×4]

23. Piaget was unique and innovative, because he observed his subjects
    a. carrying out tasks in a laboratory.
    b. doing things in natural settings.
    c. trying to solve intelligence puzzles.
    d. using experiments with ball games.

24. At the age of about one year old, Piaget's daughter Jacqueline began to look for objects she could no longer see, indicating that
    a. children are curious about finding toys and balls.
    b. children enjoy games of hide-and-seek.
    c. she knew that they still existed.
    d. she was not good at looking in the right place.

25. During the period when children are between two and six years old, their thinking is characterized by
    a. dividing objects into categories and thinking about others.
    b. solving logical problems, and using mathematics.
    c. understanding their world using their senses, and naming objects.
    d. using play as a method of learning, and being self-centered.

26. Recently, more modern child psychologists believe that
    a. Piaget's stages and characteristics are accurate, but the age ranges are not.
    b. Piaget's theories were interesting but completely inaccurate.
    c. Piaget was completely correct in all of his original ideas.
    d. Piaget was not right about the stages of learning, and they had to be rejected.

B. The text below describes the content of Paragraph [C]. Choose the best word or expression for No. 27 through 30. [2×4]

Piaget became very (27) watching his nephew playing with a ball. When the ball was nearby and able to be seen by the child, he was able to find it. (28), when it was rolled away from him, out of view, for example under the sofa, he could not find it, and searched for the ball in the location that it was last seen. This (29) that at a very young age, children might not understand that objects exist separately from themselves. These are some of the (30) of the sensorimotor stage of development.

27. a. disgusted with　　b. interested in
    c. pressured into　　d. shocked by

28. a. By the way　　b. For example
    c. In consequence　　d. On the other hand

29. a. conceals　　b. disproves
    c. indicates　　d. records

30. a. categories　　b. characteristics
    c. groups　　d. purposes

[5] Read the dialogue below and complete B's response **in English**. When you answer,
(i) Circle "a large city" or "the countryside" in the parentheses.
[Example: (a large city / the countryside)], and
(ii) Write a response of at least **20 words** after "because."
More than one sentence is acceptable. [10]

A : Would you like to live in a large city or the countryside?

B : I would like to live in (a large city / the countryside), because ______________

____

リスニング問題

［6］　これから流される放送を聴き、その指示に従ってください。（2点×10）

編集部注：リスニング音源は，大学公式のウェブサイトで公表されています。
https://www.kufs.ac.jp/admissions/unv_col/past_tests/index.html

なお，上記のリンクは2024年5月時点のものであり，掲載元の都合によってはアクセスできなくなる場合もございます。あらかじめご了承ください。

例　　題

Dialogue〔1〕

F: Do you remember that David needs a ride to school earlier than usual this morning?
M: Oh no, I forgot. What time does he need to leave?
F: Right now, actually. He's already waiting for you in the car.
M: Okay. I'll be ready in five minutes.

Question No. 1: What will the man do?

a. Give David a ride to school.
b. Wait in the car.
c. Leave later than usual.
d. Come home from work earlier than usual.

例

1	2	3	4	5
●	ⓐ	ⓐ	ⓐ	ⓐ
ⓑ	ⓑ	ⓑ	ⓑ	ⓑ
ⓒ	ⓒ	ⓒ	ⓒ	ⓒ
ⓓ	ⓓ	ⓓ	ⓓ	ⓓ

Monologue〔1〕

Max had a lot of homework last night, but he talked with his best friend Harry on the phone until eleven. Then he started doing his homework. When Max finally finished his homework, it was already six o'clock in the morning, and so he ended up going to school without sleeping at all.

Question No. 6: How long did it take for Max to finish his homework?

a. Three hours.
b. Six hours.
c. Seven hours.
d. Eleven hours.

例

6	7	8	9	10
ⓐ	ⓐ	ⓐ	ⓐ	ⓐ
ⓑ	ⓑ	ⓑ	ⓑ	ⓑ
●	ⓒ	ⓒ	ⓒ	ⓒ
ⓓ	ⓓ	ⓓ	ⓓ	ⓓ

Dialogues

Dialogue〔1〕

1. a. In two days.
   b. In two weeks.
   c. Tomorrow at 10:30 a.m.
   d. Tomorrow evening at 5 p.m.

2. a. He felt easy.
   b. He felt frustrated.
   c. He felt good.
   d. He felt relaxed.

Dialogue〔2〕

3. a. She works for a private airport.
   b. She works for an airline.
   c. She works for the auto industry.
   d. She works for the food industry.

4. a. Being away from her family.
   b. Eating at interesting restaurants.
   c. Exploring new cities and sightseeing.
   d. Meeting people in her field.

5. a. She has to attend business meetings all day.
   b. She has to buy and sell supplies.
   c. She has to meet with tourist guides all day.
   d. She needs to take clients out to fancy restaurants.

Monologues

Monologue〔1〕

6. a. His parents were paying for it.
   b. His university was close to home.
   c. It is more environmentally friendly than a car.
   d. The campus was only 1 km from his apartment.

7. a. Do some training for a triathlon.
   b. Drive an environmentally friendly car.
   c. Enjoy riding the off-road trails.
   d. Try bicycle mechanics and design.

Monologue〔2〕

8. a. Doing marine sports.
   b. Meeting her best friends.
   c. Staying away from big cities.
   d. Working in an Italian restaurant.

9. a. To meet her relatives from Sydney.
   b. To open a French restaurant.
   c. To study business and graduate.
   d. To try something new and get some work experience.

10. a. To move to her hometown and teach business.
    b. To move to Sydney and work in a restaurant.
    c. To open a French restaurant in London.
    d. To open a restaurant in her hometown.

放 送 内 容

Dialogues

Dialogue [1]

W: Hi, Andrew. You look better. Do you have to go to the hospital again for a check-up this week?

M: Yes, I have an appointment tomorrow at 10:30 a.m. Since my minor surgery a couple of weeks ago, I feel a lot better. But the doctor needs to check on a couple of things.

W: That's really good that they could do some work on your shoulder. Hopefully, you can start playing sports again soon.

M: Yes, I hope so. My team really wants me to join them, but I have to take it easy. It has been really frustrating staying home for the past two weeks.

Question No 1:　When is the man's next hospital appointment?

Question No 2:　How did the man feel about staying at home?

Dialogue [2]

M: You have been traveling a lot for work recently, Jean. Why is that?

W: Part of my job with the airline is visiting small airports on the West Coast.

M: That sounds interesting. Do you like traveling for work?

W: Yes, it's interesting, because I like meeting people in my field. Unfortunately, I don't have a lot of time to go to restaurants or go sightseeing on business trips. I usually have business meetings scheduled all day, just like I did in the recent business trips. Also, I don't like being away from my family all week.

Question No 3: Why does the woman have to travel for work?

Question No 4: What does the woman enjoy about traveling?

Question No 5: What does the woman have to do on her business trips?

Monologues

Monologue [1]

James really enjoyed cycling when he was younger, but when he went to university far from his hometown, he decided to get a different kind of bike. The location of his apartment was about 5 km from campus, and to get there he had to go up a steep hill. He decided to use his savings to get a brand new mountain bike. It was a little expensive compared to a regular bicycle, but he decided that it would be more environmentally friendly and fun to get a bike rather than buying a car. The type of bike he got was also perfect for trying a new hobby—riding the off-road trails with some of his friends.

Question No 6: Why did James decide to get a mountain bike?

Question No 7: Besides commuting, what else is James planning to do with his new bicycle?

Monologue [2]

Monica studied business management for four years in Sydney, three hours away from her hometown of Port Stephens. She really enjoyed living in the big city, and doing marine sports. When she graduated, she decided to take a job in London, where one of her friends was already working. It was an amazing opportunity to try something new and get some experience working with her high school friend in an Italian restaurant. Her goal in the future is to move back to her hometown and open her own small restaurant near the beach with a European theme, so studying business and working in London should help her a lot with her future goals.

Question No 8: What did Monica enjoy doing in Sydney?

Question No 9: Why did Monica go to London?

Question No 10: What is Monica's goal in the future?

解答編

適性検査

1 解答

A．1－b　2－a　3－b
B．4－d　C．5－b　D．6－a　E．7－c

解説

《オンライン学習成功の秘訣》

A．1． 第1段第2文（To become successful…）には，「オンライン学習をうまくやっていくには，通常の対面指導とは大きく異なる，オンライン学習特有の課題に細心の注意を払う必要がある」とあり，続く第2段以降では，その具体的な提案が続くことからb．For instance「たとえば，具体的には」が正解。他の選択肢はそれぞれ，a．At once「ただちに」，c．In case「念のため，万が一に備えて」，d．On the contrary「対照的に」となり，いずれも文意に沿わない。

2． 第2段では，オンライン学習において注意するべき事柄が具体的に説明されており，第2段第2文（First of all, …）や，第3文（Secondly, learning sessions…）にあるように適宜，その順序や論理関係が整理されている。本文では，「学ぶ理由をはっきりさせること」，「オンライン授業で学ぶ項目を明示すること」，「勉強仲間を作ること」，「休憩時間をしっかりととること」を挙げ，最後に，「スケジュール過密を避けるために，先延ばしにしてもよいものを決めること」を持ち出しており，a．Finally「最後に」が正解。b．However「しかしながら」は打ち消し，c．Otherwise「さもなければ」で，条件に従わなかった場合に考えられる結果，d．Surprisingly「驚くべきことに」はその語の通り，その後ろの文には予想に反する事柄が続く。

3． 第4段第3文（Audio and video…）は，「音声または映像通信を用いて，学生同士が現実に近くにいるように想像させることで，情報の理解を向上させることもできる。というのも，声や身振りも汲みとれるからである」となり，b．because「なぜなら」が正解。この設問は判断がやや難しいが，voices and gestures can also be taken into consideration「声や身振りも考慮に入れられる」について，「考慮に入れるとはどういうことか」，「考慮されるから，どうなのか」と問いながら英文を読み直すことで，前文の「学生同士が身近に感じられ，情報に対する理解度も上がる」との因果関係を見いだせれば正答につながる。また，also の訳を強く反映させて，「声や身振りも加味されるため」などとすると，さらに論理関係がわかりやすくなるだろう。なお，他の選択肢は a．although「～だけれども」，c．unless「～しない限りは」，d．whereas「一方で」となり，いずれも文意に合わないため不適。

B．4．下線部(1)を含む第３段第６文（It is significant …）は，「自分の人生によい影響をもたらすこれらの活動を，無駄にやり過ごしてしまうのではなく，真剣に取り組むことが大切である」の意味。各選択肢における pass の意味はそれぞれ，a．「断る」，b．「（物理的に）通り過ぎる」，c．「（ボールなど）～をパスする」，d．「過ごす，暇をつぶす」で，一番近いのは d とわかる。本文の pass の意味として他の表現に置き換えると，let those activities go in vain「～を無駄に通り過ぎさせてしまう」で，just let time go by idly「無為に時をやり過ごしてしまう」，merely let time pass without purpose「目的なく時間が過ぎるのを待つ」といった言い方も考えられるが，いずれにせよそのニュアンスをうまくとらえた選択肢を選ぶ必要がある。

C．5．下線部(2)を含む第６段第２文（With their help, …）は，「これらの戦略が助けとなって，学生は全ての教育活動の計画を立てる機会を得られ，やらなくてはいけないことを見落とさずに済む」とあるので，その内容の言い換えとなる b．「オンライン学習の技術があれば，学生は自分なりの効果的な学習計画を立て，それらを効果的に実行することができる」が正解。下線部(2)にある so that SV は「～するために」という目的，「結果的に～する」という結果の論理関係のいずれも表現できるが，どちらで訳出しても事実としては大きく変わらない点に注意。判断に迷う可能性があるのは a だが，「オンラインでのコミュニケーションは便利だが，学生が偶然課題を見逃す可能性がある」となり，下線部内容と一致しないため誤り。

D．6． b．「たまに休憩をとるのは，学生の生産性を上げるのにきわめて重要」は第２段最終文（Thus, breaks are …）に記載がある。また，c．「予定表は，課題完了のために時間が適切に使われているかの確認に便利である」とd．「適切な計画は，学習者が時間や努力を無駄にしないために非常に重要だ」もそれぞれ第３段第１～５文（Time management can … time and effort.）に記載があるので，aが誤り。

E．7． 文章全体を通して，学習者目線でオンライン授業を効率的にこなしていく戦略が説明されているので，c．「オンライン学習成功のための戦略」が正解。aは「オンラインコミュニケーションの有利不利」だが，不利な点にはほとんど紙幅が割かれていないため不適。bは「オンライン授業をする先生の，効果的なタイムマネジメント」で，教師目線のタイトルとなり不適。d．「オンライン学習のストレスを低減する方法」も，本文で提案の一つとして「休憩をとること」が出てきた程度で，中心的に扱われているわけではないので誤り。

出典追記：Successful Online Learner: Skills and Requirements, StudyCorgi

② 解答

8－b　**9**－d　**10**－c　**11**－c　**12**－b　**13**－c
14－c　**15**－c　**16**－a　**17**－b

解説

8．「ものを測ったりまっすぐな線を引きたいなら，定規が必要だ」となり，b．drawが正解。a．compose「～を構成する」，c．paint「～を塗る」，d．write「～を書く」という意味である。通例，ペンで線を引いて書くのにdraw，筆などを用い絵の具を塗って絵を描くのにpaint，文字や文章を書くのにwriteを用いる。

9．「今朝，コンピューターの具合が悪くなったから，データを取り出してファイルを復元した」で，d．recovered「～を復元した」が正解。a．abandon「～を捨てる」，b．conceive「～を思いつく」，c．maintain「～を維持する」という意味である。なおcと判断に迷うかもしれないが，maintainは「保持」のニュアンスで，ある特定の状況，状態を継続するという意味であり，設問文のように壊れたコンピューターからデータを取り出し復元するという行為を含まないため不適。ここでの recover は retrieve「～を取り戻す」と意味的に近い。

10.「ジャックはなんでも完ぺきでないと気が済まないので，物事には念を入れて徹底的にやる」で，c．thoroughly「徹底的に」が正解。a．gradually「徐々に」，b．partially「部分的に」，d．timidly「びくびくしながら」という意味である。

11.「父は大学で地理学を教えている。職業柄，世界の国や山脈，河川，海にとても詳しい」となり，c．geography「地理学」が正解。a．biology「生物学」，b．chemistry「化学」，d．physics「物理学」という意味である。

12.「営業のスタッフは新モデルに手応えを感じており，堂々と大々的に宣伝するつもりだ」が設問文の意味。後続する文から，スタッフの商品に対する態度を推し量ると，b．confident「自信がある」だとわかる。設問文の proudly は「誇らしげに，堂々と」の意味。a．bitter「苦々しい」，c．conscious「意識して」，d．uncertain「不確かな」という意味である。

13.「私たちはこの環境に優しい粉末洗剤を使うよう推奨している。この製品は，環境に害がない」となり，c．harmful「害がある」を選ぶ。a．beneficial「有益な」，b．economical「経済的な」，d．similar「類似の」という意味である。

14.「ナンシーはそそっかしい人だ。ミスをしがちなのは，自分がしていることに注意を払っていないからである」となり，c．pay attention to ～「～に注意を払う」が正解。a．catch up with ～「～に追いつく」，b．make use of ～「～を利用する」，d．take charge of ～「～の担当を引き受ける」という意味である。

15.「その人気雑誌は，その政治家が書いた記事を全てはねつけた。というのも，彼の考えや政策は常に一般大衆の不興を買っていたからだ」で，c．rejected「～を拒否した」が正解。a．add「～を加える」，b．distribute「～を配布する」，d．respect「～を尊重する」という意味である。

16.「兄は優れた天文学者である。彼は，さまざまな種類の星や惑星を観察し，学会でその研究結果を発表している」なので，a．astronomer「天文学者」が正解。b．engineer「技術者」，c．mechanic「機械工」，d．

priest「神父」という意味である。

17.「温室効果は，大気汚染によって閉じ込められた熱により，地球を取り巻く大気が徐々に温められていくことであり，長い時間をかけてゆっくりと起こる」となり，b．gradual「段階的な，緩やかな」が正解。a．effective「効果的な」，c．immediate「即時の」，d．rapid「急速な」という意味である。

3 解答　**18**―(a)　**19**―(d)　**20**―(b)　**21**―(d)　**22**―(a)

解説

18.「ビタミンDの欠乏」とするには，通例（The）lack of Vitamin Dで，複数形では用いないので，(a)が誤り。

19. ここでのitは形式目的語で，to＋不定詞以下のことを指している。make it＋難度を表す形容詞＋to *do* で，「～するのを…にする」の意味となり，(d)が誤り。正しくは，shareと原形動詞にする。

20. 設問文のthatは関係代名詞で，その先行詞はwell-known phrases and sentencesなので，(b)が誤り。正しくはgiveで，三人称単数のsは不要。

21. mention「～に言及する」は他動詞なので，直接目的語をおく。よって，(d)が誤り。

22. 設問文は，「職場では，間違いや誤解を修正することで大切な時間を節約し，よい関係性を生み出すことができる」の意味で，その述語動詞はsaveとcreateである。助動詞willの前には主語となる名詞が必要だが，correctionのままでは「間違いや誤解の修正」とはできないので，(a)が誤り。correction of errors and misunderstandingsとするか，correcting errors and misunderstandingsと動名詞にすれば意味が通る。

4 解答　**A．23**― b　**24**― c　**25**― d　**26**― a
B．27― b　**28**― d　**29**― c　**30**― b

解説

《ピアジェの認知発達段階説》

A．23.［B］段最終文（Piaget's method was…）に，「ピアジェの手法

が革新的だったのは，被験者を実験室で観察するのではなく，遊んでいるところや自宅での様子といった自然な環境の中で観察したことにある」とあるので，bが正解。

24. ［D］段第3文（At nearly 12…）に，「生後約12ヶ月で，ジャクリーンは自分の目の前からなくなってしまったものを探そうとした。これはつまり，『目には見えていないものの存在はしている，とわかっている』ことを示唆している」とあるので，cが正解。dは「彼女は正しい場所を探すのが下手だった」の意味で，［C］段のジェラルドの例であり，ジャクリーンについてはそのような記述はないため不適。

25. ［E］(ii)第1・2文（The Preoperational Stage…at logical thinking.）に「前操作的段階（2歳〜6歳）：子どもは遊びを学習の道具として使用し，自己中心的で他者の視点を理解することが難しく，論理的思考が苦手な段階」とあることから，dが正解。

26. ［F］段第1・2文（Modern child psychologists…of children's development.）に，「現代の児童心理学者はピアジェの理論にいくらか修正を加えている。具体的には，4段階の年齢幅については大まかなものであり，子ども達の成長速度にはばらつきがある」とあるので，aが正解。他の選択肢はいずれも，「ピアジェの理論が全て正しい，間違っている」や「ピアジェの唱えた段階や特性は誤りである」といったものなので，選択肢から外れる。

B. 27. ［C］段第1文（Piaget's fascination with…）「ピアジェがこのテーマに興味を持ったのは，甥のジェラルドがボール遊びをしているのを見たところからだった」の言い換えとして，bが正解。

28. ［C］段第2・3文（He noted that…seen it last.）中にある，however の言い換えとして，dが正解。

29. ［C］段最終文（From this, Piaget…）の，「このことからピアジェは，小さな子どもは自分たち自身と物を切り離して考える能力に欠けるのではないかと示唆した」から判断して，似た意味になるcが正解。

30. 「これらは，感覚的運動段階の特徴である」となるので，bを選ぶ。

5 解答　〈解答例1〉（I would like to live in a large city, because）convenience comes first to me.　Nearly everything I need is readily available in nearby shops, and the items I order are delivered to my door the next day. Additionally, urban living offers more opportunities for attractive experiences than one would find in the countryside, which makes each day lively and exciting. (51 words)

〈解答例 2〉(I would like to live in the countryside, because) I believe that silence is the most important aspect of my private life. The peace rural life offers would enable me to relax and get away from it all even during busy work days. Who would want to choose a noisy urban life after enduring the hustle and bustle of the town? (52 words)

解説

設題である「大都市に住みたいか地方に住みたいか」に対して,〈解答例 1〉は,大都市に住みたいという立場をとっている。その第一の理由として「利便性」を挙げ,必要なものがすぐに手に入ることを述べた上で,さらに,田舎にはないさまざまな機会が日常を豊かにすると締めくくっている。

〈解答例 2〉では,私生活における「静けさ」を理由に,地方に住みたいという立場をとっている。多忙をきわめる職場の喧騒から離れ,静かな田舎の自宅でのんびり過ごすことの重要性を強調した上で,読み手に疑問を投げかける形で意見をまとめている。2 文目の … get away from it … の it は,その次の文の the hustle and bustle of the town を指している。

6 解答

1－c　**2**－b　**3**－b　**4**－d　**5**－a　**6**－c
7－c　**8**－a　**9**－d　**10**－d

解説

1. 設問文は「男性の次の通院予定はいつですか」で,男性が最初の発言 (Yes, I have …) で,「明日の午前 10 時 30 分に予約している」とあるので,c が正解。

2. 設問文は「男性は,家にいることについてどう感じていましたか」で,男性の 2 回目の発言の最後の文 (It has been …) に「2 週間も家にいるのは本当にいらいらする」とあることから,b が正解。

3. 設問文は「なぜ女性は出張しなければならないのですか」で,女性の

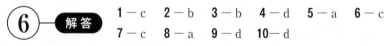

最初の発言（Part of my …）で「航空会社での私の仕事の一環で，西海岸の小さな空港に行かなければいけない」と述べているので，bが正解。

4． 設問文は「女性が出張で好きな点は何ですか」で，女性の2回目の発言の第1文（Yes, it's interesting, …）に「面白いです。なぜなら，自分の分野の人たちと出会えるから」とあるので，dが正解。

5． 設問文は「女性が出張でしなくてはいけないことは何ですか」で，女性が2回目の発言の第3文（I usually have …）で「一日中会議が入っている」と話していることから，aが正解。

6． 設問文は「ジェームズはなぜマウンテンバイクを入手することに決めたのですか」で，第1・2文（James really enjoyed … a steep hill.）でマウンテンバイクの購入経緯について話しており，さらに続けて第3・4文（He decided to … buying a car.）では，車ではなくあえて自転車を選んだ動機について，より環境負荷が少ないことを挙げている。よって，cが正解。

7． 設問文は「通学以外に，ジェームズは新しい自転車で何をするつもりですか」で，最終文（The type of …）には，「彼が購入した自転車は，友人とオフロードを走るという新しい趣味に挑戦するのにも，ぴったりだった」とあるので，cが正解。

8． 設問文は「モニカがシドニーで楽しんだことは何ですか」で，第2文（She really enjoyed …）に，「大都市に住み，マリンスポーツを楽しんだ」とあることから，aが正解。

9． 設問文は「モニカはなぜロンドンに行ったのですか」で，第4文（It was an …）に，「新しいことに挑戦し，高校時代の友人とイタリアンレストランで働く経験を積む，素晴らしい機会だった」とあるので，dが正解。

10． 設問文は「モニカの将来の目標は何ですか」で，第5文（Her goal in …）に，「将来の目標は，帰省して海岸の近くでヨーロッパ調の小さなレストランを開くことだ」とあるので，dが正解。

一般選抜　一般入試〔A日程〕：2月4日実施分

問題編

▶試験科目・配点

区分	方式	教科	科目	配点
大学	2教科型	外国語	コミュニケーション英語Ⅰ・Ⅱ，英語表現Ⅰ・Ⅱ	180点
			英語リスニング	20点
		選択	日本史B・世界史B・数学（数学Ⅰ・A）・国語（国語総合〔古文・漢文を除く〕・現代文B）から１科目選択	100点
	3教科型	外国語	コミュニケーション英語Ⅰ・Ⅱ，英語表現Ⅰ・Ⅱ	180点
			英語リスニング	20点
		選択	日本史B・世界史B・数学（数学Ⅰ・A）から１科目選択	100点
		国語	国語総合（古文・漢文を除く）・現代文B	100点
短大	1教科型	外国語	コミュニケーション英語Ⅰ・Ⅱ，英語表現Ⅰ・Ⅱ	180点

▶備　考

- 〔２教科型〕・〔３教科型〕・〔１教科型〕の外国語（英語）の試験問題は共通だが，〔１教科型〕は英語リスニングを課さない。

英 語

（大学：筆記 80 分，リスニング約 10 分）
（短大：筆記 80 分）

[1] Read the passage below and answer the questions that follow. The words marked with an asterisk (*) are explained in Japanese after the passage.

The story of Santa Claus began with a man named St. Nicholas about 2,800 years ago. (1)Nicholas lived in what is now Turkey. His parents had died when he was a child. They had a lot of money, (①) Nicholas suddenly found himself very wealthy. He decided to travel across the land, and, being kind and generous, in time he began giving all of his wealth away. He gave gifts to everybody, especially children, and became extremely popular. Nicholas died on December 6, and even today, the anniversary of his death is celebrated with huge feasts, and is considered to be a lucky day for people (②) they buy expensive items or get married.

In America, the name Santa Claus came from (2)the term "Sinter Klaas," which is the Dutch name for St. Nicholas. In 1774, a newspaper in New York wrote about all the people who celebrated his death, called St. Nicholas Day. In 1809, a book came out that told the story of how Sinter Klaas, or St. Nicholas, was actually living in New York. The book claimed that he was fat, smoked a pipe, and wore a large green jacket to keep warm. He became even more popular and was described as everything from being rather sneaky* to wearing a yellow stocking and a blue triangle-shaped hat. In 1822, a minister wrote a poem for his children called *The Night Before Christmas* in which Santa Claus was said to be as small as an elf*, cheerful, and fat. He had a sleigh* with bells that was pulled by reindeer* that climbed chimneys when Santa nodded his head.

(③) the 1840s, to encourage Christmas shopping, stores had begun displaying pictures of Santa Claus. In 1841, thousands of people visited Philadelphia to see the new statue of Santa Claus there. In the 1860s, a magazine named *Harper's Weekly* included many drawings of Santa, (④) we got to know, for the first time, that he was a fat, cheerful man with a white beard, bright red suit with white fur trim and a black belt with a large buckle. Santa could slide down chimneys, and, at times, was even wearing an American Flag. He was also married to Mrs. Claus, lived near the North Pole, had a workshop where elves made toys for children, and sometimes used a puppet named "Jeff." The idea of Santa Claus appearing in person in department stores began in 1890 in Massachusetts, where (3)mall workers dressed as Santa, and others as elves who would make small toys and give them to children. In 1897, a newspaper called *The New York Sun* asked, "Is there a Santa Claus?" and answered with a "Yes, ... there is!" This made Santa a legend throughout America and Canada. His appearance changed, at times he was short and other times tall, even as big as a giant. He wore suits that were blue, red, brown, green, purple, or gold.

By 1920, (⑤), the most popular Santa Claus had a red suit with white fur trim and a large black belt. At Christmas, stores were using Santa to advertise and sell all their goods. Beginning in 1931, Coca-Cola used this picture of Santa to increase the sales of their soft drink during the winter season. (4)All this advertising helped create the standard image of Santa that we know today. Santa had become more commercial than religious. In 1934, the song "Santa Claus is Coming to Town" became a big hit. It told of how Santa made a list of "naughty or nice" children throughout the world. So, if you wanted to get a present from Santa, you "had better be nice."

sneaky：こそこそする
elf / elves：妖精
sleigh：そり
reindeer：トナカイ

(Adapted from a work by Jonathan Berman and Takashi Shimaoka)

A. Choose the best word or expression to fill in each blank, ① through ⑤. [4×5]

1. (①)	a. as	b. but	c. so	d. whereas
2. (②)	a. although	b. except	c. if	d. unless
3. (③)	a. By	b. Since	c. Through	d. Until
4. (④)	a. at which	b. from which	c. to whom	d. with whom
5. (⑤)	a. accordingly	b. consequently	c. however	d. therefore

B. Which of the following best expresses the content of the underlined part (1)? [4]

6. a. Nicholas had lived in Turkey since he was born.
   b. Nicholas lived in the place which was not called Turkey then.
   c. The place where Nicholas lived was called Turkey.
   d. Turkey is a famous country now because Nicholas lived there.

C. Which of the following is a suitable explanation of the underlined part (2)? [4]

7. a. People use the word "Sinter Klaas" instead of "Santa Claus" in some countries.
   b. Sinter Klaas, or St. Nicholas, lived in New York in the 1800s.
   c. St. Nicholas was called Sinter Klaas when he was young.
   d. The origin of the name "Santa Claus" is a Dutch name, "Sinter Klaas."

D. Which of the following is **NOT** a suitable explanation of the underlined part (3)? [4]

8. a. Mall workers dressed either as Santa or as elves.
   b. Some workers dressed as elves who would support Santa.
   c. The job of mall workers was to make toys to sell to passers-by.
   d. Visitors to the stores could see mall workers in Christmas costume.

出典追記：島岡丘, Jonathan Berman『Life Topics: Reflections』南雲堂

E. Which of the following best expresses the content of the underlined part (4)? [4]

9. a. All the advertisements failed to change the traditional image of Santa.
   b. Had it not been for advertising, we wouldn't have the standard image of Santa.
   c. Those in charge of advertising didn't want to create the image of Santa.
   d. We still don't have the same image of Santa in spite of advertisements.

F. Which of the following ideas can be found in the passage? [4]

10. a. Santa Claus became popular among children when a song about him spread throughout the world.
    b. Since the current Santa Claus is modeled after St. Nicholas' appearance, his appearance has never changed.
    c. The Christmas custom was held on the anniversary of St. Nicholas' death and was an event to grieve his passing.
    d. Up until 1920, the outfit and physical appearance of Santa Claus varied largely from one source to another.

[2] In the context of the following statements, choose the best word or expression to fill in each blank. [3×12]

11. I was so relieved when I heard that my brother had recovered (   ) and was fully awake after such a serious accident.
    a. appreciation   b. consciousness   c. humor   d. sickness

12. My aunt is a talented (   ). She not only sells flowers, but she also advises her customers on indoor plants for the home.
    a. architect   b. cashier   c. florist   d. scientist

13. No one in the class is qualified to be the leader except for Cathy, who always (   ) the feelings of others. She is very understanding.
    a. changes   b. considers   c. hurts   d. judges

14. Bob enjoys making a variety of (   ) at home. He sometimes goes out to a nearby park with his children to fly them in the air.
    a. bicycles   b. kites   c. sinks   d. videos

15. Hollywood celebrities only (   ) stay home during the whole summer. Most have the habit of going to fashionable resorts.
    a. earnestly   b. frequently   c. probably   d. rarely

16. These days, many stationery goods are designed to be (   ) as well as functional. Manufacturers work hard to make their products pleasant to look at.
    a. attractive   b. impractical   c. reasonable   d. tough

17. I didn't say sorry to my sister because I didn't think there was any reason why I should (　　　).
    a. apologize　b. boast　c. collaborate　d. quarrel

18. The city has a relatively mild climate, but several times a year, it is quite (　　　).
    a. delicate　b. intricate　c. peaceful　d. severe

19. Many college students can (　　　) PCs if they save up money from their part-time jobs.
    a. discount　b. purchase　c. repair　d. utilize

20. Mary (　　　) to do a lot of voluntary work for medical clinics in South Africa, because she wanted to help the local people.
    a. failed　b. hesitated　c. intended　d. pretended

21. Could you give us a (　　　) idea of your presentation? We don't have time to go through all the detailed points.
    a. drastic　b. general　c. popular　d. splendid

22. The professor suggested that the students try a more (　　　) approach. Therefore, they started to examine the data thoroughly.
    a. careful　b. harsh　c. novel　d. random

[3] Choose the underlined part in each text below that is **NOT** grammatically correct. [3×8]

23. The teacher turned to (a) the student wears a cap (b) and announced that neither (c) caps nor hats are to be worn (d) in the class.

24. We have been saying (a) that before getting married (b), Mick has to get rid of that irritated (c) habit of clicking (d) his tongue.

25. The pandemic was such a worry that (a) all the medical staff working (b) in the hospital were giving (c) a seminar on the disease (d).

26. I commute (a) by bike, what (b) is mainly for the exercise, but let me (c) add that it's also just as fast as (d) the train.

27. Although (a) the Internet helps us do (b) many things, you shouldn't depend heavily on your smartphone every days (c) so as not to get addicted (d).

28. After changing schools (a), Kimberly had a difficult time adjust herself (b) to the new atmosphere (c) and the challenging environment (d).

29. The news that the singer was leaving show business (a) caused quite a sensation among the fans (b), but the reason why (c) still remaining a mystery (d).

30. Had I (a) known you were interested (b) in the scholarship of the university, I would have advised (c) you to apply it (d).

[4] Read the passage below and answer the questions that follow. The words marked with an asterisk (*) are explained in Japanese after the passage.

When Regina Buenaventura walks onto the stage, all eyes are on her violin. In the fifth row, Joseph Nagyvary closes his eyes and listens. He has spent years in a laboratory studying the sound of the most famous and valuable instrument of all time. Nagyvary believes that he has finally solved the centuries-old mystery behind the remarkable sound of the Stradivarius violin.

This young musician holds the result of Nagyvary's scientific efforts under her chin—the Nagyvarius. She begins playing and the violin makes clear, brilliant, heavenly sound. Creator Nagyvary opens his eyes. Could this be the magical Stradivarius sound?

For 150 years, violin makers, musicians, and scientists have tried to solve the mystery of the Stradivarius. Antonio Stradivari lived in Cremona, a small northern Italian city. Before his death in 1737, he made over 1,000 violins, violas, cellos*, and guitars. Two sons followed him into the business, but they died soon after. The details of how their father and other violin makers from Cremona made their remarkable instruments disappeared with them.

How could a man with no education produce instruments with such a heavenly sound? Did Stradivari and the other violin makers from Cremona have a secret?

Joseph Nagyvary's laboratory in the United States at Texas A&M University is a world away from Cremona. Nagyvary began teaching biochemistry* at the university in the late 1960s. A number of years ago, he began making violins. Using his knowledge of chemistry, Nagyvary believes that he has found the answer to the Stradivarius puzzle.

In 1977, Nagyvary presented the results of his research to the Violin Society of America. He claimed that the high quality of Stradivari's instruments was not due to his artistic talent. Rather, the remarkable sound was a result of the materials Stradivari used, specifically the chemical properties of the wood and varnish*. Stradivari himself probably did not understand the importance of these materials. In other words, Stradivari was certainly talented, but he probably owed much of his success to luck.

Nagyvary's announcement shocked violin makers and dealers. His theory was a direct challenge to the way that violins had been made for years. It also challenged violin makers' belief in the importance of their artistic talent.

Nagyvary stands by his theory. "The pieces of the puzzle have been around and I have not invented anything new. But I put the pieces together while the others could not. I am the first chemist of good international standing who, obviously, has a much better understanding of the effects of these natural chemicals."

The best proof of Nagyvary's theory may be the instruments he makes. By using what he has learned from his research, Nagyvary claims to produce violins with a sound quality very similar to that of a Stradivarius. This is demonstrated in *The Stradivarius Puzzle*, a 13-song CD recorded by the well-known professional violinist Zina Schiff. On it, Schiff plays both a Nagyvarius and her 1697 Stradivarius, reportedly worth $3,000,000. Schiff says, "I sent *The Stradivarius Puzzle* to a friend of mine who is a conductor and he had no idea. He just could not tell. The truth is, I would rather be playing on one of Dr. Nagyvary's instruments."

Isaac Stern, one of the most respected violinists of the 20th century, is quoted as saying, "Dr. Nagyvary's knowledge makes his work of special value to us all today."

So, why do violin makers and dealers refuse to even discuss Nagyvary's theory? Nagyvary's website suggests that because many violin makers consider themselves artists, they have a personal interest in focusing on the art, not the science, of violin production. And Schiff believes that violin makers and dealers feel threatened by the fairly low cost ($10,000 to $25,000) of a Nagyvary instrument.

Schiff came from a poor family, so she feels very strongly that people who cannot afford Stradivari violins should still be able to have high-quality instruments. According to Schiff, Dr. Nagyvary's violins have made this possible, without having a negative effect on the beauty and value of a Stradivarius.

cello：楽器のチェロ
biochemistry：生化学
varnish：天然のニス

(Adapted from a work by Lynn Bonesteel)

A. Choose the best option to complete each sentence. [4×6]

31. We learn from the passage that Joseph Nagyvary
    a. has uncovered the answer to a very old mystery.
    b. is a young and well-known musician.
    c. is searching for the perfect violinist to play for him.
    d. was a famous violin player from centuries ago.

出典追記：The Scientist and the Stradivarius. Ottawa Citizen on December 8, 2002

32. The passage tells us that Antonio Stradivari
    a. had two sons who also had long careers as violin makers.
    b. made lots of musical instruments before his death.
    c. moved to the small Italian city of Cremona when he was a child.
    d. was only interested in making fashionable violins.

33. Research of Joseph Nagyvary claimed that the famous sound of Stradivari's instruments was
    a. created by what the instruments were made of.
    b. impossible to explain and so would never be achieved again.
    c. the result of the instrument player's talent.
    d. the result of the maker's building skills.

34. Joseph Nagyvary's theory
    a. helped violin makers make instruments more efficiently.
    b. led to a new invention using natural chemicals.
    c. made violin makers feel somewhat uneasy.
    d. was widely appreciated by most violin makers.

35. Nagyvary now makes violins which
    a. are only suitable for making recordings and not for playing live.
    b. are similar to a Stradivarius but more expensive.
    c. have a sound that is difficult to distinguish from a Stradivarius.
    d. sound particularly good when recorded on CD.

36. Nagyvary has a website that
    a. claims many makers focus on art rather than science.
    b. he now uses to sell his violins for a relatively low price.
    c. is having a negative effect on the image of Stradivarius instruments.
    d. is popular with violin makers, players, and dealers.

B. The text below explains the underlined part "Nagyvary's announcement shocked violin makers and dealers." within the passage. Choose the best word or expression for No. 37 through 41. [2×5]

The (37) of Nagyvary's research (38) that violin makers may have to change their (39) practices, which in turn may reduce the (40) they have in their own skills and (41) for making violins.

37. a. losses b. notes
    c. results d. words

38. a. ended b. formed
    c. ordered d. suggested

39. a. long-argued b. long-constructed
    c. long-established d. long-lost

40. a. confidence b. difficulties
c. material d. worry

41. a. abilities b. patience
c. time d. wood

[5] Choose the most suitable order for each set of expressions to fill in each blank. [4×4]

42. Joshua said ( ) for the first time.

(1) that he visited France (2) it was not
(3) in his 20s (4) until he was

a. (1) (3) (2) (4) b. (2) (3) (4) (1)
c. (2) (4) (3) (1) d. (4) (3) (2) (1)

43. To my surprise, ( ) to write a report yesterday.

(1) who I thought (2) helped me
(3) was unkind (4) my classmate

a. (1) (3) (4) (2) b. (1) (4) (2) (3)
c. (3) (4) (2) (1) d. (4) (1) (3) (2)

44. I didn't ( ) with me.

(1) for fear that (2) get angry
(3) tell her the truth (4) she would

a. (1) (4) (2) (3) b. (1) (4) (3) (2)
c. (2) (4) (1) (3) d. (3) (1) (4) (2)

45. I got ( ) gone, and no longer there.

(1) only to (2) find him
(3) at 8 p.m. (4) to Tom's home

a. (1) (2) (4) (3) b. (2) (4) (1) (3)
c. (3) (4) (1) (2) d. (4) (3) (1) (2)

[6] Read the dialogue below and complete B's responses, (1) and (2). Write your answers in **15 or more words in English** for each response. More than one sentence is acceptable. Do not copy or repeat A's phrases or sentences. [15×2]

(Two friends are talking together in the kitchen.)

A: I think recycling takes too much effort. How about you?

B: (1)____

A: Well, that's true. I'll try to make more effort to recycle and not throw away so much. But what other things can we do to reduce waste?

B: (2)____

A: What great ideas! Thanks!

リスニング問題

［7］　これから流される放送を聴き、その指示に従ってください。（2点×10）

編集部注：リスニング音源は，大学公式のウェブサイトで公表されています。
https://www.kufs.ac.jp/admissions/unv_col/past_tests/index.html

なお，上記のリンクは2024年5月時点のものであり，掲載元の都合によってはアクセスできなくなる場合もございます。あらかじめご了承ください。

例　題

Dialogue〔1〕

F:　*Do you remember that David needs a ride to school earlier than usual this morning?*
M:　*Oh no, I forgot. What time does he need to leave?*
F:　*Right now, actually. He's already waiting for you in the car.*
M:　*Okay. I'll be ready in five minutes.*

Question No. 1: What will the man do?

a. Give David a ride to school.
b. Wait in the car.
c. Leave later than usual.
d. Come home from work earlier than usual.

例

1	2	3	4	5
●	ⓐ	ⓐ	ⓐ	ⓐ
ⓑ	ⓑ	ⓑ	ⓑ	ⓑ
ⓒ	ⓒ	ⓒ	ⓒ	ⓒ
ⓓ	ⓓ	ⓓ	ⓓ	ⓓ

Monologue〔1〕

Max had a lot of homework last night, but he talked with his best friend Harry on the phone until eleven. Then he started doing his homework. When Max finally finished his homework, it was already six o'clock in the morning, and so he ended up going to school without sleeping at all.

Question No. 6: How long did it take for Max to finish his homework?

a. Three hours.
b. Six hours.
c. Seven hours.
d. Eleven hours.

例

6	7	8	9	10
ⓐ	ⓐ	ⓐ	ⓐ	ⓐ
ⓑ	ⓑ	ⓑ	ⓑ	ⓑ
●	ⓒ	ⓒ	ⓒ	ⓒ
ⓓ	ⓓ	ⓓ	ⓓ	ⓓ

Dialogues

Dialogue〔1〕

1. a. Her partner needs to get medicine.
   b. She can't find the right medicine.
   c. She has a headache.
   d. She has a sore throat.

2. a. She only needs to take them for three to four hours.
   b. They are less expensive than the syrup.
   c. They taste better than the syrup.
   d. They work more quickly than the syrup.

Dialogue〔2〕

3. a. He can't help his friend with their math problem.
   b. He doesn't know how to do the math problem.
   c. He forgot about the math homework he had to do.
   d. He only had half an hour to finish his math problem.

4. a. Monday.
   b. Tuesday.
   c. Wednesday.
   d. Friday.

5. a. Don't take too many notes before going to the tutoring session.
   b. Focus on his notes rather than going to the tutoring session.
   c. Note down difficult points before going to the tutoring session.
   d. Wait for Friday to read his notes and find main points.

Monologues

Monologue〔1〕

6. a. After lunchtime, cloudy and rainy.
   b. Clear and sunny by lunchtime.
   c. Rainy and thundery.
   d. The same as at the weekend.

7. a. About 21 degrees, but only in the north.
   b. Similar in the north and the south.
   c. The same as in the previous week.
   d. Warmer in the south.

Monologue〔2〕

8. a. Helps people look after their dogs.
   b. Helps the coastguard and police train their dogs.
   c. Saves around 30 people every year.
   d. Works with people over 35 years old.

9. a. Help feed and water the dogs.
   b. Join and train with their own dogs.
   c. Join the police or coastguard.
   d. Wait to join the organization for over a year.

10. a. They are big and strong swimmers.
    b. They can be trained in a year.
    c. They can jump from helicopters to the beach.
    d. They love being in the water and swimming.

放 送 内 容

Dialogue [1]

M: Hello, can I help?

W: Yes, my partner sent me here. I need something for a sore throat … and I can't stop coughing. It really hurts.

M: Do you have a headache too?

W: No, not really.

M: Well, we have this syrup or these cough drops.

W: Which is better?

M: They're both good. The syrup is more expensive.

W: Oh, well … I'll take the cough drops, then. How many do I take?

M: Just one.

W: And how often should I take them?

M: Every three to four hours. And take them before mealtimes.

Question No. 1: What is the woman's problem?

Question No. 2: Why does the woman decide to take the cough drops?

Dialogue [2]

W: Hello, what are you doing?

M: I've been trying to solve this math problem for the last half hour, and I still have no idea how to do it.

W: When do you have to turn it in?

M: It's due on Friday.

W: Well, it's only Monday. Why don't you get some after-school tutoring tomorrow?

M: I have to sign up for it first. I'll go tomorrow and sign up for the Wednesday session.

W: You should also read the chapter again and make notes on the points you are not sure about before you go to the tutoring session. It will help you to understand the problem better.

M: OK, I'll do that. And thanks for your advice.

Question No. 3: What's the man's problem?

Question No. 4: When does the math problem need to be turned in?

Question No. 5: What advice did the woman give to the man?

Monologue [1]

Today's weather: in the south, most of the rain from the weekend will disappear with just a little cloud and a few showers. By lunchtime, it will all clear up and be sunny. It's not such good news for the north, with more wet weather, and not a lot of sunshine. Some of today's rain will be heavy and even thundery. Temperatures will stay mostly warm at around 21 degrees, both in the north and the south. It might feel like a nice change from the colder temperatures we had last week.

Question No. 6: What will the weather be like today in the south?

Question No. 7: What will the temperatures be like?

Monologue [2]

An organization in Milan, Italy, has been patrolling Italian beaches for more than 35 years, with up to 400 fully trained "lifedogs." It saves about 30 lives a year. It is working closely with the coastguard and police to rescue sailors, divers, and swimmers up and down the Italian coast. The dog trainers hold onto the dog's vest as the dog swims out to the person in trouble. Volunteers can join and train with their own dogs, but the training is difficult and takes at least a full year. Dogs are taught how to jump into the water from helicopters and rescue boats. The dogs are especially chosen because of their large size and powerful swimming ability.

Question No. 8: What does the Italian organization do?

Question No. 9: What can volunteers do?

Question No. 10: What's special about the dogs?

日本史

（2教科型：　　　60分
3教科型：2教科120分）

［1］　次の文章を読み、後の問いに答えなさい。(16点)

弥生時代には、各地で水稲農耕が本格的に開始され、余剰生産物や水利の権利などをめぐり、本格的な対立・抗争が始まった。そのことは、 ア で確認できる「倭国大乱」の記述や、環濠集落・高地性集落の遺跡などから知られる。

原始・古代の倭は、中国皇帝を中心とする国際秩序である冊封体制に組み込まれた。弥生時代に続く古墳時代においても、朝鮮半島南部をめぐる外交・軍事上の立場を有利にするため、倭の五王が中国に使者を派遣した。倭の五王のうち、 イ と同一人物とされる倭王武は、478年に使者を派遣し、六国諸軍事安東大将軍の称号を得た。

589年に隋が南朝の陳を滅ぼして南北朝を統一すると、推古朝の600年に、最初とされる遣隋使が派遣された。このときの派遣は、『 ウ 』では確認できず、『隋書』倭国伝のみに記されている。続いて607年には小野妹子らが遣隋使として派遣された。

①7世紀前半には唐が成立し、10世紀には宋が中国を統一した。唐・宋と倭（日本）との関係は、日本の正史や貴族の日記だけでなく、『旧唐書』倭国日本伝や『宋史』日本伝などから知ることができる。

②南北朝の動乱期にあたる14世紀には、中国大陸では元の支配を排した朱元璋が明を建て、朝鮮半島では李成桂が高麗を滅ぼして朝鮮を建てた。朝鮮からは、1419年に発生した エ とよばれる事件に関わる外交交渉のために宋希璟が来日し、紀行文の『老松堂日本行録』を残した。同書からは、当時の畿内で三毛作が行われていたことなどを知ることができる。

問1　空白部 ア に入る、「建武中元二年」の記述などでも知られる史料として最も適当なものを、次のａ～ｄの中から選びなさい。解答番号は１。（２点）

ａ　『漢書』地理志　　ｂ　『後漢書』東夷伝
ｃ　『宋書』倭国伝　　ｄ　「魏志」倭人伝

問2　空白部 イ に入るものとして最も適当なものを、次のａ～ｄの中から選びなさい。解答番号は２。（２点）

ａ　仁徳天皇　　ｂ　安康天皇　　ｃ　雄略天皇　　ｄ　允恭天皇

問3　空白部 ウ に入る、720年に成立した史書の名称として最も適当なものを、次のａ～ｄの中から選びなさい。解答番号は３。（３点）

ａ　古事記　　ｂ　日本後紀　　ｃ　続日本紀　　ｄ　日本書紀

問4　空白部 エ に入るものとして最も適当なものを、次のａ～ｄの中から選びなさい。解答番号は４。（３点）

ａ　刀伊の入寇　　ｂ　三浦の乱　　ｃ　寧波の乱　　ｄ　応永の外寇

問５　下線部①に関連して、唐や宋との関係に関して述べた次の文Ⅰ～Ⅳについて、正しいものの組合せを、下のａ～ｄの中から選びなさい。解答番号は５。（３点）

Ⅰ　７世紀前半には、犬上御田鍬らが遣唐使として派遣された。
Ⅱ　７世紀前半には、学問僧の玄昉らが遣唐使とともに入唐した。
Ⅲ　宋が中国を統一したあと、日宋間で正式な国交は開かれなかった。
Ⅳ　日本と宋との間では、勘合を用いた貿易が展開された。

ａ　Ⅰ・Ⅲ　　ｂ　Ⅰ・Ⅳ　　ｃ　Ⅱ・Ⅲ　　ｄ　Ⅱ・Ⅳ

問６　下線部②に関連して、南北朝の動乱期の社会に関して述べた次の文Ｘ・Ｙについて、その正誤の組合せとして正しいものを、下のａ～ｄの中から選びなさい。解答番号は６。（３点）

Ｘ　武士団では、地縁的結合よりも血縁的結合が重視されるようになった。
Ｙ　権限を拡大した守護が、荘園・公領を侵略する動きを強めていった。

ａ　Ｘ－正　Ｙ－正　　ｂ　Ｘ－正　Ｙ－誤
ｃ　Ｘ－誤　Ｙ－正　　ｄ　Ｘ－誤　Ｙ－誤

［２］　次の文章を読み、後の問いに答えなさい。（16点）

豊臣秀吉の死後に実権を掌握した徳川家康は、豊臣政権下で断行された朝鮮侵略によって断絶していた朝鮮との関係修復をめざした。その結果、対馬の［　ア　］の尽力によって日朝間の国交が回復し、朝鮮と［　ア　］との間には、1609年に己酉約条が結ばれた。

1610年代には禁教令が出され、［　イ　］がマニラなどに追放されるなど、1630年代には「鎖国」体制を整備するための一連の法令が出された。

江戸時代後期には、「鎖国」体制を揺るがす出来事があいつぎ、幕府も対応をせまられた。具体的には、①18世紀末以降の諸外国の接近や東アジア情勢の変動を背景に、外国船への対処に関わる法令は、複数回にわたって変更された。

明治政府のもとでは、1870年代に日清修好条規、日朝修好条規が締結された。日清修好条規は相互に開港して領事裁判権を認めあうことなどを定めた対等条約だったが、1875年の［　ウ　］を機に翌年に締結された日朝修好条規は、日本側が有利な不平等条約であった。

一方で②条約改正交渉も進められ、日清戦争直前に陸奥宗光外相のもとで日英通商航海条約が締結されて法権回復が実現し、小村寿太郎外相のもとで税権回復も達成された。この間の日露戦争では、小村は日本側の全権として、ロシアの全権［　エ　］とともに、ポーツマス条約を締結した。

問１　空白部［　ア　］に入るものとして最も適当なものを、次のａ～ｄの中から選びなさい。解答番号は７。（２点）

ａ　宗氏　　ｂ　尚氏　　ｃ　松前氏　　ｄ　蠣崎氏

問２　空白部 イ に入るものとして最も適当なものを、次のａ～ｄの中から選びなさい。解答番号は８。（２点）

ａ　大村純忠　　ｂ　有馬晴信
ｃ　大友義鎮　　ｄ　高山右近

問３　空白部 ウ に入るものとして最も適当なものを、次のａ～ｄの中から選びなさい。解答番号は９。（３点）

ａ　甲申事変　　ｂ　江華島事件
ｃ　甲午農民戦争　　ｄ　義和団事件

問４　空白部 エ に入るものとして最も適当なものを、次のａ～ｄの中から選びなさい。解答番号は10。（３点）

ａ　ウィッテ　　ｂ　レーニン
ｃ　プチャーチン　　ｄ　スターリン

問５　下線部①に関して述べた次の文Ｘ・Ｙと、文中の「この地」を示した下の地図中の場所Ⅰ～Ⅳの組合せとして正しいものを、下のａ～ｄの中から選びなさい。解答番号は11。（３点）

Ｘ　ロシア使節ラクスマンは、この地に来航し、幕府に通商を要求した。
Ｙ　イギリス軍艦フェートン号は、この地に侵入し、薪水などを強要した。

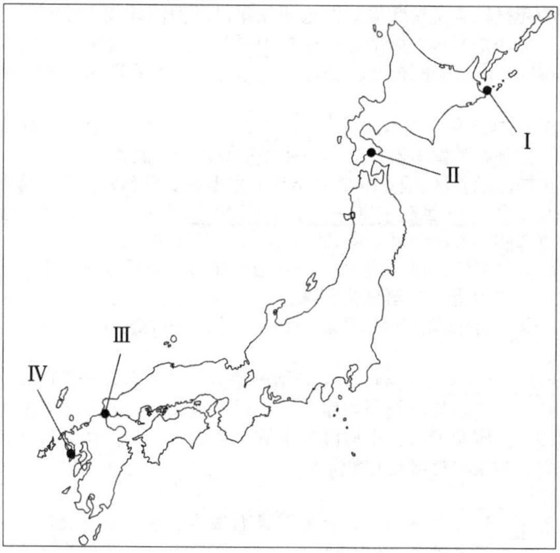

ａ　Ｘ－Ⅰ　Ｙ－Ⅲ　　ｂ　Ｘ－Ⅰ　Ｙ－Ⅳ
ｃ　Ｘ－Ⅱ　Ｙ－Ⅲ　　ｄ　Ｘ－Ⅱ　Ｙ－Ⅳ

問6　下線部②に関して述べた次の文Ⅰ～Ⅲについて、古いものから年代順に正しく配列したものを、下のａ～ｆの中から選びなさい。解答番号は 12。（３点）

Ⅰ　寺島宗則が税権の回復をめざし、アメリカなどと交渉した。
Ⅱ　井上馨が条約改正交渉を促進するため、欧化政策を推進した。
Ⅲ　大隈重信は、条約改正に好意的な国から個別に交渉を開始した。

ａ　Ⅰ－Ⅱ－Ⅲ　　ｂ　Ⅰ－Ⅲ－Ⅱ　　ｃ　Ⅱ－Ⅰ－Ⅲ
ｄ　Ⅱ－Ⅲ－Ⅰ　　ｅ　Ⅲ－Ⅰ－Ⅱ　　ｆ　Ⅲ－Ⅱ－Ⅰ

［３］　次の文章を読み、後の問いに答えなさい。（32 点）

３世紀の倭の様子を記した中国史書に「国々に市あり。有無を交易し、大倭をして之を監せしむ」とあるように、①邪馬台国では市が開かれていたことが知られている。７世紀には律令が本格的に導入され、中国の都城制にならった［ア］への遷都を経て、８世紀前半には平城京が造営された。平城京の左京・右京には、それぞれ東市・西市が設けられ、市司がこれらを監督した。市では、②地方から運ばれた産物、官吏に支給された布や糸などが交換された。

院政期になると荘園公領制が確立し、鎌倉時代には③荘園・公領の中心地や交通の要地などに定期市が開かれた。市の様子は、備前国福岡の市が描かれている、「［イ］」などから知ることができる。中世には戦乱があいついだものの、④室町時代には商業がさらに活発化した。

室町時代には、座の種類や数が著しく増えたが、戦国大名のなかには楽市令を出して、自由な商業取引を促そうとする者もあった。織田信長が 1577 年に、［ウ］の城下町で出した楽市令は、なかでもよく知られている。

江戸時代には、幕府によって慶長金銀や［エ］といった貨幣が鋳造・発行され、江戸・大坂・京都を中心に商業活動が展開された。たとえば、［オ］家は、1673 年、江戸本町に越後屋呉服店を開き、「現銀（金）掛け値なし」などの商法で富を築いた。10 代将軍［カ］のもとで政治を主導した田沼意次は商業資本を重視し、株仲間を広く認めて運上や冥加などの営業税をかけ、増収をめざした。

明治時代になると、［オ］などは政府から特権を与えられた政商として独占的利益を獲得し、やがて⑤財閥へと成長していった。

第二次世界大戦後には、民主化政策の一環として財閥解体が断行された。しかし、1947 年 12 月に公布された［キ］にもとづいて、翌年に指定を受けた 325 社の分割は、冷戦の展開を背景に占領政策が転換されるなかで、実際には 11 社にとどまった。

問１　空白部［ア］に入るものとして最も適当なものを、次のａ～ｄの中から選びなさい。解答番号は 13。（２点）
ａ　恭仁京　　ｂ　福原京　　ｃ　長岡京　　ｄ　藤原京

問２　空白部［イ］に入る鎌倉時代の絵巻物として最も適当なものを、次のａ～ｄの中から選びなさい。解答番号は 14。（２点）
ａ　鳥獣戯画　　ｂ　信貴山縁起絵巻
ｃ　伴大納言絵巻　　ｄ　一遍上人絵伝

問３ 空白部 ウ に入るものとして最も適当なものを、次のａ～ｄの中から選びなさい。解答番号は15。（２点）

ａ 大坂城 ｂ 安土城 ｃ 伏見城 ｄ 姫路城

問４ 空白部 エ に入るものとして最も適当なものを、次のａ～ｄの中から選びなさい。解答番号は16。（２点）

ａ 永楽通宝 ｂ 洪武通宝 ｃ 寛永通宝 ｄ 宣徳通宝

問５ 空白部 オ に入るものとして最も適当なものを、次のａ～ｄの中から選びなさい。解答番号は17。（３点）

ａ 住友 ｂ 三井 ｃ 鴻池 ｄ 岩崎

問６ 空白部 カ に入るものとして最も適当なものを、次のａ～ｄの中から選びなさい。解答番号は18。（３点）

ａ 徳川家重 ｂ 徳川家治 ｃ 徳川家慶 ｄ 徳川家宣

問７ 空白部 キ に入るものとして最も適当なものを、次のａ～ｄの中から選びなさい。解答番号は19。（３点）

ａ 独占禁止法 ｂ 中小企業基本法
ｃ 重要産業統制法 ｄ 過度経済力集中排除法

問８ 下線部①に関して述べた次の文Ｘ・Ｙについて、その正誤の組合せとして正しいものを、下のａ～ｄの中から選びなさい。解答番号は20。（３点）

Ｘ 邪馬台国では、大人や下戸などの身分差があった。
Ｙ 邪馬台国は、狗奴国と対立していた。

ａ Ｘ－正 Ｙ－正 ｂ Ｘ－正 Ｙ－誤
ｃ Ｘ－誤 Ｙ－正 ｄ Ｘ－誤 Ｙ－誤

問９ 下線部②に関して述べた次の文Ｘ・Ｙについて、その正誤の組合せとして正しいものを、下のａ～ｄの中から選びなさい。解答番号は21。（３点）

Ｘ 地方からは、郷土の産物である租が運脚によって都に運ばれ、その一部は東市・西市で交易の対象となった。
Ｙ 調・庸・雑徭などの負担が免除された官吏には、位階や官職に応じて給与が与えられた。

ａ Ｘ－正 Ｙ－正 ｂ Ｘ－正 Ｙ－誤
ｃ Ｘ－誤 Ｙ－正 ｄ Ｘ－誤 Ｙ－誤

問10 下線部③に関連して、荘官には時代や役割によって様々な呼称があったが、その一つとして最も適当なものを、次のａ～ｄの中から選びなさい。解答番号は22。（３点）

ａ 下人 ｂ 所従 ｃ 下司 ｄ 本家

問 11　下線部④に関して述べた次の文Ⅰ～Ⅳについて、正しいものの組合せを、下のａ～ｄの中から選びなさい。解答番号は 23。（３点）

Ⅰ　京都などの大都市では、見世棚をかまえた常設の小売店が一般化した。
Ⅱ　雑喉場魚市場、天満青物市場、堂島米市場など、卸売市場が発達した。
Ⅲ　京都などの大都市では、蔵屋敷で蔵元らが蔵物の売却にあたった。
Ⅳ　京都の大原女や桂女をはじめ、女性が商業活動に関わった。

ａ　Ⅰ・Ⅲ　　ｂ　Ⅰ・Ⅳ　　ｃ　Ⅱ・Ⅲ　　ｄ　Ⅱ・Ⅳ

問 12　下線部⑤に関して述べた次の文Ⅰ～Ⅲについて、古いものから年代順に正しく配列したものを、下のａ～ｆの中から選びなさい。解答番号は 24。（３点）

Ⅰ　金融恐慌が発生し、財閥系の銀行などに預金が集中するようになった。
Ⅱ　金輸出再禁止を予期してドル買いを行った財閥への批判が強まった。
Ⅲ　安田や三菱などの各財閥のもとで、持株会社が設立された。

ａ　Ⅰ－Ⅱ－Ⅲ　　ｂ　Ⅰ－Ⅲ－Ⅱ　　ｃ　Ⅱ－Ⅰ－Ⅲ
ｄ　Ⅱ－Ⅲ－Ⅰ　　ｅ　Ⅲ－Ⅰ－Ⅱ　　ｆ　Ⅲ－Ⅱ－Ⅰ

［４］　次の各問いに答えなさい。(36 点)

問１　旧石器～古墳時代の遺物に関して述べた文として誤っているものを、次のａ～ｄの中から選びなさい。解答番号は 25。（３点）
ａ　旧石器時代の遺跡からは、打製石器が出土している。
ｂ　縄文時代の遺跡からは、土偶が出土している。
ｃ　弥生時代の遺物として、須恵器があげられる。
ｄ　古墳時代の遺物として、埴輪があげられる。

問２　古代の彫刻に関して述べた文として正しいものを、次のａ～ｄの中から選びなさい。解答番号は 26。（３点）
ａ　飛鳥文化期には、定朝によって、平等院鳳凰堂阿弥陀如来像が制作された。
ｂ　白鳳文化期には、鞍作鳥によって、法隆寺金堂釈迦三尊像が制作された。
ｃ　天平文化期には、乾漆像の唐招提寺鑑真和上像が制作された。
ｄ　弘仁・貞観文化期には、一木造の飛鳥寺釈迦如来像が制作された。

問３　９世紀から 10 世紀にかけての律令制の再建と変質に関して述べた文として正しいものを、次のａ～ｄの中から選びなさい。解答番号は 27。（３点）
ａ　律令制の再建をめざした桓武天皇のもとで、蔵人頭が新設された。
ｂ　律令制の再建をめざした嵯峨天皇のもとで、勘解由使が新設された。
ｃ　中央から派遣された郡司が、地方政治の権限と責任を負うようになった。
ｄ　有力農民である田堵が、官物や臨時雑役を負担するようになった。

問4　鎌倉幕府の政治組織と法について述べた文として正しいものを、次のａ～ｄの中から選びなさい。解答番号は28。（３点）

ａ　1180年代には侍所が設置され、初代別当に大江広元が任じられた。
ｂ　1120年代には、承久の乱を機に六波羅探題が設置された。
ｃ　北条義時によって、御成敗式目が定められた。
ｄ　北条時頼によって、永仁の徳政令が出された。

※問４については，正答が無いことが判明したことから，受験者全員正解として採点する措置が取られたと大学から公表されている。

問5　戦国時代の社会と文化について述べた文として正しいものを、次のａ～ｄの中から選びなさい。解答番号は29。（３点）

ａ　浄土真宗の信者が増大するなかで、宇治・山田などの寺内町が形成された。
ｂ　堺では、12人の年行司の合議によって、市政が運営された。
ｃ　大内氏の城下町一乗谷では、文化人が儒学や和歌の講義を行った。
ｄ　肥後の菊池氏や薩摩の島津氏によって、桂庵玄樹が招かれた。

問6　豊臣（羽柴）秀吉の諸政策について述べた文として誤っているものを、次のａ～ｄの中から選びなさい。解答番号は30。（３点）

ａ　刀狩令を出して、農民の武器を没収した。
ｂ　太閤検地を実施して、村ごとに石高を定めた。
ｃ　京都に聚楽第を新築し、後水尾天皇を迎えて歓待した。
ｄ　全国の大名に対し、領国の検地帳と国絵図の提出を命じた。

問7　江戸時代の朝幕関係について述べた文として誤っているものを、次のａ～ｄの中から選びなさい。解答番号は31。（３点）

ａ　大坂の役で豊臣氏を滅ぼしたあと、幕府は禁中並公家諸法度を出した。
ｂ　紫衣事件によって、幕府の法度が天皇の勅許に優先することが示された。
ｃ　新井白石のもとで、幕府の費用によって閑院宮家が創設された。
ｄ　光格天皇の時代に尊号一件が起こり、水野忠邦の失脚につながった。

問8　江戸時代の学問と教育について述べた文として誤っているものを、次のａ～ｄの中から選びなさい。解答番号は32。（３点）

ａ　賀茂真淵に学んだ本居宣長は、国学を思想的に高めた。
ｂ　大槻玄沢は、『蘭学階梯』という蘭学の入門書を著した。
ｃ　伊藤仁斎の蘐園塾や荻生徂徠の古義堂など、各地に私塾が開かれた。
ｄ　各地に設けられた寺子屋では、読み・書き・そろばんの指導が行われた。

問9　幕末の改革について述べた文として正しいものを、次のａ～ｄの中から選びなさい。解答番号は33。（３点）

ａ　ペリーの来航を受けて推進された安政の改革は、安藤信正が主導した。
ｂ　安政の改革では人返しの法が出され、貧民の帰郷が強制された。
ｃ　長州藩の意向を受けて推進された文久の改革は、阿部正弘が主導した。
ｄ　文久の改革では政事総裁職が設けられ、松平慶永が任じられた。

問 10　大正時代の政治について述べた文として正しいものを、次のａ～ｄの中から選びなさい。解答番号は 34。（３点）

ａ　第一次護憲運動が展開されるなかで、清浦奎吾内閣が総辞職した。

ｂ　第二次護憲運動が展開されるなかで、第３次桂太郎内閣が総辞職した。

ｃ　第２次山本権兵衛内閣時に、軍部大臣現役武官制が改正された。

ｄ　原敬内閣時に、普通選挙法とともに治安維持法が成立した。

※問 10 については，正答が無いことが判明したことから，受験者全員正解として採点する措置が取られたと大学から公表されている。

問 11　日中戦争と国内外の情勢について述べた文として誤っているものを、次のａ～ｄの中から選びなさい。解答番号は 35。（３点）

ａ　日中戦争は、第２次若槻礼次郎内閣時に始まった。

ｂ　日中戦争開戦後、中国大陸では第２次国共合作が成立した。

ｃ　日中戦争が長期化するなかで、国家総動員法が制定された。

ｄ　日中戦争期には、『麦と兵隊』に代表される戦争文学が人気を博した。

問 12　近現代の労働運動に関して述べた文として正しいものを、次のａ～ｄの中から選びなさい。解答番号は 36。（３点）

ａ　明治期には、鈴木文治らによって日本労働総同盟が結成された。

ｂ　大正期には、高野房太郎らによって労働組合期成会が結成された。

ｃ　昭和初期には、二・一ゼネストが断行された。

ｄ　第二次世界大戦後には、「春闘」方式を導入した労働運動が展開された。

世界史

（2教科型：　　　60分
3教科型：2教科120分）

［1］　イギリスの歴史に関する次の文章を読み、後の問いに答えなさい。(32点)

大ブリテン島では、9世紀にアングロ=サクソン七王国（ヘプターキー）が統一されてイングランド王国の基礎が築かれた。11世紀になると、デーン人の [A] によって征服されたが、1066年にはノルマン=コンクェストによりノルマン朝が成立した。続く①プランタジネット朝は、フランス西部を支配したアンジュー伯によって樹立されたため、フランスに広大な領土を持った。1328年にフランスで [B] が成立すると、イギリス国王はフランス王位継承権を主張してフランスに侵攻した。こうして1339年から1世紀以上にわたる百年戦争が展開されたが、最終的にイギリスは敗北し、カレーを除く大陸領を失った。

バラ戦争を経て成立したテューダー朝のもとでは、絶対王政が最盛期をむかえた。国王 [C] の時代には王妃との離婚問題から宗教改革が起こり、1534年にイギリス国教会が成立した。テューダー朝断絶後に成立した②ステュアート朝のもとでは、ピューリタン革命と名誉革命が起こった。この頃のイギリスでは、 [D] の『失楽園』などピューリタン文学が生まれた。 [E] の治世期である1707年には、イングランドとスコットランドが合同して大ブリテン王国が成立した。1714年にはハノーヴァー朝が成立し、その後、責任内閣制が形成された。18世紀後半になると、イギリスでは世界初となる③産業革命が展開され、19世紀半ばには「世界の工場」の地位を獲得することとなった。

1801年にはアイルランドを正式に併合し、大ブリテン=アイルランド連合王国が成立した。19世紀前半のイギリスでは、自由主義的改革が進められ、1832年には第1回④選挙法改正が実施された。その後、⑤ヴィクトリア女王（位1837～1901年）のもとで自由党と保守党の二大政党による典型的な議会政治が成立し、保守党の [F] は帝国主義的外交を展開した。イギリスは植民地再分割を要求するドイツと対立してフランス・ロシアと提携し、第一次世界大戦に際しては協商国（連合国）側の一員として参戦した。第一次世界大戦中に首相となった [G] は、挙国一致内閣を組織して戦争を遂行し、アメリカ合衆国やフランスとともにパリ講和会議を主導した。

問1　空白部 [A] に入るものとして最も適当なものを次の中から選びなさい。解答番号は1。（2点）

a　ロロ　　b　リューリク　　c　クヌート（カヌート）　　d　エグバート

問2　空白部 [B] に入るものとして最も適当なものを次の中から選びなさい。解答番号は2。（2点）

a　ヴァロワ朝　　b　メロヴィング朝　　c　カロリング朝　　d　カペー朝

問３　空白部 **C** に入るものとして最も適当なものを次の中から選びなさい。解答番号は３。（２点）

a　ヘンリ７世　b　ヘンリ８世　c　エドワード３世　d　エドワード６世

問４　空白部 **D** に入るものとして最も適当なものを次の中から選びなさい。解答番号は４。（３点）

a　スウィフト　b　バンヤン　c　デフォー　d　ミルトン

問５　空白部 **E** に入るものとして最も適当なものを次の中から選びなさい。解答番号は５。（３点）

a　メアリ１世　b　メアリ２世　c　アン女王　d　エリザベス１世

問６　空白部 **F** に入るものとして最も適当なものを次の中から選びなさい。解答番号は６。（２点）

a　グラッドストン　b　ディズレーリ　c　ピット　d　カニング

問７　空白部 **G** に入るものとして最も適当なものを次の中から選びなさい。解答番号は７。（３点）

a　ロイド=ジョージ　b　アトリー　c　チャーチル　d　マクドナルド

問８　下線部①に関連して述べた次の文Ｘ～Ｚが、年代の古いものから順に正しく配列されているものを下の中から選びなさい。解答番号は８。（３点）

Ｘ　ジョン王が大憲章（マグナ=カルタ）を承認した。
Ｙ　ワット=タイラーの乱が起こった。
Ｚ　エドワード１世が模範議会を招集した。

a　Ｘ→Ｙ→Ｚ　b　Ｘ→Ｚ→Ｙ　c　Ｙ→Ｘ→Ｚ
d　Ｙ→Ｚ→Ｘ　e　Ｚ→Ｘ→Ｙ　f　Ｚ→Ｙ→Ｘ

問９　下線部②に関連して述べた文として正しいものを次の中から選びなさい。解答番号は９。（３点）

a　ジェームズ１世の専制に抵抗した議会は、権利の請願を可決した。
b　水平派のクロムウェルは、議会派を勝利に導いた。
c　名誉革命により、チャールズ２世は亡命した。
d　名誉革命後、議会は権利の章典を制定した。

問10　下線部③に関連して述べた文として正しいものを次の中から選びなさい。解答番号は10。（３点）

a　ジョン=ケイは、綿繰り機を発明した。
b　アークライトは、力織機を発明した。
c　ニューコメンは、蒸気力によるポンプを発明した。
d　フルトンは、蒸気機関車を実用化した。

問 11　下線部④に関連して述べた次の文XとYの正誤の組合せとして最も適当なものを下の中から選びなさい。解答番号は 11。（3点）

X　第3回選挙法改正の結果、腐敗選挙区が廃止された。
Y　第二次世界大戦後に行われた第5回選挙法改正により、男女の参政権が平等になった。

a　X－正　Y－正　b　X－正　Y－誤
c　X－誤　Y－正　d　X－誤　Y－誤

問 12　下線部⑤の時代のイギリスに関連して述べた文として誤っているものを次の中から選びなさい。解答番号は 12。（3点）

a　アイルランド自由国を自治領として承認した。
b　第3回ビルマ戦争でビルマのコンバウン（アラウンパヤー）朝を滅ぼした。
c　スエズ運河会社の株式を買収した。
d　アフガニスタンを保護国化した。

［2］　中国における歴史書に関する次の文章を読み、後の問いに答えなさい。(32 点)

中国における歴史記述の形式は、紀伝体と編年体に大別される。紀伝体とは、本紀（皇帝の年代記）や列伝（家臣などの伝記）を中心として構成される形式で、①前漢の武帝の時代に司馬遷がまとめた『史記』に始まり、後漢の歴史家 [A] がまとめた『漢書』によって完成された。以後、『後漢書』や『三国志』など、歴代の正史はこの形式がとられた。『後漢書』では、②2世紀中頃に日南郡を大秦王安敦（ [B] とされる）の使節が訪れた記事のほか、倭人について記載されている。『三国志』は西晋の陳寿によってまとめられた③三国時代の正史で、3世紀頃の日本を知る史料の一つとされる。明代になると、『三国志』を基とした小説の『三国志演義』が完成された。『三国志演義』は、 [C] などとともに明代の四大奇書の一つとされる。歴史書ははじめ私撰であったが、唐代以降は皇帝の勅命によって編纂され、18 世紀に清の最大版図を築いた [D] の時代には、『史記』から『明史』までの二十四史が制定された。また、この時代には考証学者の [E] が正史の文字を校訂した『二十二史考異』を著したほか、趙翼《ちょうよく》が正史を論評した『二十二史箚記《さっき》』を著した。

編年体とは、年代順に出来事を記す形式で、五経の一つとされる [F] や北宋の④司馬光の著書である『資治通鑑』に代表される。『資治通鑑』は、戦国時代から⑤五代末期までについての歴史を厳密な史料批判に基づいて叙述したもので、名著とされる。宋学を大成した南宋の [G] は、『資治通鑑』を綱（大要）と目（細目）に分けた『資治通鑑綱目』を著した。

問1　空白部 [A] に入るものとして最も適当なものを次の中から選びなさい。解答番号は 13。（2点）

a　班超　b　班固　c　鄭玄　d　鄭和

問2　空白部 [B] に入るものとして最も適当なものを次の中から選びなさい。解答番号は14。（2点）

a　アントニウス　　b　アルサケス
c　アウグストゥス　　d　マルクス=アウレリウス=アントニヌス帝

問3　空白部 [C] に入るものとして最も適当なものを次の中から選びなさい。解答番号は15。（3点）

a　『狂人日記』　　b　『紅楼夢』　　c　『西遊記』　　d　『儒林外史』

問4　空白部 [D] に入るものとして最も適当なものを次の中から選びなさい。解答番号は16。（2点）

a　乾隆帝　　b　同治帝　　c　宣統帝　　d　万暦帝

問5　空白部 [E] に入るものとして最も適当なものを次の中から選びなさい。解答番号は17。（3点）

a　孔穎達　　b　銭大昕　　c　寇謙之　　d　康有為

問6　空白部 [F] に入るものとして最も適当なものを次の中から選びなさい。解答番号は18。（3点）

a　『大学』　　b　『中庸』　　c　『春秋』　　d　『戦国策』

問7　空白部 [G] に入るものとして最も適当なものを次の中から選びなさい。解答番号は19。（2点）

a　王守仁（王陽明）　　b　王重陽　　c　周敦頤　　d　朱熹（朱子）

問8　下線部①に関連して述べた文として正しいものを次の中から選びなさい。解答番号は20。（3点）

a　塩・鉄・酒の専売を行った。
b　呉楚七国の乱を鎮圧した。
c　官吏登用法として九品中正を定めた。
d　3度にわたる高句麗遠征を行った。

問9　下線部②の世界に関連して述べた文として正しいものを次の中から選びなさい。解答番号は21。（3点）

a　イランでは、ササン朝が成立した。
b　インドでは、カニシカ王のもとでクシャーナ朝が最盛期をむかえた。
c　中央アジアでは、突厥が東西に分裂した。
d　ビルマでは、パガン朝が成立した。

問10　下線部③に関連して、三国時代の三国と、その位置を示す地図中のX～Zとの組合せとして最も適当なものを下の中から選びなさい。解答番号は22。（3点）

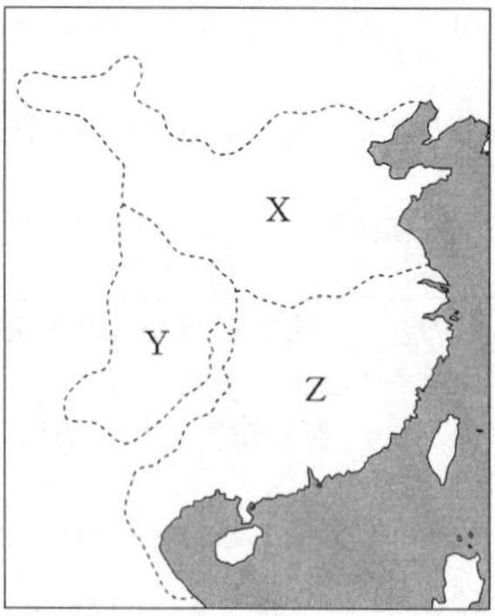

a　魏－X　蜀－Y　呉－Z　　b　魏－X　蜀－Z　呉－Y
c　魏－Y　蜀－X　呉－Z　　d　魏－Y　蜀－Z　呉－X
e　魏－Z　蜀－X　呉－Y　　f　魏－Z　蜀－Y　呉－X

問11　下線部④に関連して述べた文として正しいものを次の中から選びなさい。解答番号は23。（3点）

a　東林派の中心として、政府を批判した。
b　非東林派の中心として、東林派と党争を繰り広げた。
c　新法党の中心として、新法を断行した。
d　旧法党の中心として、新法に反対した。

問12　下線部⑤に関連して述べた次の文XとYの正誤の組合せとして最も適当なものを下の中から選びなさい。解答番号は24。（3点）

X　唐を滅ぼした朱元璋は、後梁を建国した。
Y　後周の将軍であった趙匡胤は、宋を建国した。

a　X－正　Y－正　b　X－正　Y－誤
c　X－誤　Y－正　d　X－誤　Y－誤

［3］　世界史上の建造物に関する後の問いに答えなさい。(36点)

問1　古代メソポタミアにおいて、シュメール人はジッグラトとよばれる聖塔を建設し、都市の神をまつった。シュメール人について述べた文として正しいものを次の中から選びなさい。解答番号は25。(3点)

a　六十進法や太陰暦を用いた。
b　ミケーネやティリンスなどの都市国家を建設した。
c　同害復讐法の原則に立つハンムラビ法典を制定した。
d　セム語系のアラム人によって滅ぼされた。

問2　古代エジプトでは、絶大な王の権威を象徴する建築物としてピラミッドが建造された。古代エジプトについて述べた次の文X～Zが、年代の古いものから順に正しく配列されているものを下の中から選びなさい。解答番号は26。(3点)

X　遊牧民のヒクソスが流入した。
Y　ナイル川下流域のメンフィスを都とした。
Z　写実的なアマルナ美術が栄えた。

a　X→Y→Z　b　X→Z→Y　c　Y→X→Z
d　Y→Z→X　e　Z→X→Y　f　Z→Y→X

問3　古代ギリシアのアテネでは、アテナ女神をまつる神殿としてパルテノン神殿が建てられた。パルテノン神殿に関連する次のW～Zについて、正しい内容の組合せとして最も適当なものを下の中から選びなさい。解答番号は27。(3点)

建築様式
W　ドーリア式　X　イオニア式

パルテノン神殿の説明
Y　彫刻家のヘシオドスによって本尊の「アテナ女神像」が製作された。
Z　ポリスの中心部にある丘であるアクロポリスの上に建てられた。

a　W・Y　b　W・Z　c　X・Y　d　X・Z

問4　東南アジアに建てられた建築物について述べた次の文章中の空白部 A ・ B に入る語句の組合せとして最も適当なものを下の中から選びなさい。解答番号は28。(3点)

 A では、アンコール朝のスールヤヴァルマン2世によってアンコール=ワットが造営された。はじめ B の寺院として造営されたが、のちに改修された。

a　A－カンボジア　B－ヒンドゥー教　b　A－カンボジア　B－仏教
c　A－ジャワ島　B－ヒンドゥー教　d　A－ジャワ島　B－仏教

問5　中国の石窟寺院について述べた次の文章中の空白部 C ・ D に入る語句の組合せとして最も適当なものを下の中から選びなさい。解答番号は 29。（3点）

中国では、魏晋南北朝時代に仏教が普及し、北魏の C によって遷都された洛陽南方の D には、石窟寺院が造営された。

a　C－太武帝　D－雲崗　b　C－太武帝　D－竜門
c　C－孝文帝　D－雲崗　d　C－孝文帝　D－竜門

問6　中世ヨーロッパでは、各地に教会が建てられ、12 世紀頃にはゴシック様式が広がった。ゴシック様式の聖堂として最も適当なものを次の中から選びなさい。解答番号は 30。（3点）

a　ピサ大聖堂　b　ケルン大聖堂
c　サン=ヴィターレ聖堂　d　ヴォルムス大聖堂

問7　ムガル帝国の時代に造営された墓廟であるタージ=マハルは、インド=イスラーム建築の代表とされる。タージ=マハルを造営したムガル皇帝として最も適当なものを次の中から選びなさい。解答番号は 31。（3点）

a　シャー=ジャハーン　b　バーブル　c　アクバル　d　アウラングゼーブ

問8　パリ南西のヴェルサイユに建てられたヴェルサイユ宮殿は、バロック様式の代表的宮殿である。ヴェルサイユ宮殿建設を命じたフランス国王の事績として正しいものを次の中から選びなさい。解答番号は 32。（3点）

a　イタリア戦争で神聖ローマ皇帝カール5世と戦った。
b　コルベールを財務総監に任命した。
c　ナントの王令（勅令）を発布した。
d　ヴァンデー反乱を鎮圧した。

問9　ロココ様式の代表的宮殿であるサンスーシ宮殿を建設したプロイセン国王について述べた次の文XとYの正誤の組合せとして最も適当なものを下の中から選びなさい。解答番号は 33。（3点）

X　フランスの啓蒙思想家であるカントの影響を受けた。
Y　ラクスマンを日本に派遣した。

a　X－正　Y－正　b　X－正　Y－誤
c　X－誤　Y－正　d　X－誤　Y－誤

問10　清代、カスティリオーネが設計に参加した円明園は、アロー戦争の際に英仏軍によって破壊された。アロー戦争について述べた次の文XとYの正誤の組合せとして最も適当なものを下の中から選びなさい。解答番号は 34。（3点）

X　光緒帝の治世期に起こった。
Y　講和条約によって、外国軍隊の北京駐屯権が認められた。

a　X－正　　Y－正　　b　X－正　　Y－誤
c　X－誤　　Y－正　　d　X－誤　　Y－誤

問 11　アメリカ合衆国のニューヨークにある自由の女神像は、アメリカ合衆国の独立 100 年を記念してフランスから寄贈された。アメリカ独立戦争について述べた文として最も適当なものを次の中から選びなさい。解答番号は 35。（3 点）

a　ヨークタウンでの武力衝突が発端となって、独立戦争が始まった。
b　独立戦争中、トマス=ペインらが起草した独立宣言が採択された。
c　ワシントンが植民地軍総司令官に任命された。
d　ポーランドのコシュートは、植民地軍の義勇兵として参加した。

問 12　明・清朝の宮城であった紫禁城の正門は天安門とよばれ、さまざまな出来事が起こった。次の年表に示したＥ～Ｈの時期のうち、民主化を求めて天安門事件が起こった時期として最も適当なものを下の中から選びなさい。解答番号は 36。（3 点）

Ｅ	
1914 年	第一次世界大戦が始まった
Ｆ	
1950 年	中ソ友好同盟相互援助条約が結ばれた
Ｇ	
2001 年	中国が世界貿易機関（WTO）に加盟した
Ｈ	

a　Ｅ　　b　Ｆ　　c　Ｇ　　d　Ｈ

数　学

（2 教科型：　　　60 分
3 教科型：2 教科 120 分）

［1］　次の問いに答えなさい。(25 点)

問1　a, b は定数で，$-2<a\leqq\sqrt{5}$，$-\sqrt{5}\leqq b<3$ とする。このとき，$-a$ のとり得る値の範囲は [1] であり，$b-a$ のとり得る値の範囲に含まれる整数は全部で [2] 個ある。(3 点×2)

[1] の選択肢

a　$-2<-a\leqq\sqrt{5}$　　b　$-2\leqq-a<\sqrt{5}$

c　$-\sqrt{5}\leqq-a<2$　　d　$-\sqrt{5}<-a\leqq2$

[2] の選択肢

a　8　　b　9　　c　10　　d　11

問2　次のデータは，生徒 6 人の 10 点満点の漢字の小テストの得点であり，右の図は，その得点を箱ひげ図に表したものである。ただし，x は 0 以上 10 以下の整数である。

6，9，7，4，8，x (点)

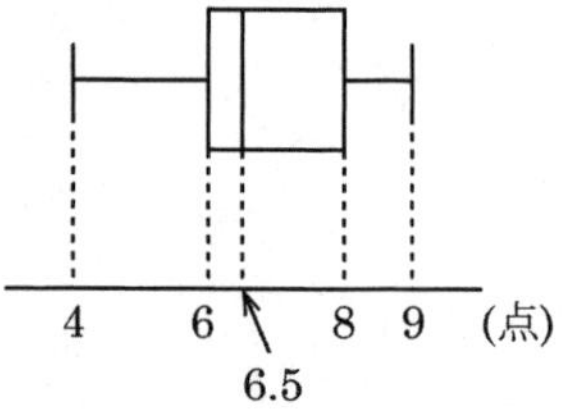

このデータの四分位偏差は [3] 点であり，$x=$ [4] である。
(3 点，4 点)

$\boxed{\ 3\ }$の選択肢

a　1　　b　2　　c　4　　d　5

$\boxed{\ 4\ }$の選択肢

a　3　　b　4　　c　5　　d　6

問3　大中小3個のさいころを同時に振る。(3点×2)

(i)　少なくとも1個は1の目が出る確率は$\boxed{\ 5\ }$である。

(ii)　3個のさいころの出る目がすべて異なる確率は$\boxed{\ 6\ }$である。

$\boxed{\ 5\ }$の選択肢

a　$\frac{1}{216}$　　b　$\frac{5}{36}$　　c　$\frac{91}{216}$　　d　$\frac{125}{216}$

$\boxed{\ 6\ }$の選択肢

a　$\frac{5}{9}$　　b　$\frac{2}{3}$　　c　$\frac{7}{9}$　　d　$\frac{8}{9}$

問4　整数xを9で割ったときの余りが4，整数yを9で割ったときの余りが7であるとき，整数x，yの組$(x，y)$は整数k，lを用いて$\boxed{\ 7\ }$と表せる。このとき，$x^2+y^2=9(\boxed{\ 8\ })+2$より，$x^2+y^2$を9で割ったときの余りは2である。(3点×2)

$\boxed{\ 7\ }$の選択肢

a　$(9k+4,\ 9l+7)$　　b　$(9k-4,\ 9l-7)$

c　$(9k+5,\ 9l+2)$　　d　$(9k+7,\ 9l+4)$

$\boxed{\ 8\ }$の選択肢

a　$9k^2+9l^2-8k-14l+7$　　b　$9k^2+9l^2+8k+14l+7$

c　$9k^2+9l^2+10k+4l+7$　　d　$9k^2+9l^2+14k+8l+7$

［2］　2次関数 $y=-\frac{1}{2}x^2$ のグラフを x 軸および y 軸方向に平行移動して，2点 $(-2a,\ 0)$，$(4a,\ 0)$を通るグラフを表す関数を $f(x)$ とする。ただし，a は 0 でない定数である。(25点)

問1　$y=f(x)$ のグラフの軸が直線 $x=2$ のとき，$a=\boxed{\ 9\ }$ である。このとき，$y=f(x)$ のグラフは，$y=-\frac{1}{2}x^2$ のグラフを x 軸方向に $\boxed{\ 10\ }$，y 軸方向に $\boxed{\ 11\ }$ だけ平行移動したものである。(3点×3)

$\boxed{\ 9\ }$ の選択肢

a　-2　　b　-1　　c　1　　d　2

$\boxed{\ 10\ }$ の選択肢

a　-2　　b　-1　　c　1　　d　2

$\boxed{\ 11\ }$ の選択肢

a　12　　b　14　　c　18　　d　20

問2　$y=f(x)$ のグラフと y 軸との交点の y 座標を a を用いて表すと，$\boxed{\ 12\ }$ である。(3点)

$\boxed{\ 12\ }$ の選択肢

a　$4a+8$　　b　$8a$　　c　$4a^2$　　d　$8a^2-16$

問3　$a>0$ とする。$f(x)>0$ を満たす x の値の範囲は $\boxed{\ 13\ }$ である。(2点)

$\boxed{\ 13\ }$ の選択肢

a　$x<-2a$，$4a<x$　　b　$-2a<x<4a$

c　$x<-a$，$2a<x$　　d　$-a<x<2a$

問4　$a>0$ とする。$0 \leqq x \leqq a+1$ における $f(x)$ の最小値を m とする。

$0<a<$ [14]　のとき　$m=$ [15],

[14] $\leqq a$　　のとき　$m=$ [16]

である。(3点，4点，4点)

[14] の選択肢

a　1　　b　2　　c　3　　d　4

[15] の選択肢

a　$4a^2-1$　　b　$4a^2$　　c　$\frac{9}{2}a^2-2$　　d　$\frac{9}{2}a^2-\frac{1}{2}$

[16] の選択肢

a　$4a^2-1$　　b　$4a^2$　　c　$\frac{9}{2}a^2-2$　　d　$\frac{9}{2}a^2-\frac{1}{2}$

［3］　図を参考にして以下の問いに答えよ。四角形ABCDは1辺の長さが2のひし形であり，半径 r の円Oが四角形ABCDのすべての辺で接している。∠OBA$=\theta$ とする。ただし，$0°<\theta<90°$ である。(25点)

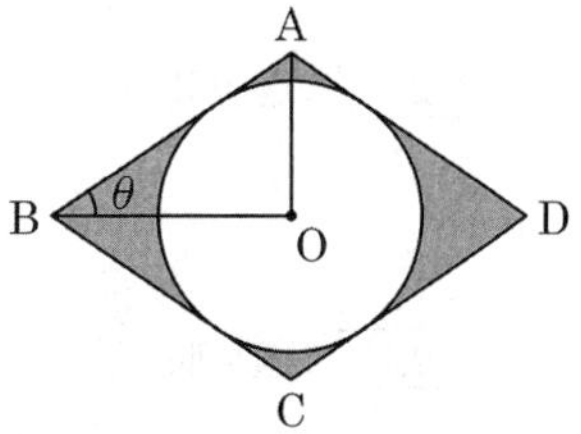

問1　線分 AC の長さを θ を用いて表すと，[17] であり，AC$=3$ のとき，$\tan\theta=$ [18] である。(3点×2)

[17] の選択肢

a　$4\sin\theta$　　b　$8\sin\theta$　　c　$4\cos\theta$　　d　$8\cos\theta$

$\boxed{18}$ の選択肢

a $\dfrac{7}{16}$ b $\dfrac{\sqrt{7}}{4}$ c $\dfrac{12}{7}$ d $\dfrac{3\sqrt{7}}{7}$

問2 四角形 ABCD の面積を θ を用いて表すと，$\boxed{19}$ である。また，r を θ を用いて表すと，$r = \boxed{20}$ である。(4 点×2)

$\boxed{19}$ の選択肢

a $4\sin\theta\cos\theta$ b $8\sin\theta\cos\theta$ c $4\sin^2\theta$ d $4\cos^2\theta$

$\boxed{20}$ の選択肢

a $\sin\theta\cos\theta$ b $2\sin\theta\cos\theta$ c $\sin^2\theta$ d $2\sin^2\theta$

問3 $0 < r \leqq 1$ とする。四角形 ABCD と半径 r の内接円で囲まれた部分(図の影をつけた部分)の面積を T とする。T を r を用いて表すと，$T = \boxed{21}$ である。T は，$r = \boxed{22}$ のとき最大値 $\boxed{23}$ をとる。(3 点，4 点，4 点)

$\boxed{21}$ の選択肢

a $4r - \pi r^2$ b $8r - \pi r^2$ c $4r - 2\pi r^2$ d $8r - 2\pi r^2$

$\boxed{22}$ の選択肢

a $\dfrac{1}{\pi}$ b $\dfrac{2}{\pi}$ c $\dfrac{4}{\pi}$ d $\dfrac{8}{\pi}$

$\boxed{23}$ の選択肢

a $\dfrac{1}{2\pi}$ b $\dfrac{3}{2\pi}$ c $\dfrac{2}{\pi}$ d $\dfrac{4}{\pi}$

［4］　右の図のように，円 O の周上に等間隔に 12 個の点 A～L をとり，隣り合う点を結び，正十二角形 ABCDEFGHIJKL(以下，正十二角形とよぶ)をつくる。(25 点)

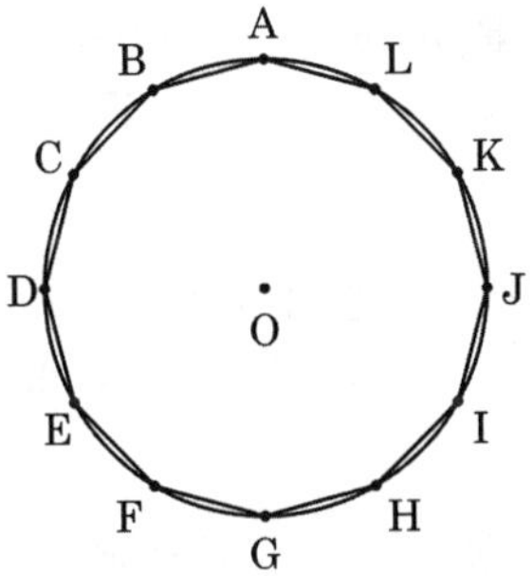

問 1　正十二角形の対角線は，全部で [24] 本ある。(3 点)

[24] の選択肢

a　24　　b　48　　c　54　　d　66

問 2　正十二角形の頂点から異なる 3 点を選んで三角形をつくるとき，三角形は，全部で [25] 通りできる。また，正十二角形の頂点から異なる 4 点を選んで四角形をつくるとき，四角形は，全部で [26] 通りできる。(3 点×2)

[25] の選択肢

a　120　　b　168　　c　188　　d　220

[26] の選択肢

a　495　　b　540　　c　660　　d　720

問 3　正十二角形の頂点から異なる 3 点を選んで三角形をつくるとき，直角三角形は，全部で [27] 通りできる。(4 点)

[27] の選択肢

a　30　　b　40　　c　60　　d　120

問4　正十二角形の頂点から異なる3点を選んで三角形をつくるとき, 正三角形は, 全部で[28]通りできる。(4点)

[28]の選択肢

a　4　　b　6　　c　9　　d　12

問5　正十二角形の頂点から異なる3点を選んで三角形をつくるとき, 二等辺三角形は, 全部で[29]通りできる。ただし, 正三角形も二等辺三角形に含むものとする。(4点)

[29]の選択肢

a　36　　b　48　　c　52　　d　60

問6　正十二角形の頂点から異なる3点を選んで三角形をつくるとき, 正十二角形と辺を共有しない三角形は, 全部で[30]通りできる。(4点)

[30]の選択肢

a　108　　b　112　　c　144　　d　160

（2）予鈴を合図に着席する。

a　今日は昨日より涼しい。

b　今回の大会は社長にご臨席たまわった。

c　壮麗な宮殿に見とれる。

d　『陰翳《いんえい》礼讃』は谷崎潤一郎の著作だ。

三　次の問いに答えなさい。（各2点、計10点）

問一　次の傍線部に当たる漢字と同じものを、それぞれa～dの中から一つ選びなさい。

解答番号は（1）は21、（2）は22、（3）は23。

（1）宗教上の禁キを破る。

a　キ車を駅のホームで待つ。
b　複雑怪キな国際情勢に驚く。
c　祖父の三回キの法要を行う。
d　キ望に胸をふくらませる。

（2）激しい議論の応シュウが続く。

a　美シュウの価値観は人それぞれだ。
b　大企業にシュウ職する。
c　名誉にシュウ着する。
d　仕事の報シュウを受け取る。

（3）教科書の内容をモウ羅する。

a　意外なモウ点に気付かされる。
b　目のモウ膜を検査する。
c　モウ獣を手なずける。
d　モウ想をふくらませる。

問二　次の傍線部の漢字と同じ読みのものを、それぞれa～dの中から一つ選びなさい。

解答番号は（1）は24、（2）は25。

（1）元利合わせて千円になります。

a　データに基づいて発表した。
b　その映画のすばらしさに感激した。
c　一晩かけて嘆願書を書いた。
d　管弦楽のコンサートに行った。

の新田開発と治水工事の関連も興味深かったです。

生徒C――【資料２】を見ると、江戸時代に人口が急速に増えているね。もしかしたら、［Ⅲ］。

教師――そうです。日本では、生産力の向上と人口の増加が密接に関連してきたのです。

生徒A――私たちの暮らしを維持するためにも、水道をしっかりと守っていく方法も考えていきたいですね。

問八　空白部［Ⅲ］にあてはまるものとして、もっとも適切なものを次の中から一つ選びなさい。

解答番号は19。（6点）

a　清潔な水の利用が進んだことで、衛生状態が改善されて人口が増えたんだろうか

b　農業用水の利用が進んだことで、食糧が増産できて人口が増えたんだろうか

c　雇用の機会が増加したことで、経済が安定して人口が増えたんだろうか

d　人口が増えたことによって、水を効率的に配分する必要が生じたんだろうか

e　人口が増えたことによって、食糧の需要が増えて農業が盛んになったんだろうか

問九　四人の会話の内容と一致するものとして、もっとも適切なものを次の中から一つ選びなさい。

解答番号は20。（6点）

a　水道管の莫大な維持管理費用は、民間投資に頼らずとも工面することが可能である。

b　日本の水道普及率は極めて高い一方、近年は水道管の老朽化が問題になってきている。

c　昭和の間では、水道普及率と水系消化器系感染症患者の数の間には負の相関がある。

d　水道が普及しても、先進的な医療設備が整っていなければ感染症を防ぐことはできない。

e　水道職員の不足は人口の少ない地域よりも、人口の集中した都市部においてより深刻である。

次に示すのは、前に示した文章を読んだ後に、三人の生徒と教師が話し合っている場面である。

生徒Ａ――**【資料１】**を見ると、水道普及率が九〇%を超えた時期から、水系消化器系感染症患者がほぼゼロになっているね。

生徒Ｂ――感染症対策のために、水道の普及がいかに大切かわかるね。うがいや手洗いを徹底できるのも、水道があってこそだからなあ。

生徒Ｃ――**【資料１】**には高度経済成長期に水道が急速に普及したことが示されているけれど、もっと早くから、日本では水道が普及していたこともわかるね。

教師――よい点に着目しましたね。実は、近年、高度経済成長期につくられた水道管の老朽化が懸念されているんです。古くなった水道管を新しくして維持し続けるには、莫大《ばくだい》な費用がかかりますが、日本の人口の減少に伴って、水道料金による収入は減少しており、こうした工事を進めることが難しくなっています。

生徒Ａ――それ、ニュースで聞いたことがあります。でも、水道の民営化によってこうした問題は解決できないんでしょうか？

教師――民間企業は利益を第一に考えるという点を考慮すると、民営化だけでは難しいかもしれませんね。

生徒Ｂ――**【資料３】**で「三大都市圏」及び「東京圏」に人口が集中していることが示されていましたが、もしかして、水道の老朽化の問題は、人口が少ない地域でより深刻なのでしょうか。

教師――そうですね。水道関係の職員が不足しているということも重要な課題です。他にも、Ｂさんは、この文章のどこに興味がわきましたか？

生徒Ｂ――ポンプがない時代にも河川の水を効率的に汲み上げる方法があったことに驚きました。また、江戸時代

c　農業用水の利用を可能にした先人達の知恵を、地域社会の中で広く語り継いでいくため。

d　農村地域の高齢化が進み、個人の力だけでは水路の維持管理が困難になったため。

e　水路の整備は地域の特性を考慮する必要があり、閉鎖的な水利秩序が形成されたため。

問五　空白部 Ⅱ に入る語として、もっとも適切なものを次の中から一つ選びなさい。解答番号は16。（3点）

a　血液　b　汗水　c　枝葉　d　気流　e　時流

問六　傍線部③「地球温暖化などの気候変動といった今後の長期的な変化を踏まえた対応が必要となる」とあるが、それはなぜか。その説明としてもっとも適切なものを次の中から一つ選びなさい。解答番号は17。（6点）

a　地球温暖化による水循環への影響に関しては未解明の部分が多く、性急に対処しようとすることは得策とはいえないから。

b　地球温暖化による水循環への影響は多岐にわたるため、その功罪を判断するためには長い時間をかける必要があるから。

c　地球温暖化の進行により、将来的に健全な水循環をおびやかすような、地球規模の気候システムの変化が予測されているから。

d　地球温暖化の進行により、世界的に水不足が深刻化すれば、水資源の豊富な日本が国際社会で果たす役割は大きくなるから。

e　地球温暖化の進行による水循環への影響は、まだ目に見える形では現れていないため、慎重に経過を見守る必要があるから。

問七　空白部 イ に入る語として、もっとも適切なものを次の中から一つ選びなさい。解答番号は18。（3点）

a　なお　b　つまり　c　しかし　d　また　e　それでも

（令和4年版『水循環白書』より）

※出題の都合上、一部中略・改変した箇所がある。

注1　井堰…川の水を引くために、木や土によって川をせきとめる部分。
注2　頭首工…農業用水を用水路に引きこむ施設。
注3　ＩＰＣＣ…Intergovernmental Panel on Climate Change の略。一九八八年に世界気象機関（ＷＭＯ）と国連環境計画（ＵＮＥＰ）により設立された組織で、気候変化やその影響などに包括的な評価を行う。

問一　傍線部①「大宗をなす」の意味として、もっとも適切なものを次の中から一つ選びなさい。　解答番号は12。（4点）

ａ　他より抜きんでること　ｂ　大部分を占めること　ｃ　広範囲に及ぶこと
ｄ　起源であること　ｅ　権勢を示すこと

問二　空白部［ア］に入る語として、もっとも適切なものを次の中から一つ選びなさい。解答番号は13。（3点）

ａ　あるいは　ｂ　そのため　ｃ　ようやく　ｄ　つまり　ｅ　そして

問三　空白部［Ⅰ］に入る語として、もっとも適切なものを次の中から一つ選びなさい。解答番号は14。（3点）

ａ　起伏　ｂ　屈曲　ｃ　土砂　ｄ　水圧　ｅ　勾配

問四　傍線部②「長年培われてきた集落等による管理」とあるが、なぜそのような管理が行われてきたのか。その説明としてもっとも適切なものを次の中から一つ選びなさい。解答番号は15。（6点）

ａ　農業用水を河川の流域全体で適切に配分し、共同利用に支障をきたさないようにするため。
ｂ　用水系統が複雑化していく過程で、それらの整備に多くの人材が必要とされたため。

【資料2】我が国の人口の長期的な推移

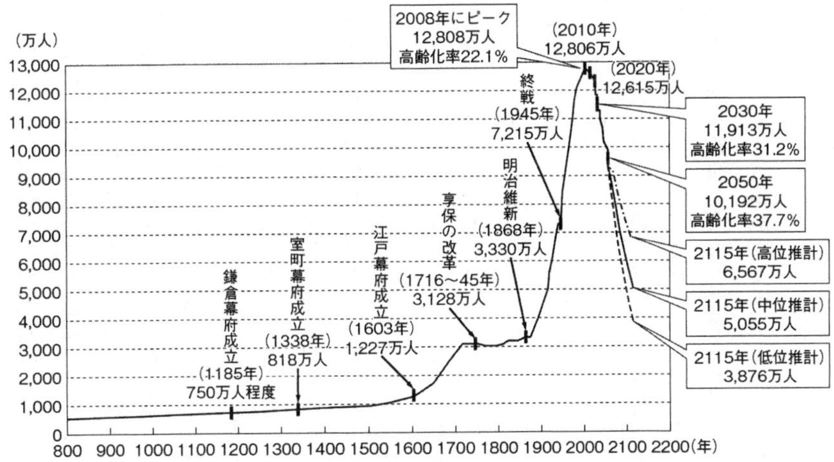

（総務省「国勢調査報告」「人口推計年報」などより）

※上記に加え、総務省「平成 27 年及び令和 2 年国勢調査結果による補間補正人口」、国立社会保障・人口問題研究所「日本の将来推計人口（平成 29 年推計）」、国土庁「日本列島における人口分布の長期時系列分析」（昭和 49 年）より、内閣官房水循環政策本部事務局が作成。

【資料3】「三大都市圏」及び「東京圏」の人口が総人口に占める割合

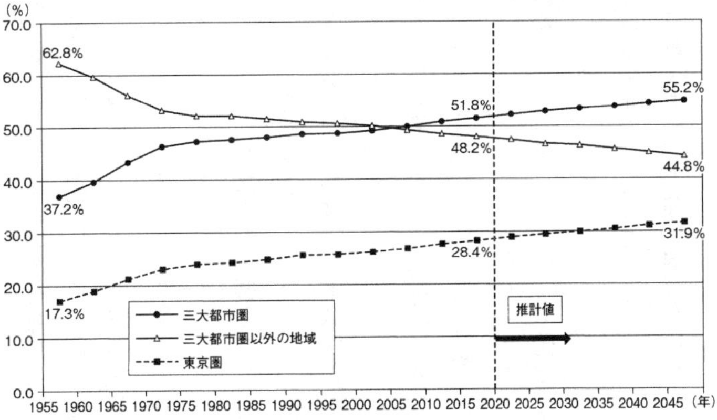

（総務省「自治体戦略 2040 構想研究会　第二次報告」より）

※三大都市圏：東京圏（埼玉県、千葉県、東京都、神奈川県）、名古屋圏（岐阜県、愛知県、三重県）、大阪圏（京都府、大阪府、兵庫県、奈良県）
※2020 年以降は推計値を記載。

の長期的な変化を踏まえた対応が必要となる。国内で発生する事象だけに注目するのではなく、気候変動という観点で地球的視野からも我が国における水循環を捉える必要がある。

気候変動に関する政府間パネル（ＩＰＣＣ[注3]）の「第６次評価報告書（第１作業部会報告書）（二〇二一）」では、将来ありうる気候として「気候システムの多くの変化は、地球温暖化の進行に直接関係して拡大する。この気候システムの変化には、極端な高温、海洋熱波、大雨の頻度と強度の増加、いくつかの地域における農業及び生態学的干ばつの増加、強い熱帯低気圧の割合の増加、並びに北極域の海氷、積雪及び永久凍土の縮小を含む。」と示された。［　イ　］、「第６次評価報告書（第２作業部会報告書）（二〇二二）」においても、「人為起源の気候変動は、極端現象の頻度と強度の増加を伴い、自然と人間に対して、広範囲にわたる悪影響と、それに関連した損失と損害を、自然の気候変動の範囲を超えて引き起こしている。」との認識が示された。

温暖化による気温の上昇は地表面からの水の蒸発散量を増加させるが、これは年降水量の変動の増大や降水パターンの変化をもたらすほかに、積雪量の減少と融雪の早期化の要因となる。

我が国においても年平均気温の長期的な上昇傾向は明確である。年間降水量には統計的に有意な長期的な変化傾向は見られないものの、統計開始から一九二〇年代半ばまでと一九五〇年代、二〇一〇年代以降に多雨期がみられ、一九七〇年代から二〇〇〇年代までは年ごとの変動が比較的大きかった。また、一年の中でも、一時間降水量五十mm以上の短時間強雨の発生回数が増加し、日降水量百mm以上の年間日数も増加している。他方、弱い降水も含めた降水の年間日数（日降水量一・〇mm以上の年間日数）は減少している。

積雪量については、北日本から西日本にかけての日本海側では減少傾向が現れている。

近年、世界各地で大雨・洪水、干ばつなどの異常気象が報告されており、今後、温暖化の更なる進行に伴い、我が国においても気象がより極端化していくことが懸念される。

温室効果ガスの排出を全体としてゼロにするカーボンニュートラル、脱炭素社会の実現に向けて重要性が増しているところである。

我が国は今日に至るまで水と様々な関わりを持ち、利水・治水・環境面など様々な分野で生じた課題の克服に努めつつその歴史を重ねてきた。現在、我が国は、人口減少社会の到来や地方の過疎化、地球温暖化などの気候変動による新たな課題に直面しており、今後、これらにより水循環に劇的な変化がもたらされ、私たちの暮らしが脅かされることが懸念される。

我が国の総人口は、明治時代以降、年平均で一%程度の増加を続けてきたが、平成二〇年を境として一転して長期的な減少過程に入り、今世紀半ばにはピーク時から約二割減少し、約一億人となることが推計されている。また、諸外国が経験したことがないような急速な高齢化も進んでおり、高齢化率（総人口に占める六五歳以上人口の割合）は平成二〇年の二二・一%から今世紀半ばには三七・七%と約一・七倍になると推計されている（**【資料2】**）。地域によって人口動向は異なり、三大都市圏の人口シェアの上昇は今後も続くとともに、その増大のほとんどは東京圏のシェア上昇分と予測されており、限られた地域を除いては人口減少・高齢化が一層深刻化すると予想されている（**【資料3】**）。

人口減少・高齢化が進展している地域を中心に、森林の手入れが十分になされず、また、農村地域では集落機能の低下により、末端水路の維持管理が困難になる等、水源涵養《かんよう》機能などの多面的機能の維持・発揮が困難になることが懸念されている。同時に、殊に地方部における上下水道の使用料収入の減少から事業運営のための資金不足や、水インフラの運営・維持管理・更新などの水循環に係る各分野の人材不足等を招き、これらの適切な維持・管理が困難になることが強く懸念される。

将来にわたり健全な水循環の維持又は回復を実現していくためには、③地球温暖化などの気候変動といった今後される土地改良区等が行っている。

我々が日常生活を送る中で、最も身近な水である生活用水については、明治以降、我が国の近代化が進む中、人口の急増と都市部への集中に対して新たな水需要を満たすための水資源の開発が進められるなどの対策を講じた結果、ほとんどの国民が水道による水の供給を受けられる状況が実現した。

この間に、塩素消毒の導入等によってコレラや赤痢をはじめとする水系消化器系感染症患者数は急激に減少し、我が国の水道は、国民生活及び経済社会活動を支える基盤施設として、令和二年三月末時点で九八・一％の普及率となっており、全国どこでも安心してその水を直接飲むことができる状況が実現している（**【資料1】**）。

我が国の経済成長に呼応し、正に産業の［Ⅱ］として産業活動の発展に重要な役割を果たしている工業用水は、特に昭和三〇年代以降の高度経済成長に大きく寄与してきた。

また、水は、水力発電のエネルギー源として、戦後の復興期の電力需要を支えてきた。水力発電は、発電過程で二酸化炭素を発生させない純国産のクリーンエネルギーとして重要な役割を担っており、二〇五〇年までに

【資料１】水道普及率と水系消化器系感染症患者の推移

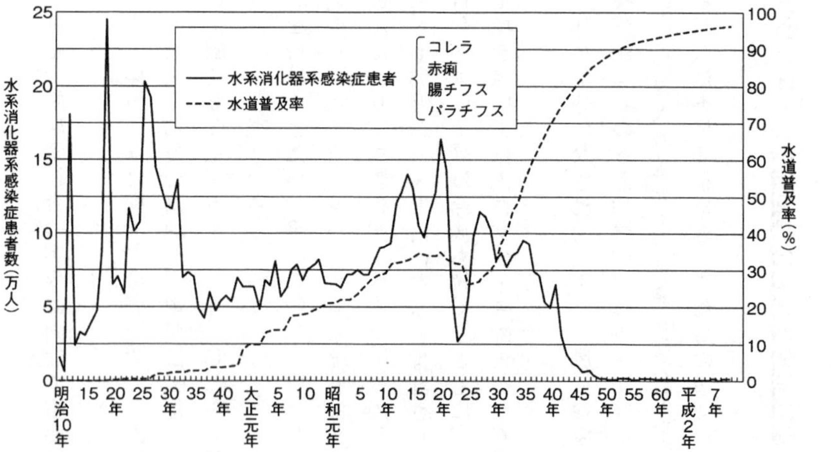

（公益社団法人日本水道協会「水道のあらまし」より）

※水系消化器系感染症は、病原微生物に汚染された水を摂取することにより引き起こされる感染症。
※「伝染病統計」（厚生労働省）が平成11年３月で廃止されたため、平成10年度が最終数値。

込んだ水を自然の高低差に沿って効率的に水田まで流下させる必要があり、水路から水を溢れさせないよう一定の［Ｉ］が確保された長距離の水路を整備してきた。

そのようにして取水した農業用水を広範な農地にかんがいするため、幹線用水路から支線用水路、末端用水路に至る複雑な用水系統を作り上げてきた。さらに、上流の農地で使用された水はいったん河川に流出し、再びその下流の農地で利用されるほか、排水路を通じて繰り返し農業用水として利用されている。

こうした農業用水の利用は、②長年培われてきた集落等による管理を土台としている。特に江戸時代以降、新田開発により積極的に水路の整備が行われ、その整備によって利用可能となった農業用水は、井堰《いせき》注1（現代の頭首工《とうしゅこう》注2に当たる）等を単位とする関係集落において共同利用された。共同利用に当たっては、上流の地域で多く取水してしまうと下流の地域で必要とする水量が不足することから、流域全体での円滑な利用を図るため、各集落により管理する組織（水利組合）が作られ、一定比率で配水する分水工の設置や公平に時間を定めて配水する番水などの規律が生まれる等、水利秩序が形成された。現在においても、これらの重要な農業用水の管理は、農業者により組織ように、我々は日頃からさまざまな物事に対して疑問を持つことで、科学的研究の結論のみならず、その導出過程にも目を向けていくような態度を養う必要がある。

d　リベットの実験は、被験者が手を動かしていない間は脳内の準備電位が先行しないという点が確認できないため、手の動きと準備電位の間の因果関係の立証が不十分であり、哲学者のメレはこの観点から、リベットの実験を「自由意志の否定」とする見方を批判した。

e　リベットの実験の対象は、指示を受けて任意の時点で手を動かすという非主体的かつ単純な意思決定であり、より複雑な思考や感情に基づいて主体的に意思決定をする人間の実態との乖離《かいり》が著しいため、この実験結果をもって自由意志の存在を否定することはできない。

二　次の文章と資料を読んで、後の問いに答えなさい。（40点）

水利用の①大宗をなす農業用水については、稲作を中心に流域内で繰り返し利用されること等により水循環を生み出している。我が国の水田農業は、夏季の高温・多雨という気象条件を生かすため、古来、先人達の長年にわたる多大な努力と投資により、狭小で急峻《きゅうしゅん》な国土条件を克服しながら水利施設の整備を行うとともに、水利秩序を形成しながら発展してきた。

水田農業を行うためには、水を河川から水田まで引いてこなければならないが、水田の近くに河川が流れていたとしても、河川は基本的にその地域の一番低いところを流れていることから、ポンプのない時代に近くの河川水を大量に汲《く》み上げることは困難であった。

［ア］、河川から水を取り込み農業用水として使用するには、水田の地盤より高い上流に取水口を設置し、取り

問十　傍線部⑦「その意味」の指示している内容として、もっとも適切なものを次の中から一つ選びなさい。
解答番号は10。（6点）

a　リベットの実験結果を批判的に検討し、不審な点を具体化することは、「自由な行為」とは何かについて理解を進めるために有益であるということ。

b　リベットの実験結果は自由意志の存在を真っ向から否定するものではなく、「自由な行為」という概念自体を再考する必要性を提示しているということ。

c　リベットの実験結果は自由意志にとって深刻なものではないと楽観視されてきたが、メレの議論によってその危険性が明確化されたということ。

d　リベットの実験結果によれば、Wの時点に何らかの心理現象が発生している可能性は高く、その正体について検討する価値は十分にあるということ。

e　リベットの実験結果は「自由な行為」一般に当てはめることはできないため、論点を明確化し、より狭い範囲に限定して議論するべきだということ。

問十一　本文の内容として、もっとも適切なものを次の中から一つ選びなさい。解答番号は11。（6点）

a　日常的な購買行動のように、複数の選択肢を綿密に比較検討することなく、数ある同種のもののなかからその時々の気分に応じて一つの対象を選択する行為は、他者から特定の対象を選択することを誘導ないし強制されていないという点で、「自由な行為」の典型といえる。

b　Wの時点を計測するリベットのアイデアは、被験者に自らの意識体験を観察・報告させるという心理学の古典的な手法と、脳波を測定して脳の活動状態を知るという脳科学の先進的な手法を融合させ、自由意志は存在しないという斬新な結論を導いた点が優れていた。

c　平易な言葉によってデータから飛躍していることに気づきにくい科学的研究の結論に惑わされない

問六　傍線部④「意志をもつことに明らかに対応する心理現象などあるだろうか」とあるが、この問いに関する筆者の考えとして、もっとも適切なものを次の中から一つ選びなさい。解答番号は6。（6点）

a　意志はほんの一瞬で忘れ去られてしまうものであり、心理現象として立ち現れることはない。
b　心が傾いていたものとは別の選択肢を実行したとき、意志の存在は鮮明に意識される。
c　自分が一つの選択肢を選んだことを確信した瞬間が、意志をもった時点であるといえる。
d　意志をもった時点を確認するには、内省的な分析のみならず科学的な実験も必要である。
e　人生の重大な選択であっても、その意志をもった時点を明確に把握することはできない。

問七　傍線部⑤に関して、主人公の縁談と見合いの様子を描いた短編『富嶽百景』を著した小説家を次の中から一人選びなさい。解答番号は7。（3点）

a　中島敦　b　芥川龍之介　c　太宰治　d　井伏鱒二　e　川端康成

問八　空白部［Ｉ］に入る語として、もっとも適切なものを次の中から一つ選びなさい。解答番号は8。（3点）

a　公衆化　b　近代化　c　現実化　d　類型化　e　空文化

問九　傍線部⑥「外堀を埋める」の意味として、もっとも適切なものを次の中から一つ選びなさい。
解答番号は9。（3点）

a　問題を全力で片づける
b　問題を周辺から片づける
c　問題を苦労して片づける
d　問題の本質を片づける
e　問題を始めから片づける

b　さきほど私は、リベットの実験についての疑問を挙げたが、この疑問への回答を知っていたとしても、彼の実験を理解するには不十分である。

c　さきほど私は、リベットの実験は自由意志の存在を否定するものだと説明したが、その説明が理解できないのであれば、この疑問を抱きもしないだろう。

d　さきほど私は、リベットの実験は有名だと記したが、この疑問への回答を知らない人は、その実験を真に知っているとは言えない。

e　さきほど私は、リベットの実験のリスクに警鐘を鳴らしたが、この危険性を正しく把握していない人こそ、この実験を再現したがるようにみえる。

問五　傍線部③「コロンブスの卵」の説明として、もっとも適切なものを次の中から一つ選びなさい。
解答番号は5。（6点）

a　時間を刻む速度を通常よりも上昇させた時計を用いることで、より細かい時点を計測できるようにするという発想は、単純でありながら最初に思いつくのは難しいということ。

b　針ではなく光点が円周上を進む特殊な時計を用いることで、Wの時点に関する被験者の報告を容易にする工夫は、本質的な部分ではないが重要な事柄であるということ。

c　Wの時点を、被験者の主観的な報告に基づいて計測するという手法は、データの客観性が不十分であるものの、人間の心理現象の研究には適した方法であるということ。

d　時計の光点の読み取りにおける誤差を差し引いておくことで、実験に対して想定される批判を回避しようとすることは、完璧ではないにせよ実証的な研究の模範であるということ。

e　Wの時点と準備電位のずれを計測することによって自由意志の存在に疑問を呈したことは、現代では批判も多いものの、先駆的な取り組みとして大いに価値があるということ。

	ア	イ	ウ
a	実は	もしかして	または
b	このように	ちなみに	逆に
c	さらに	そして	なお
d	けれども	つまり	こうして
e	むしろ	たとえば	だから

問三　傍線部②「ばかり」と同じ用法のものとして、もっとも適切なものを次の中から一つ選びなさい。解答番号は3。（3点）

a　さきほど駅についたばかりでまだ切符も買っていない。
b　親同士の仲が悪いばかりに、まだ二人は結婚できていない。
c　ドアの陰から、雲つくばかりの大男が現れた。
d　肉ばかり食べていると、栄養が不足しやすく健康に悪い。
e　試合に勝った彼の喜びはいかばかりだろうか。

問四　空白部［A］に入る文として、もっとも適切なものを次の中から一つ選びなさい。解答番号は4。（3点）

a　さきほど私は、リベットの実験は誤解されていると記したが、この疑問をもつことができる人は、そのような誤解をすることもないだろう。

（青山拓央『心にとって時間とは何か』より）

※出題の都合上、一部中略・改変した箇所がある。

注　反事実条件的分析…事象Aが事象Bの原因であるとされる場合に、「Aが発生しなければBもまた発生しなかった」という命題が真であるか否かを検討することで、AとBの間の因果関係を認定する分析方法。

問一　傍線部①「リベットの実験結果」の説明として、もっとも適切なものを次の中から一つ選びなさい。解答番号は1。（6点）

a　行為の原因である脳活動よりも前の時点で、行為が行われる部位が活動している。
b　行為が意図されると同時に、行為の原因である脳活動が開始している。
c　行為が意図されるよりも前の時点で、行為の原因といえる脳活動が開始している。
d　行為の原因である脳活動が完了すると同時に、行為が行われる部位が活動している。
e　行為が開始された後で、行為の原因といえる脳活動が開始している。

問二　空白部［ア］～［ウ］には、文をつなぐ言葉が入る。その組み合わせとして、もっとも適切なものを次の中から一つ選びなさい。解答番号は2。（5点）

入れるが、そのとき、だれかがあなたに尋ねたとしよう。「同じ種類のピーナッツ缶がたくさん棚に並んでいるけど、なぜその缶を選んだの？」と。普通、この質問への答えはなく、「適当に」と答えるくらいだが、リベットの実験の被験者に対して「なぜ、あのタイミングを選んだの？」と尋ねても、それは同様だとメレは論じる。

　たくさんの缶のなかから適当に一つを手に取ることや、たくさんの瞬間のなかから適当に一つで手を動かすことは、「自由な行為」の代表例とは見なしがたい。われわれの重視する「自由な行為」では、しばしば、選択肢が比較検討され、適当にではなくある行為が選ばれる。メレはこのことから、リベットの発見を「自由な行為」一般に当てはめることには無理があると指摘する（一五―一六頁）。

　メレはほかにも多数の観点から、リベットの実験結果を「自由意志の否定」として解釈することを批判しており、それらはかなり説得的なものだ。とりわけ、手を動かしていないとき、その数百ミリ秒前に脳内の準備電位が存在していなかったことは知られておらず、この実験の設定上それは確認できなかった――手の「筋バースト」（筋運動の開始を表す）を時間的な基準点にして脳波のデータを記録・平均化していくため――という指摘は重要である（一二―一三頁）。なお、準備電位を含む脳活動を原因として筋バーストが起こったと言うためには、準備電位が在る場合に筋バーストが後続することだけでなく、準備電位がない場合に筋バーストが後続しないことを確認することが有益だが、ここでの因果関係の理解は、哲学者たちが「反事実条件的分析[注]」と呼ぶものに対応する。

　メレや他の論者の指摘をふまえ、私はリベットの実験を次のように受け止めている。この実験は、一部の人々が述べているほど自由意志にとって深刻なものではないが、しかし、一部の人々が述べているほど無益なものでもない。過大評価と過小評価を避け、実験そのものを眺めるなら、Wの時点に何らかの心理現象が生じていることは、もしそれが意思決定とは別の何かであっても、検討する価値を十分にもつ。そして、たとえこの実験結果を疑う場合でさえ、どこがどのように疑わしいのかを明確に述べることができれば、自由な行為とはいかなるものかの理解も着実に進むだろう。メレによる先述の議論は、まさに⑦その意味で生産的なものである。

私は届の提出に先立ち、結婚の［Ⅰ］に繋がるさまざまな行動をとっており——心のなかで何かを言ったり、だれかと何かを約束したり、新しく何かを購入したり——そうした行動の存在が、いわば⑥外堀を埋めるようにして、私を結婚へと向かわせる。こんなふうに言うと、まるで私に結婚する気がなかったかのようだが、もちろん、そういうことではなく、重大な選択は私にとって「小さなステップの束」なのである（そして、それぞれのステップについても、意思決定の時点は摑めない）。

リベットの実験例に戻れば、私がもし被験者であったなら、手を動かそうという意志をいつもったのか、正直なところ分からないだろう。むしろ私は、その実験を受けている以上、手を動かすことを命じられており——手を動かさない自由などない——ただ私はその命令実行のタイミングを計っているだけである。［ウ］、私にとってその実験は、自由に手を動かすものというより、無作為にある時点を指定するものである。これは明らかに、普通の意味での「自由な行為」とはほど遠い。

哲学者のアルフレッド・メレも、彼自身がリベットの実験の被験者となった経験をふまえて、著書でこう書いている。

「[手首を曲げようという] 衝動がそれ自体でまさに浮かんでくることはない、ということを確信するまで、私は待った。何をすればよいのか私は疑問に思い、ある戦略を打った。声には出さず自分自身にちょうど「今」だと言うことにして、その無言の合図への反応として手首を曲げ、それから少し後に、自分が「今」と言ったときにリベットの時計の針がどこを指していたかを報告してみよう、と決めたのである。」（一三—一四頁、著者訳、角括弧内は著者の補足）

続けてメレはこんなふうに言う（一四頁）。この経験はまるで、特定の種類のピーナッツ缶を買いにスーパーマーケットに行くようなものだ。あなたの買い物リストには、どのメーカーのどのサイズのピーナッツ缶を買うかが記されている（その点について迷う余地はない）。さて、あなたはリストに従い、ある缶をショッピングカートに改めて考えてみることにしよう。本来なら、それは「手を動かそうという意志をもつ」ことであるはずだが、本書を読まれている方もぜひ、いったん読むのを中断して、意識的に手を動かしてみてほしい。私たちはたしかに手を動かそうと意志して手を動かすことができる（ように思われる）が、しかし、④意志をもつことに明らかに対応する心理現象などあるだろうか。とりわけ、未来の複数の可能性から一つを自ら選択した、という意味での意志をもつことに関して。

私はこの疑問をもって以来、長年にわたり少なくとも千回以上、生活のさまざまな場面において意思決定の時点を摑《つか》もうとしてきた。そして、その結果、「まさに、この心理現象が意志をもつことに対応する」と言えるような現象は存在しないのではないかと考えるようになった。

喫茶店でメニューを決めるとき、どこに引越をするかを決めるとき、いま書いているこの文章の続きをどのように書こうか決めるとき……、私は思案し、複数の選択肢に評価を加え、ある選択肢に心が傾きつつあるのを感じるが、とはいえ、ついさっきまで心が傾いていたのとは別の選択をすることはよくある。そして、心が傾いていた選択肢をそのまま実行するときでさえ、私は、自分がそれを実行し始めているのを自覚することで、ようやく、自分がそれを選択したことを確信できる（このことは、心が傾いていた選択肢について、それを実行する前に、計画や意図をもっていたことと矛盾しない）。

食事の注文のような軽い選択だから意思決定の時点が摑めないのではない。一生に一度と言えるような重い選択をする際にも、私はやはり、「この瞬間にたしかに意思決定がなされた」と分かるような心理現象をもつことはなく、さまざまな比較考量を経て自分がある道を進みつつある（すでに少し進んでいる！）のに気づくことで、自分がそちらを「選んだ」のだと分かる。

たとえば、私は二十七歳で⑤結婚したが、いつ自分がそうすることに決めたのかは分からない。厳密に言えば、私の結婚が現実となったのは婚姻届が受理されたときであり、その届の提出直前まで私は別の選択ができた。だが、い。とくにその「結論」が、抽象的なデータを日常的な表現に分かりやすく置き換えたものである場合、その分かりやすさには注意が必要だ。というのも、データが述べている以上のことが言われている恐れがあるからである。過程の理解が重要なのは、結論がデータから飛躍している際に、そのことに気づかせてくれるためだ。

[イ]、さきほどの説明を読んで、こんな疑問をもたなかっただろうか。「手を動かそうと意志する前に脳活動が生じていたというが、手を動かそうと意志した時点はどのようにして計測されたのか」。これはリベットの実験の根幹に関わる疑問であり、また、結論②ばかりに目を向けていると見過ごされてしまう疑問でもある。[A]

手を動かそうという意志をもつこと――、リベットはそれを「W」と呼び、次のユニークな方法でWの時点を計測した。被験者はいつでも自由に手を動かすことができるが、ただしその実験中、ある特殊な時計を見ている。その時計は円形であり、針ではなく単一の光点が円周に沿って動いていくもので、その速さは通常の秒針の約二十三倍である（二・五六秒で一周する）。被験者は手を動かした後、手を動かそうと意志したときに光点がどこにあったかを報告するが、リベットはその報告からWの時点が分かると考えた。

この計測のアイデアはいわゆる「③コロンブスの卵」であり、このアイデアの活用によってリベットの名は科学史に刻まれたと言える。研究者のなかには（おそらく本書の読者のなかにも）この計測方法に疑念を抱く人々も多いが、それでも、こうした活用例を最初に提示することはきわめて価値が高い。具体的な活用例が示されたからこそ、そのアイデアの長所／短所やより良い活用案に関して、人々は深く検討することができる。

（リベットの計測方法については、「光点の位置を読み取る際に誤差が生じるのではないか」という疑問がまず思い浮かぶだろう。リベットもこの点には配慮し、光点の読み取りにおける一般的な誤差（意志の自覚ではなく感覚刺激に関しての）を別途に調べ、その誤差を差し引くかたちでWの時点を計測している。ただし、この対策によって誤差をどこまで減らせるかは論争中の問題だ。）

Wの時点の計測が何らかの心理現象の計測としてうまくいっていると仮定して、それがどのような現象なのかを

国語

（二教科型：：六〇分
三教科型：：二教科一二〇分）

一　次の文章を読んで、後の問いに答えなさい。（50点）

神経科学者のベンジャミン・リベットによる、次の有名な実験がある。被験者は好きなタイミングで手を動かす（手首または指を曲げる）ように指示されるのだが、脳波計での計測によれば、手を動かそうと意志する〇・四秒ほど前に、「準備電位」と呼ばれる電位変化を含む脳活動が始まっているという。

私たちは普通、自らの自由な意志によって行為をしていると考えているが、①リベットの実験結果はこの考えに疑問を突きつけるものだ。準備電位を含む脳活動は手を動かすという行為の原因に見えるが、だとすれば、手を動かそうと意志する（後述の意味でその意志に気がつく）よりも前に、脳はすでに手を動かすための一連の作業を開始しているのではないか。だとすれば、いつ手を動かすのかは意志によって自由に決められたわけではなく、［ア］、意志はそうした決定に役立っていないのではないか。こうして、リベットの実験は――手の動作だけでなく行為全般にも同様の推測をすることで――自由意志の幻想性を暴き立てるものとして解釈される。事実、ちょっとした科学記事などでは、まるでこの実験が自由意志の非実在性を証明したかのように解説されていることがある。

科学的な研究成果を正確に理解するためには、その研究の結論だけでなく、過程にも興味をもたなくてはならな

解答編

英　語

1 解答 **A.** **1**－c　**2**－c　**3**－a　**4**－b　**5**－c
B. **6**－b　**C.** **7**－d　**D.** **8**－c　**E.** **9**－b
F. **10**－d

解説

《サンタクロースの歴史》

A. **1.** 第1段第3文（His parents had …）にある，「聖ニコラウスの両親は彼の幼少期に亡くなっていた」という前提のもと，続く第4文（They had a …）には，「彼の両親は莫大な資産を有していた」とあり，この部分と，設問となる（　①　）Nicholas suddenly found himself very wealthy. との論理関係を考えると，c．so「だから」が正解。

2. 第1段最終文（Nicholas died on …）の前半部分は，「ニコラウスは12月6日に逝去し，今日なお彼の死没日は盛大な宴会で祝われている」という意味で，それに続く，and is considered to be a lucky day for people（　②　）they buy expensive items or get married. は，「高価な品を買ったり結婚したりするのに縁起が良い日と考えられている」とするのが自然なので，c．if「もし～すれば」が正解。

3. 設問箇所が含まれる第3段第1文には，to encourage Christmas shopping, stores had begun displaying pictures of Santa Claus.「クリスマスに購買意欲を高めるために，各店舗はサンタクロースの絵を展示していた」とあり，過去完了形が使われていることから，どの時点より前の話なのかを明示する語句が必要となる。By the 1840s「1840年代には～」とすると文意が通るので，a．By「～までに」が正解。

4. 第3段第3文（In the 1860s, …）の many drawings of Santa,（　④

) we got to know, for the first time, that he was a fat, cheerful man …の部分における先行詞は many drawings of Santa なので，which が使われている選択肢から選ぶ。その上で，文全体として「1860 年代，ハーパーズウィークリーという雑誌がサンタの絵を多く掲載し，その絵から私たちは初めて，サンタが白い毛皮の縁取りのある真っ赤なスーツに身を包み，大きなバックルのついた黒いベルトをした太っちょで明るい白ひげの男性だと知るようになった」とすると文意が通るので，b．from which が正解。

5．第3段第9・10文（His appearance changed, … purple, or gold.）には，「彼の容姿は変化しており，時には背が低く，またある時には長身で，巨人くらい大きいこともあった。身にまとっているスーツも，青，赤，茶，緑，紫，または金とさまざまだった」とあり，サンタクロースのイメージが統一されていなかったことが描写されている。それに続く，第4段第1文（By 1920, …）は，「しかし，1920 年には，最も馴染みのあるサンタクロースは赤いスーツに白い毛皮の縁取り，そして大きな黒いベルトをしていた」と，1920 年時点ではほぼ統一されていたことを述べるのが相応しいので，c．however「しかしながら」が正解。

B．6．下線部(1)は「ニコラウスが住んでいたのは，現在のトルコである」の意味なので，その言い換えとなるb．「ニコラウスは，当時はまだトルコとは呼ばれていなかった場所に住んでいた」が正解。cは「ニコラウスが住んでいた場所は，トルコと呼ばれていた」の意味で不適。

C．7．第2段第1文（In America, the …）は，「米国では，聖ニコラウスのオランダ読みである Sinter Klaas から，『サンタクロース』という名前が生まれた」とあるので，dが正解。aは「サンタクロースの代わりに，Sinter Klaas という語を使う人もいる」となるが，Sinter Klaas はもともと聖ニコラウスを意味するオランダ語であって，サンタクロースを表しているわけではないので誤り。

D．8．下線部(3)は，「ショッピングモールの店員は，サンタクロースや，小さなおもちゃを作ってそれを子どもたちに配る妖精に扮した」の意味。cは「ショッピングモール従業員の仕事は，おもちゃを作って売ることである」となり，下線部の説明として不適。

E．9．下線部(4)は，「こういった全ての広告が，今日私たちが知るサンタクロースの一般的なイメージを形成するのに一役買ったのである」となるので，その言い換えとしてb.「広告がなかったら，私たちはサンタクロースの一般的なイメージを抱いていないだろう」が正解。

F. 10. 第3段第9・10文（His appearance changed, …purple, or gold.）に，1920年以前は，サンタクロースの背の高さや衣服の色はまちまちだったと描写されている。続く第4段第1文（By 1920, …）に，1920年以後，今日私たちが知るサンタクロースの形が最も一般的になったとあるので，d.「1920年まで，サンタクロースの服装や外見はその情報源によって大きく異なっていた」が正解。

2 解答

11－b　**12**－c　**13**－b　**14**－b　**15**－d　**16**－a
17－a　**18**－d　**19**－b　**20**－c　**21**－b　**22**－a

解説

11.「弟があれだけの事故の後，意識を回復させてはっきりと目を覚ましたと聞いた時は，本当に安心した」なので，b. consciousness「意識」が正解。a. appreciation「評価，感謝」，c. humor「ユーモア」，d. sickness「病気」という意味である。

12.「おばは優秀な花屋だ。単に花を売るだけではなく，お客さんに観葉植物についてアドバイスしたりもしている」となるので，c. florist「花屋」が正解。a. architect「建築家」，b. cashier「レジ係」，d. scientist「科学者」という意味である。

13.「キャシーほどクラスリーダーに適任な人はいない。彼女はいつも他の人の気持ちを考えていて，とても理解がある」となり，b. considers「～を考慮する」が正解。a. changes「～を変える」，c. hurts「～を傷つける」，d. judges「～を判断する」という意味である。

14.「ボブは自宅でさまざまな凧を作って楽しんでいる。ときどき自分の子どもたちと近くの公園へ行って，凧揚げをしている」で，b. kites「凧」が正解。a. bicycles「自転車」，c. sinks「台所の流し」，d. videos「ビデオ」という意味である。

15.「ハリウッドのセレブが夏中自宅で過ごすことは極めて稀なことだ。大半は高級リゾートに出かけるのがお決まりになっている」となり，d. rarely「稀」が正解。ここでのonlyは単に強意表現として付け足されたもの。a．earnestly「熱心に」，b．frequently「頻繁に」，c．probably「おそらく」という意味である。

16.「最近は，多くの筆記具が機能的であると同様に魅力的に設計されている。メーカーは自分たちの製品の見た目を良くしようと頑張っている」で，a．attractive「魅力的な」が正解。b．impractical「非現実的な」，c．reasonable「合理的な」，d．tough「頑丈な」となり，dで迷うかもしれないが，設問にある functional「機能的な」とやや意味の重複が見られる上，続く make their products pleasant to look at で選択肢から外れる。

17.「妹にごめんとは言っていない。というのも，謝るべき理由があるとは思えなかったからだ」となり，a．apologize「謝る」が正解。b．boast「自慢する」，c．collaborate「協働する」，d．quarrel「口喧嘩する」という意味である。

18.「その都市は，比較的温暖な気候だが，年に数回，大荒れする」で，d．severe「(気候，天候が) 厳しい」が正解。a．delicate「繊細な」，b．intricate「複雑な」，c．peaceful「平穏な」という意味である。

19.「多くの大学生は，アルバイトから費用を捻出すればパソコンを購入できる」となり，b．purchase「～を購入する」が正解。設問文の save up は「貯蓄する」の意味。a．discount「～を割引する」，c．repair「～を修理する」，d．utilize「～を利用する」という意味である。

20.「メアリーは，現地の人を助けたいという思いから，南アフリカの診療所でボランティア活動をたくさん行うつもりだった」となり，c．intend (ed)「～するつもりだ」が正解。a は fail to *do* で「～し損なう」，b は hesitate to *do*「～するのを躊躇う」であり，それぞれ because 以降の理由にあたる部分と意味的に合致しない。d．pretend (ed)「ふりをする」という意味である。

21.「プレゼンの概要を教えてくれますか。細かい点に目を通す時間はないので」となり，b．general「全般的な」が正解。a．drastic「大胆な」，c．popular「人気の」，d．splendid「壮大な，素晴らしい」という意味。設問文末尾の，detailed points「詳細な点」との対比関係から選ぶとよい。

22.「教授の提案は，学生はもっと入念な手法をとるべきとのことだった。それで，彼らはそのデータを徹底的に調べ始めた」となり，a．careful

「注意深い，入念な」が正解。設問文にある therefore「それゆえに，だから」という論理標識を目印に解くとよい。b．harsh「辛辣な」，c．novel「目新しい」，d．random「無作為の」という意味である。

3　解答

23—(b)　**24**—(c)　**25**—(c)　**26**—(b)　**27**—(c)　**28**—(b)
29—(d)　**30**—(d)

解説

23. turn to～「～の方を見る」の意味で，後ろには目的語としての名詞を置く。The teacher turned to the student wearing a cap と分詞形容詞を用いて表現することで，「帽子をかぶっている学生の方を見た」となり，文構造上正しくなるため，(b)を選ぶ。主格の関係代名詞は省略できないため，設問文は誤り。

24.「分詞＋名詞」の形で使用される分詞の現在分詞（～ ing）と過去分詞（p.p.）の使い分けは，名詞と分詞の関係で考えるとよい。「現在分詞＋名詞」は，「名詞が～する」という能動関係になり，「過去分詞＋名詞」は，「名詞が～される」という受動関係になる。irritate は「～をいらだたせる」の意味で，(c)irritated habit は「いらだたされた習慣」となり，習慣そのものがいらだたされることはないため誤り。正しくは，irritating habit「(他の人を）いらだたせる習慣」とする。

25. staff は集合名詞なので単数扱いにし，staff … was とするのが正しい。なお，複数扱いにする場合は，staff members were … などとする。

26. 設問文は「私は自転車で通勤していて，それはもっぱら運動のためではあるものの，電車と同じくらい速いということも付け加えさせて下さい」になると考えられるので，(b)が誤り。前文内容である I commute by bike を受けた関係代名詞 which を入れると文意が通じる。

27. every は，「ひとつひとつ数えて，すべて」の意味で，後ろには単数名詞が来るため(c)が誤り。

28. have a difficult time ～ ing「～するのに苦労する」の意味の定型表現。設問文は「転校したあと，キンバリーは新たな雰囲気や困難な環境に馴染むのに苦労した」となるので，(b)が誤り。

29. the reason why still remains a mystery「その理由はいぜん謎のままである」とする必要があるので，(d)を選ぶ。

30. 設問文は，「もし君が大学の奨学金に関心があると知っていたら，それに申し込むようにアドバイスしていただろう」の意味で，設問文中の it は the scholarship of the university を指している。apply for ～「～に申し込む」で，必要な前置詞が抜けているため(d)が誤り。

4 解答

A. **31**－a　**32**－b　**33**－a　**34**－c　**35**－c　**36**－a

B. **37**－c　**38**－d　**39**－c　**40**－a　**41**－a

解説

《ストラディバリウスの再現》

A. 31. 第1段第4文（Nagyvary believes that …）に，「ナジバリーは，ついにストラディバリウス＝バイオリンの音のすばらしさに隠された，何世紀にもわたる謎を解明したと信じている」とあることから，a が正解。なお，第5段第1文（Joseph Nagyvary's laboratory …）からもわかる通り，彼自身は科学者なので他の選択肢は除外する。

32. 第3段第3文（Before his death …）に，「アントニオ＝ストラディバリが亡くなるまでに1,000本以上のバイオリン，ビオラ，チェロ，ギターを製作した」とあるので，b が正解。続く第4文（Two sons followed …）では，跡を継いだ二人の息子は跡を継いで間もなく亡くなったとあるので a は誤り。

33. 第6段第2・3文（He claimed that … wood and varnish.）に，「ストラディバリの手による楽器の高い品質は，芸術的才能によるものではなく，当時彼が使っていた材料，特に木材とニスの化学的特性によるものだ」と，その主張が述べられているので，a が正解。b は「ストラディバリウスの音の説明はつかず，再現は不可能」，c と d はそれぞれ「演奏者の才能」，「職人の技術」がストラディバリウスの有名な音の理由だ，となりナジバリーの主張と食い違うため不適。

34. 第7段第2・3文（His theory was … their artistic talent.）に，彼の理論は，長年培われてきたバイオリン製法への挑戦であり，それはすなわちバイオリンメーカーが大切に考えている芸術的才能の必要性を問うものであるという旨の記載がある。また，第11段第3文（And Schiff believes …）では，その楽器メーカーや取り扱い店が安価なナギバリウスに対して恐れを抱く理由として，経営上の不安も指摘されているので，c が正解。

35. 第9段（The best proof…）には，ナジバリーがその研究から得た知見を活かし実際にバイオリンを製作，有名なプロの演奏家が自身の高額なストラディバリウスとナジバリウスの両方を用いレコーディングを行った上で，友人の指揮者にそのCDを送ったが，彼はその違いがわからなかったという一連の経緯が記載されている。c を入れれば，「ナジバリーは現在，ストラディバリウスと見分けのつけづらい音色をもつバイオリンを製作している」となり正解。a と d はいずれも，「ナジバリウスが生音源よりも録音に適している」，「録音された場合に特にその音色がすばらしい」という主旨だが，本文中に特にそのような記述はないので不適。また，ナジバリウスはストラディバリウスよりもはるかに安価なため，b も事実に反する。

36. 第11段第2文（Nagyvary's website suggests…）では，「ナジバリーのウェブサイトによると，多くのバイオリンメーカーは自分たちを芸術家だと考えており，バイオリン製作においても科学ではなく芸術的側面に，より個人的関心がある」と述べられているので，a が正解。結果的に，業界の人々にとって広く人気というわけではないため d は誤り。本文中には，ナジバリーのサイトがオンラインショッピングサイトという記載はないので b も誤り。ウェブサイトを通じて，ストラディバリウスのイメージを毀損しているわけでもないので，c も不適。

B. 37. 第7段（Nagyvary's announcement shocked…）には，「ナジバリーの発表は，バイオリンメーカーと取り扱い店にショックを与えた。というのも彼の理論は，長年にわたるバイオリンの製作方法に真っ向から挑戦するものであり，バイオリンメーカーが信じる芸術的才能の重要性に挑むものだからである」とあるので，c．results「(研究) 結果」を入れるのが妥当。

38. ナジバリーの研究結果が，that 以下のことを示唆していると考えられるので，d．suggested「～を提案した，示唆した」が正解。ナジバリーの研究の結果，何が起こるかといった因果関係を整理することや，どの語が that 節を導くことができるかといった選択肢の形式面に注目することで落ち着いて正答を見いだせる。

39. long-established practice は「長い伝統のある慣例」の意味で，本文第 7 段第 2 文中にある the way that violins had been made for years.「長年にわたるバイオリンの製作方法」にあたる部分の言い換えと考えられるので，c が正解。

40. 要約文の in turn は「結果的に」の意味で使われている。ナジバリーの研究結果が伝統的なバイオリン製作方法を変えてしまい，結果的にメーカーが培ってきた技術に対する自信を削いでしまう，という内容が続くと考えられるので a．confidence「自信」が正解。

41. the confidence they have in their own skills and (　　) for making violins の they の直前には関係代名詞が省略されており，「メーカーが自分たちのバイオリン製作における技術と（　　）に対してもっている自信」となる。等位接続詞の and は，品詞や英文中での働きの同じもの同士をつなぐだけでなく，意味的にも近いもの同士をつなぐのがふつうなので，a．abilities「能力」を入れることで，整合性のある文になる。

5 解答 **42**—c　**43**—d　**44**—d　**45**—d

解説

42. Joshua said (it was not until he was in his 20s that he visited France) for the first time.「ジョシュアは，彼が 20 代の時に初めて訪仏したと言った」。it is not until ～ that S V は，「～になって初めて SV」という定型表現。for the first time「初めて」という意味である。

43. To my surprise, (my classmate who I thought was unkind helped me) to write a report yesterday.「驚いたことに昨日，不親切だと思っていた同級生が，レポートを書くのを手伝ってくれた」。選択肢にある who を関係代名詞と考えた場合，その先行詞がどれにあたるのかを探すとスムーズに正答につながる。設問文では連鎖関係代名詞が用いられており，便宜上，I thought の部分を挿入として考えるとわかりやすい。help *A* to *do*「*A* が～するのを手伝う」という意味である。

44. I didn't (tell her the truth for fear that she would get angry) with me.「彼女が私に怒るだろうと思って，彼女に本当のことを言わなかった」。for fear (that) SV は「～を恐れて，～するといけないから」とい

う表現。get angry with ～「～に腹を立てる」という意味である。

45. I got (to Tom's home at 8 p.m. only to find him) gone, and no longer there.「トムの家に夜８時に行ったが，彼はすでにおらず，もぬけの殻だった」。only to *do* は不定詞の副詞用法（結果）で「結局～しただけだった」の意味。get to ～「～に着く」，find O C「O が C だとわかる」という意味である。

6 解答例

(1) I know what you mean, but what would the world be like if we did not recycle and continuously produced waste without hesitation? Wouldn't that be horrible?

(2) We can choose products with minimal packaging, avoid single-use plastics and consider finding someone who can reuse what we no longer need. What matters most is doing simple actions in everyday life.

解説

(1)　最初のAの発言は，「リサイクルをするのは大変すぎるよね。どう思う？」というもの。さらに設問の後に続くAの発言に「うーん，たしかにね。あまり捨てないようにして，リサイクルするよう頑張ってみるよ」とあることから，下線部にはリサイクルをすることの意義やメリット，あるいは，リサイクルをしないとどのような悪影響があるのかといった内容を書けばよいことがわかる。〈解答例〉では，「気持ちはわかるけど，もしリサイクルをせずにためらいなくゴミを出し続けると世の中はどうなると思う？　怖くない？」と，仮定法を用いて共感や同意を求める表現にしている。

(2)　２回目のAの発言後半では，「ゴミを減らすために他に何ができると思う？」とあり，さらに最終発言では「とてもすばらしい考えだね！」とあるものの，ideas が複数形になっていることから，ゴミ削減の具体案としてリサイクル以外の方法をいくつか提示する必要があることがわかる。〈解答例〉では，「簡素な包装のものを選ぶことや使い捨てプラスチック製品の利用を避けること，またリユースすることもできる。大切なことは，日々の生活の中でできることを見つけることだよ」と答えている。

7 解答

1－d　**2**－b　**3**－b　**4**－d　**5**－c　**6**－b
7－b　**8**－c　**9**－b　**10**－a

解説

1． 設問文は「女性の抱えている問題は何ですか」であり，女性の最初の発言（Yes, my partner …）で「咳も止まらないし，喉の痛みに効くものが欲しいです」とあるので，dが正解。

2． 設問文は「なぜ女性は咳止めドロップにしたのですか」であり，女性の3回目の発言（Which is better?）「咳止めドロップとシロップのどちらがよいですか」の問いに対し，男性は「どちらもよいですが，シロップの方が値段がはりますね」と答えている。その上で，女性の4回目の発言（Oh, well …）に「わかりました。じゃあ，咳止めドロップをいただきます」と述べているので，bが正解。

3． 設問文は「男性の抱えている問題は何ですか」であり，男性の最初の発言（I've been trying …）に「30分，この数学の問題を解こうと頑張っているんだけど，どうやって解けばよいか全然わからないんだ」とあるのでbが正解。

4． 設問文は「数学の問題の締め切りはいつですか」で，男性の2回目の発言（It's due on …）に「金曜が締め切りだよ」とあるのでdが正解。due は，「（支払いや提出などが）期日の」という意味。

5． 設問文は「女性は，男性にどのようなアドバイスをしましたか」で，女性が4回目の発言（You should also …）で「個別指導に行く前に，章をよく読んで，よくわかっていないポイントについてまとめておくべきね」と述べているので，cが正解。tutoring session は「個別指導」の意味。

6． 設問文は「南部での今日の天気はどうなりそうですか」であり，第2文（By lunchtime, …）で「昼食時までには晴れて太陽が出るでしょう」とあるので，bが正解。

7． 設問文は「気温はどうなりそうですか」であり，第5文（Temperatures will stay …）に「北部南部ともに，21℃前後で暖かくなるでしょう」とあるので，bが正解。

8． 設問文は「イタリアの団体は何をしていますか」で，第1・2文（An organization in … lives a year.）で，「イタリア・ミラノのある団体は 35 年以上にわたり，400 匹におよぶしっかりと訓練された救命犬とともにイタリアの浜辺をパトロールしており，年間に 30 名程度の命を救っている」とあるので，c が正解。

9. 設問文は「ボランティアができることは何ですか」で，第 5 文の前半（Volunteers can join …）に「飼い犬とともに訓練することで参加可能」とあるので，b が正解。

10. 設問文は「訓練犬の何が特別なのですか」で，第 6・7 文（Dogs are taught … powerful swimming ability.）には「犬たちはヘリコプターや救命ボートから水に飛び込む方法を教えられている。救命犬には，特に，大きな身体で高い遊泳能力を持った個体が選ばれる」とあるので a が正解。

日本史

1 解答

問1. b **問2.** c **問3.** d **問4.** d **問5.** a
問6. c

解説

《弥生～室町時代の日中朝関係》

問1.『後漢書』東夷伝は，「倭国大乱」の記述のほかに，後漢の皇帝である光武帝から印綬を受けたことや後漢に生口を献上したことなどが記されている。

問2.『宋書』倭国伝にあらわれる「倭王武」は，雄略天皇であるとされている。

問3. 600年の遣隋使派遣は『隋書』倭国伝にのみ記されており，日本初の官撰正史『日本書紀』には記されていない。

問4. 1419年，朝鮮軍が倭寇の本拠地と考えた対馬を襲撃する応永の外寇が発生した。

問5. Ⅰ．正文。630年，犬上御田鍬を初の遣唐使として派遣した。Ⅲ．正文。960年に宋が中国を統一したが，日本は東アジア動乱や朝貢関係を避けるため正式な国交を開こうとしなかった。Ⅱ．誤文。玄昉らが遣唐使とともに入唐したのは8世紀前半である。Ⅳ．誤文。勘合貿易は日本と明との貿易である。

問6. X．誤文。南北朝期の武士団は血縁的結合より地縁的結合を重視した。Y．正文。南北朝期，守護は権限を拡大させ荘園・公領を侵略していった。

2 解答

問1. a **問2.** d **問3.** b **問4.** a **問5.** b
問6. a

解説

《江戸～明治時代の対外関係》

問1. 江戸時代，対馬の宗氏の尽力により朝鮮との国交回復が実現した。

問2. 1613年に全国に禁教令が出されると，キリシタン大名の高山右近は翌1614年マニラに追放された。

問3． 1875年，日本の軍艦雲揚の挑発によって朝鮮側と戦闘に至った江華島事件を機に，1876年日朝修好条規が締結された。

問4． 日露戦争後，アメリカで開かれた日露講和会議では，日本全権小村寿太郎とロシア全権ウィッテとの間にポーツマス条約が締結された。

問5． X．ロシア使節ラクスマンが来航したのは根室。Y．フェートン号が薪水などを強要したのは長崎。

問6． Ⅰ．外務卿寺島宗則は，アメリカとの条約改正交渉をおこなった(1878年)。Ⅱ．外務卿から初代外務大臣となった井上馨は，欧化政策を推進した。(1882〜87年)。Ⅲ．大隈重信は，各国個別の条約改正交渉を進めた（1888〜89年)。

3 解答

問1． d　**問2．** d　**問3．** b　**問4．** c　**問5．** b
問6． b　**問7．** d　**問8．** a　**問9．** c　**問10．** c
問11． b　**問12．** e

解説

《弥生～第二次世界大戦後の交易・商業・金融・経済》

問1． 中国の都城制にならった初の本格的な宮都である藤原京は，天武天皇時代に造営が始まり，持統天皇時代に完成した。

問2． 鎌倉時代の定期市を描いた代表例が「一遍上人絵伝」であり，備前国福岡の市の様子が描かれている。

問3． 織田信長が楽市令を出した地域としては，美濃国加納や近江国安土がある。

問4． 江戸幕府が鋳造した代表的な銭貨は，3代将軍徳川家光時代の寛永通宝である。

問5． 伊勢出身の三井家は，江戸に進出し越後屋を開業して財をなした。

問6． 側用人の田沼意次を重用したのは，10代将軍徳川家治である。

問7． 財閥解体の一環として公布された過度経済力集中排除法では，大企業325社が分割指定を受けたものの，占領政策の転換により実際の分割は11社にとどまり，不徹底だった。

問8． X．正文。邪馬台国について記す『魏志』倭人伝によると，女王卑弥呼のほかに大人・下戸・奴婢などの身分差があった。Y．正文。邪馬台国の卑弥呼は，晩年狗奴国と争った。

問9. X．誤文。郷土の産物として運脚で運ばれたのは租ではなく調。Y．正文。官吏は調・庸・雑徭などの負担が免除され，位階や官職に応じた給与を支給された。

問10. 下司は預所・公文などの荘官の呼称の一つ。

問11. Ⅰ．正文。室町時代になると，常設の小売店である見世棚が一般化した。Ⅳ．正文。京都では大原女や桂女などの行商女性が活動した。Ⅱ．誤文。雑喉場魚市場，天満青物市場，堂島米市場は全て江戸時代。Ⅲ．誤文。蔵屋敷で蔵元らが蔵物の売却にあたったのも江戸時代。

問12. Ⅲ．財閥による持株会社設立は明治後期～大正初期。Ⅰ．金融恐慌発生は昭和初期の第1次若槻礼次郎内閣のとき（1926～27年）。Ⅱ．金輸出再禁止を見越した財閥のドル買いは浜口雄幸内閣のとき（1929～31年）。

4 解答

問1. c　**問2.** c　**問3.** d　**問4.** ※　**問5.** d
問6. c　**問7.** d　**問8.** c　**問9.** d　**問10.** ※
問11. a　**問12.** d

※問4・問10については，正答が無いことが判明したことから，受験者全員正解として採点する措置が取られたと大学から公表されている。

解説

《原始～現代の文化・政治・外交・経済》

問1. c．誤文。須恵器は弥生時代ではなく古墳時代の遺物。

問2. c．正文。天平文化期には唐招提寺鑑真和上像のような乾漆像以外に塑像も制作された。a．誤文。飛鳥文化期ではなく国風文化期。b．誤文。白鳳文化期ではなく飛鳥文化期。d．誤文。弘仁・貞観文化期ではなく飛鳥文化期。

問3. d．正文。平安中期，有力農民の田堵が官物や臨時雑役を負担した。a．誤文。桓武天皇ではなく嵯峨天皇。b．誤文。嵯峨天皇ではなく桓武天皇。c．誤文。郡司ではなく国司。

問5. d．正文。肥後・菊池氏や薩摩・島津氏らにより朱子学者桂庵玄樹が招かれた。a．誤文。宇治・山田は寺内町ではなく門前町。b．誤文。堺ではなく博多。c．誤文。大内氏ではなく朝倉氏。

問6. c．誤文。聚楽第に招かれたのは，後水尾天皇ではなく後陽成天皇。

問7. d．誤文。尊号一件によって失脚したのは，水野忠邦ではなく松平定信。

問8. c．誤文。私塾名を入れ替えて正文となる。伊藤仁斎は古義堂を，荻生徂徠は蘐園塾を開いた。

問9. d．正文。薩摩藩主島津忠義の父・島津久光による文久の改革では，政事総裁職に福井藩主松平慶永が就任した。a．誤文。安藤信正ではなく阿部正弘。b．誤文。安政の改革ではなく天保の改革。c．誤文。阿部正弘ではなく島津久光。

問11. a．誤文。日中戦争は第2次若槻礼次郎内閣ではなく，第1次近衛文麿内閣のときに勃発した。

問12. d．正文。第二次世界大戦後の1955年より「春闘」方式での労働運動が始まった。a．誤文。明治期ではなく大正期。b．誤文。大正期ではなく明治期。c．誤文。昭和初期ではなく第二次世界大戦後の1947年，二・一ゼネストが計画されたがGHQによって中止となった。

世界史

1 解答

問1. c **問2.** a **問3.** b **問4.** d **問5.** c
問6. b **問7.** a **問8.** b **問9.** d **問10.** c
問11. d **問12.** a

解説

《中世以降のイギリス史》

問8. X. ジョン王が大憲章（マグナ＝カルタ）を承認したのは1215年。Z. エドワード1世が模範議会を招集したのは1295年。Y. ワット＝タイラーの乱が起こったのは1381年。よって正解はb。

問9. a. 誤文。イングランドにおいて議会が権利の請願を可決したのは，チャールズ1世の専制に抵抗したためである。b. 誤文。「水平派」が誤り。クロムウェルは議会派の中の独立派に属していた。c. 誤文。名誉革命ののちに亡命したのはジェームズ2世である。

問10. a. 誤文。綿繰り機を発明したのはホイットニーである。ジョン＝ケイは飛び杼を発明したことで知られる。b. 誤文。力織機を発明したのはカートライトである。アークライトは水力紡績機を発明したことで知られる。d. 誤文。蒸気機関車を実用化したとされるのは，スティーヴンソンである。フルトンは蒸気船を建造したことで知られる。

問11. X. 誤文。腐敗選挙区が廃止されたのは，第1回選挙法改正においてである。第3回選挙法改正では，農業労働者や鉱山労働者にも選挙権が拡大された。Y. 誤文。「第二次世界大戦後」が誤り。第5回選挙法改正により，男女の参政権が平等になったのは第一次世界大戦後の1928年である。

問12. a. 誤文。アイルランド自由国が自治領として承認されたのは，1922年である。

2 解答

問1. b　**問2.** d　**問3.** c　**問4.** a　**問5.** b
問6. c　**問7.** d　**問8.** a　**問9.** b　**問10.** a
問11. d　**問12.** c

解説

《中国における歴史書》

問3. 明代で四大奇書とされるのは，『西遊記』・『三国志演義』・『水滸伝』・『金瓶梅』である。aの『狂人日記』は，1910年代に起こった新文化運動で活躍した魯迅の作品であり，bの『紅楼夢』，dの『儒林外史』はともに清代の文学作品である。

問8. b．誤文。呉楚七国の乱は武帝が即位する前に鎮圧されている。乱が鎮圧された時の皇帝は景帝。c．誤文。九品中正（九品官人法）を定めたのは，三国時代の魏の曹丕（文帝）である。d．誤文。3度にわたる高句麗遠征を行ったのは，隋の煬帝である。

問9. a．誤文。ササン朝の存立は3～7世紀（224～651年）であり，2世紀ではない。c．誤文。突厥が東西分裂したのは，583年である。隋の初代皇帝楊堅（文帝）の分断策によるものであった。d．誤文。ビルマでパガン朝が成立したのは1044年である。パガン朝には元軍が遠征を行ったことで知られる。

問10. X．魏は華北にあり，洛陽を都とした。Y．蜀は四川にあり，成都を都とした。Z．呉は江南にあり，建業を都とした。よってaが正解。

問11. a・b．誤文。「東林派」・「非東林派」の争いは明代後期のことである。c．誤文。新法党の中心として，新法を断行したのは王安石である。

問12. X．誤文。唐を滅ぼし，後梁を建国したのは朱全忠である。朱元璋（洪武帝）は明の建国者である。

3 解答

問1. a　**問2.** c　**問3.** b　**問4.** a　**問5.** d
問6. b　**問7.** a　**問8.** b　**問9.** d　**問10.** d
問11. c　**問12.** c

解説

《世界史上の建築物》

問1. b．誤文。ミケーネやティリンスなどの都市国家を建設したのは，ギリシア人である。c．誤文。ハンムラビ法典が制定されたのは，アムル人が建国したバビロン第1王朝（古バビロニア王国）においてである。d．誤文。アラム人は紀元前13世紀頃からダマスクスを中心として内陸中継貿易で活躍した人々である。シュメール人は紀元前24世紀頃にアッカド王国のサルゴン1世により統一されており，時代が異なるため誤りと判断できる。

問2． Y．メンフィスに都がおかれたのは，エジプト古王国時代。X．ヒクソスがエジプトに侵入したのは中王国時代末期。Z．アマルナ美術が栄えたのは，新王国時代に都がテル＝エル＝アマルナにおかれていたときのことである。

問3． パルテノン神殿はドーリア式の建築物である。Y．誤文。「アテナ女神像」はフェイディアスが製作したパルテノン神殿の本尊である。ヘシオドスは『神統記』や『労働と日々』を著したことで知られる叙事詩人である。

問6． a・d．誤り。イタリアのピサ大聖堂，ドイツのヴォルムス大聖堂はともにロマネスク様式。c．誤り。サン＝ヴィターレ聖堂はイタリアのラヴェンナにあるビザンツ様式の建築物。ユスティニアヌス帝と高官たちが描かれたモザイク壁画が有名である。

問8． ヴェルサイユ宮殿建設を命じたフランス国王はルイ14世である。a．誤文。イタリア戦争で神聖ローマ皇帝カール5世と戦ったフランス国王は，フランソワ1世である。c．誤文。ナントの王令（勅令）を発布したフランス国王は，アンリ4世である。ルイ14世はナントの王令を廃止しており，区別に注意したい。d．誤文。ヴァンデー反乱（農民反乱）はフランス革命期の第一共和政のときに起こっている。

問9． サンスーシ宮殿を建設したプロイセン国王は，フリードリヒ2世（大王）である。X．誤文。フリードリヒ2世に影響を与えたとされるフランスの啓蒙思想家は，ヴォルテールである。Y．誤文。ラクスマンを日本に派遣したのは，ロマノフ朝ロシア皇帝エカチェリーナ2世である。

問10． アロー戦争は1856～1860年である。X．誤文。アロー戦争が起きたときの清朝皇帝は咸豊帝である。Y．誤文。外国軍隊の北京駐屯権が認められたのは，義和団事件後の講和条約である北京議定書（辛丑和約）においてである。

問11． a．誤文。アメリカ独立戦争の発端となった武力衝突は，レキシントンの戦いである。ヨークタウンの戦いは，アメリカ独立戦争において植民地側が勝利する大勢が決した戦いである。b．誤文。「トマス＝ペイン」が誤り。独立宣言はトマス＝ジェファソンが中心となって起草されたことで知られる。トマス＝ペインは独立戦争中に『コモン＝センス』を著したことで知られる。d．誤文。アメリカ独立戦争において，植民地軍の義勇兵として参加したポーランドの運動家はコシューシコ（コシチューシコ）である。コシュートは三月革命でオーストリア軍に抵抗したハンガリーの政治家。

問12. 中国で天安門事件（第二次）が起こったのは1989年。

数 学

1 解答

問1. **1**－c **2**－b **問2.** **3**－a **4**－d
問3. **5**－c **6**－a **問4.** **7**－a **8**－b

解説

《小問4問》

問1. $-2<a\leqq\sqrt{5}$ であるから，$-a$ のとり得る値の範囲は両辺に -1 をかけて

$$2>-a\geqq-\sqrt{5}$$

$$\therefore\quad -\sqrt{5}\leqq-a<2\quad\to\boxed{1}$$

$-\sqrt{5}\leqq b<3$ であるから，$b-a$ のとり得る値の範囲は

$$-\sqrt{5}\leqq-a<2\quad\cdots\cdots①$$

$$-\sqrt{5}\leqq b<3\quad\cdots\cdots②$$

①＋② より

$$-2\sqrt{5}\leqq b-a<5\quad\cdots\cdots③$$

$4^2<20<5^2$ より

$$4<\sqrt{20}=2\sqrt{5}<5$$

であるから

$$-5<-2\sqrt{5}<-4$$

よって，③の範囲に含まれる整数は，-4 以上 4 以下の整数であるから

$$4-(-4)+1=9\text{ 個}\quad\to\boxed{2}$$

問2. 箱ひげ図より，四分位範囲は $8-6=2$ であるから，四分位偏差は

$$\frac{2}{2}=1\quad\to\boxed{3}$$

第1四分位数は6，中央値は6.5であるから，データを小さい順に並べると

$$4,\ 6,\ 6,\ 7,\ 8,\ 9$$

よって，x の値は

$$x=6\quad\to\boxed{4}$$

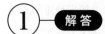

問3．(i)　1の目が1個も出ない確率は $\left(\frac{5}{6}\right)^3$ であるから，求める確率は

$$1-\left(\frac{5}{6}\right)^3=\frac{91}{216}\quad\rightarrow\boxed{5}$$

(ii)　3個のさいころの出る目がすべて異なる目の出方は ${}_6\mathrm{P}_3$ 通りであるから，求める確率は

$$\frac{{}_6\mathrm{P}_3}{6^3}=\frac{5}{9}\quad\rightarrow\boxed{6}$$

問4．x を9で割ったときの余りが4，y を9で割ったときの余りが7であるとき，整数 k，l を用いて

$$(x,\ y)=(9k+4,\ 9l+7)\quad\rightarrow\boxed{7}$$

と表され，このとき

$$\begin{aligned}x^2+y^2&=(81k^2+72k+16)+(81l^2+126l+49)\\&=81k^2+81l^2+72k+126l+65\\&=9(9k^2+9l^2+8k+14l+7)+2\quad\rightarrow\boxed{8}\end{aligned}$$

2 解答

問1．9－d　**10**－d　**11**－c　**問2．12**－c
問3．13－b　**問4．14**－a　**15**－d　**16**－b

解説

《2次関数のグラフ，2次不等式，2次関数の最小値》

問1．条件より

$$f(x)=-\frac{1}{2}(x+2a)(x-4a)$$

であるから

$$f(x)=-\frac{1}{2}x^2+ax+4a^2=-\frac{1}{2}(x-a)^2+\frac{9}{2}a^2$$

よって，$y=f(x)$ のグラフの軸が直線 $x=2$ のとき

$$a=2\quad\rightarrow\boxed{9}$$

このとき

$$f(x)=-\frac{1}{2}(x-2)^2+18$$

であるから，$y=f(x)$ のグラフは，$y=-\frac{1}{2}x^2$ のグラフを x 軸方向に 2（→$\boxed{10}$），y 軸方向に 18（→$\boxed{11}$）だけ平行移動したものである。

問２． $y=f(x)$ のグラフと y 軸の交点の y 座標は $y=f(x)$ に $x=0$ を代入して

$$f(0)=4a^2 \quad \to \boxed{12}$$

問３． $a>0$ のとき，$f(x)>0$ を満たす x の値の範囲は右のグラフより

$$-2a<x<4a \quad \to \boxed{13}$$

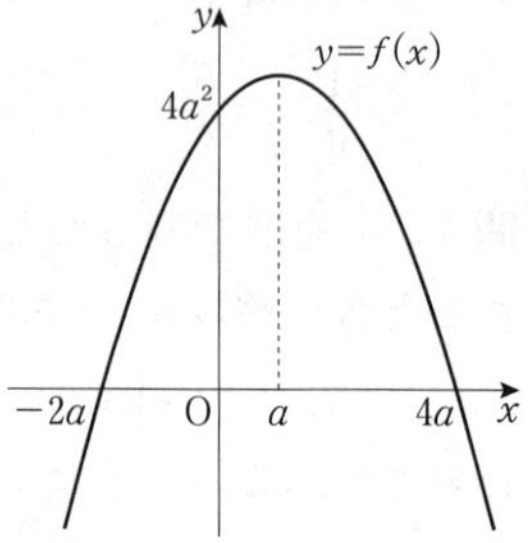

問４． グラフより，$x=0$ または $a+1$ で最小値をとるので，軸 $x=a$ と，0 と $a+1$ の中点 $x=\frac{a+1}{2}$ の大小を比べる。

$a<\frac{a+1}{2}$，つまり，$0<a<1$（→$\boxed{14}$）のとき左下のグラフより

$$m=f(a+1)=\frac{9}{2}a^2-\frac{1}{2} \quad \to \boxed{15}$$

$\frac{a+1}{2}\leqq a$，つまり，$1\leqq a$ のとき右下のグラフより

$$m=f(0)=4a^2 \quad \to \boxed{16}$$

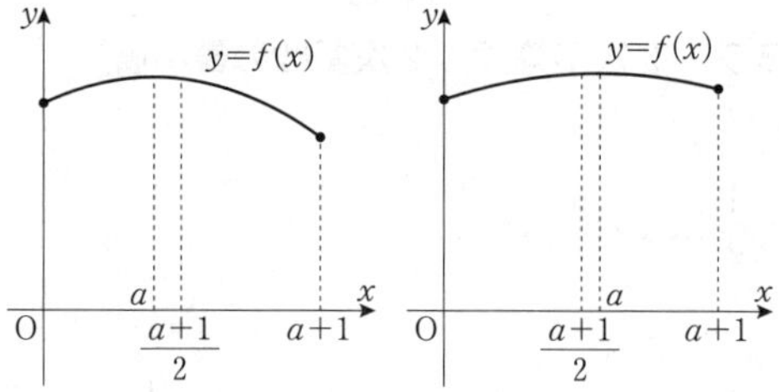

③ 解答

問１． **17**－a　**18**－d　**問２．** **19**－b　**20**－b
問３． **21**－a　**22**－b　**23**－d

解説

《三角比，内接円の半径，２次関数の最大値》

問１． $\mathrm{AO}=\mathrm{AB}\sin\theta=2\sin\theta$ であるから

$$\mathrm{AC}=2\mathrm{AO}=4\sin\theta \quad \to \boxed{17}$$

AC=3 のとき，$AO=\frac{3}{2}$ であるから，三平方の定理より

$$BO=\sqrt{2^2-\left(\frac{3}{2}\right)^2}=\frac{\sqrt{7}}{2}$$

よって

$$\tan\theta=\frac{AO}{BO}=\frac{\frac{3}{2}}{\frac{\sqrt{7}}{2}}=\frac{3}{2}\times\frac{2}{\sqrt{7}}=\frac{3\sqrt{7}}{7}\quad\rightarrow\boxed{18}$$

問 2． $BO=AB\cos\theta=2\cos\theta$ であるから

$$\triangle OAB=BO\times AO\times\frac{1}{2}$$

$$=2\cos\theta\times2\sin\theta\times\frac{1}{2}=2\sin\theta\cos\theta$$

よって，四角形 ABCD の面積は，四角形 ABCD がひし形であるので，△OAB，△OAD，△OCB，△OCD はすべてそれぞれ合同であることから

$$4\triangle OAB=4\times2\sin\theta\cos\theta=8\sin\theta\cos\theta\quad\rightarrow\boxed{19}$$

△OAB の面積を r で表すと

$$\triangle OAB=AB\times r\times\frac{1}{2}=2\times r\times\frac{1}{2}=r$$

よって，r を θ を用いて表すと

$$r=\triangle OAB=2\sin\theta\cos\theta\quad\rightarrow\boxed{20}$$

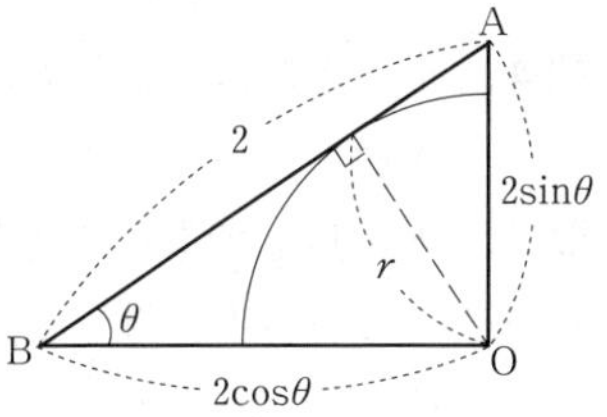

問 3． 四角形 ABCD の面積は

$$8\sin\theta\cos\theta=4r$$

であるから影のついた部分の面積 T は四角形 ABCD から円を引いたものなので，

$$T=4r-\pi r^2\quad\rightarrow\boxed{21}$$

$$T=-\pi\left(r-\frac{2}{\pi}\right)^2+\frac{4}{\pi}$$

であり

$$0<\frac{2}{\pi}<1$$

であるから，$r=\frac{2}{\pi}$（$\rightarrow\boxed{22}$）のとき，T は最大値 $\frac{4}{\pi}$（$\rightarrow\boxed{23}$）をとる。

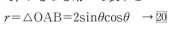

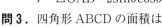

④ 解答

問1．24－c　問2．25－d　26－a　問3．27－c
問4．28－a　問5．29－c　問6．30－b

解説

《正十二角形と場合の数》

問1． 12個の頂点から異なる2点を選んで線分をつくる方法は

$_{12}C_2=66$ 通り

このうち，正十二角形の対角線にならないものは辺に一致する12通りであるから，対角線の本数は

$66-12=54$ 本　→ 24

問2． 12個の頂点から異なる3点を選んで三角形をつくる方法は

$_{12}C_3=220$ 通り　→ 25

また，12個の頂点から異なる4点を選んで四角形をつくる方法は

$_{12}C_4=495$ 通り　→ 26

問3． 斜辺の決め方は円Oの直径になる6通りあり，この各々に対して，残りの頂点の決め方は10通りあるから，直角三角形をつくる方法は

$6\times10=60$ 通り　→ 27

問4． 正三角形のつくり方は，△AEI，△BFJ，△CGK，△DHL の

4通り　→ 28

問5． 正三角形でない二等辺三角形のつくり方は，頂点の決め方が12通りあり，この各々に対して，残りの2頂点の決め方が4通りあるから

$12\times4=48$ 通り

よって，二等辺三角形をつくる方法は，正三角形のつくり方と合わせて

$48+4=52$ 通り　→ 29

問6． 正十二角形と2辺を共有する三角形のつくり方は，共有する辺の決め方を考えて

12通り

1辺のみ共有する三角形のつくり方は，共有する辺の決め方が12通りあり，この各々に対して，残りの頂点の決め方が8通りあるから

$12\times8=96$ 通り

よって，正十二角形と辺を共有しない三角形のつくり方は

$220-12-96=112$ 通り　→ 30

問五　空白部Ⅱの直前に「正に」とあり、主語は「工業用水」なので、aの「血液」という比喩が適当。

問六　傍線部③の直前に「将来に……ためには」、直後に「気候変動という……必要がある」とあることから両方を説明しているcが適当。bは「その功罪を判断するためには」、dは「国際社会で果たす役割は大きくなる」が不適。

問七　空白部イの前では、「第6次評価報告書（第1作業部会報告書）」の説明を、後では「第6次評価報告書（第2作業部会報告書」の説明がされているので、dの「また」が適当。

問八　空白部Ⅲの直後で教師が「日本では、生産力の向上と人口の増加が密接に関連してきた」と発言していることから、bが適当。eは因果関係が逆になっており不適。

問九　最初の教師の発言により、bが適当。aは「工面することが可能」、cは「負の相関」、dは「医療設備が整っていなければ」、eは「都市部においてより深刻」がそれぞれ不適。

三　解答

問一　(1)—c　(2)—d　(3)—b

問二　(1)—c　(2)—c

ため」がそれぞれ不適。

㈡

出典　内閣官房水循環政策本部事務局「令和4年版水循環白書」〈第1部　水循環施策をめぐる動向　第1章　水循環と我々の関わり　第2節　今までとこれからの人と水との関わり〉

解答

問一　b

問二　b

問三　e

問四　a

問五　a

問六　c

問七　d

問八　b

問九　b

解説

問一　大宗は〝大部分・おおかた〟の意味。〈大宗を占める〉という言い方もある。

問二　空白部アの直前に「大量に……困難であった」とあり、空白部アの直後に「使用するには」とあるので、「そのため」が適当。

問三　空白部Ⅰの直前に、水を「水田まで流下させる必要があり」とあるので、eが適当。

問四　傍線部②の後を見ていくと「関係集落において共同利用」「流域全体での円滑な利用を図るため」「水利秩序が形成された」とあるので、aが適切。

内容が示されているので「たとえば」が入る。空白部ウは前後のつながりから、順接の「だから」が適当。

問三　副助詞「ばかり」は限定、程度、強調、完了などの意味がある。ここの「結論ばかり」は、〈結論だけ〉と言い換えられるので、限定を示す用法である。ｄが同じく〈肉だけ〉と言い換えられる。

問四　第一段落に「有名な実験」とあり、空白部Ａの直前に「疑問」の内容が説明され、さらに空白部Ａの直後から疑問の回答が示されていることからｄが適当。ａは「誤解されている」、ｂは「理解するには不十分」、ｃは「自由意志の存在を否定」、ｅは「この実験を再現したがる」がそれぞれ不適。

問五　「コロンブスの卵」は、〝簡単なように思える物事でも、最初に思いついたり行ったりするのは難しい〟という意味で用いられる。傍線部③の直後に「こうした活用例を最初に提示することは極めて価値が高い」とあることからａが適当。ｅは「自由意志の存在に疑問を呈した」が不適。

問六　傍線部④の次の段落「その結果、……考えるようになった」、傍線部⑤の前の段落「私はやはり……心理現象をもつことはなく」とあることからｅが適当である。

問八　空白部Ｉの直後に「さまざまな行動をとって」「そうした行動の存在が」「私を結婚へと向かわせる」とあるので、空白部Ｉには結婚を実際のものにするという意味の語が入るためｃが適当。

問九　「外堀を埋める」とは城を攻略するために城の外側の堀に手をつけることから、〝問題を解決するためにその周囲のことから手をつける〟という意味。

問十　指示語の問題。傍線部⑦を含む文の主語は「メレによる先述の議論」であり、なおかつ直前で筆者は「たとえこの実験結果を疑う場合でさえ、どこがどのように疑わしいのかを明確に述べることができれば、自由な行為とはいかなるものかの理解も着実に進むだろう」と述べていることからａが適当。

問十一　最終段落の内容よりｄが適当。ａは「『自由な行為』の典型といえる」、ｂは「自由意志は存在しないという斬新な結論を導いた」、ｃは「日頃からさまざまな物事に対して疑問を持つことで」、ｅは「人間の実態との乖離が著しい

国語

一

出典 青山拓央『心にとって時間とは何か』〈第二章 〈自由〉―私はいつ決めたのか 第1節 意思決定の時点の摑めなさ〉（講談社現代新書）

解答

問一 c

問二 e

問三 d

問四 d

問五 a

問六 e

問七 c

問八 c

問九 b

問十 a

問十一 d

解説

問一 第一段落の第二文に「意志する○・四秒ほど前に」「脳活動が始まっている」とある。

問二 空白部アの直前に「……ではなく」とあるので、アには「むしろ」が入る。空白部イの直後では、具体的な疑問の

2023年度

問題と解答

■総合型選抜　自己推薦型入試

問題編

▶試験科目・配点

科　目	内　　　　容	配　点
活動実績	活動実績報告書，自己推薦書，証明書類等	50 点
小論文	800 字	50 点
面　接	個人面接（10 ～ 15 分）	50 点

（注）　国際貢献学部グローバルスタディーズ学科を志望する者は，英語での面接となる。

▶備　考

- 活動実績報告書，自己推薦書などの出願書類および小論文，面接の成績により総合的に合否を判定する。

小論文

（60 分
解答例省略）

《課題文》

言葉に寄りかからず、具体的な状況の中で考える。私が強くそう念じる背景にあるのは、実際に、気になって警戒しているある言葉があるからです。

それは「多様性」という言葉です。あるいは「ダイバーシティ」「共生」といった言葉もそう。延期になった東京オリンピックの大会ビジョンに始まり、企業の広告や大学のパンフレットなど、いまあらゆるところでこの言葉が使われています。便利で、私自身も止むを得ず使ってしまうことがあるのですが、この氾濫ぶりは異常だと思います。

もちろん、人が一人ひとり違っていて、その違いを尊重することは重要です。「多様性」の名の下に行われている取り組みには、こうした違いを尊重し生かすことに貢献するものもあるでしょう。しかし、「多様性」という言葉そのものは、別に多様性を尊重するわけではない。むしろ逆の効果すら持ちうるのではないかと感じています。

重度障害を持つ国会議員に対する批判、あいちトリエンナーレの企画展に対する抗議・脅迫と展示中止、冷え切る日韓関係。現実の日本で進んでいるのは、多様性の尊重とは真逆の、分断の進行です。

そこにいったいどんな寛容の精神や生きた優しさがあると言うのでしょうか。私は 2019 年の半年間、在外研修でボストンに暮らしていたのですが、帰国して一番違和感を覚えたのはそのことでした。街中を覆う「多様性キャンペーン」と、実態として進む分断。誰もが演技をしているように見えてゾッとしたことを覚えています。

もしかすると、「多様性」という言葉は、こうした分断を肯定する言葉になっているのかもしれない、とそのとき思いました。多様性を象徴する言葉としてよく引き合いに出される「みんなちがって、みんないい」という金子みすゞの詩は、一歩間違えば、「みんなやり方が違うのだから、それぞれの領分を守って、お互い干渉しないようにしよう」というメッセージになりかねません。

つまり、多様性は不干渉と表裏一体になっており、そこから分断まではほんの一歩なのです。「多様性」という言葉に寄りかかりすぎると、それは単に人々がバラバラである現状を肯定するための免罪符のようなものになってしまいます。

ウエストンは、「相対主義は反社会的な態度になりうる」と言います。「相対主義」とは、「多様性」という言葉が用いられるときの背景にあるような、「人間一般」「身体一般」「他者一般」のような絶対的なものを疑い、さまざまな価値の違いを尊重しようとする考え方のこと。すでに述べたように、多様性の尊重そのものは大前提として重要であり、その意味では相対主義は不可欠な視点です。けれどもそれが「他人のことには干渉しないようにしよう」という自己弁護につながるとき、ウエストンはそれが反社会的なものになると言うのです。

> 相対主義の決まり文句「他人のことに口を出すべからず」は、それゆえ、反社会的な態度となる。思考を停止させるだけではない。社会全体が関わってくる問題の場合には、そこにおいてどれほど意見が異なっていようとも、なお理を尽くして、お互いを尊重しつつ、なんとかして協調していけるよう道を探らねばならないのに、この決まり文句によって、そこから目をそらしてしまうのだ。……倫理とは、「他人のことに口を出すべからず」が問題解決として役に立たない――どれほど意見が分かれていようとも、一緒に問題を解決していかなければどうしようもない――、まさにそのような問題に照準を当てたものだということになる。私たちは、ともに生きていかねばならない。だから、なおも考え続け、語り続けねばならない。これこそが、倫理そのものであり、倫理的にふるまうことにほかならない。

つまり、多様性という言葉に安住することは、それ自体はまったく倫理的なふるまいではない。そうではなく、いかにして異なる考え方をつなぎ、違うものを同じ社会の構成員として組織していくか、そこにこそ倫理があると言うのです。

（伊藤亜紗『手の倫理』より）

《問　題》

課題文を読み、以下の指示に従って答えなさい。

(1) 「「多様性」という言葉そのものは、別に多様性を尊重するわけではない。
むしろ逆の効果すら持ちうる」のはどうしてかについて、200 字以上 300 字以内で解答欄①に書きなさい。

(2) 次の問いへの答えを、300 字以上 500 字以内で解答欄②に書きなさい。
問：なぜ、相対主義が反社会的な態度になりえるといえるのか。

■学校推薦型選抜　公募制推薦入試〔英語重視型・英語課題型〕：11月24日実施分

問題編

▶試験科目・配点

〔英語重視型〕

区分	学部(学科)	科　目	内　容	配　点
大学	全学部（全学科）	適性検査	英語	100点
			英語リスニング	20点
短大		適性検査	英語	100点

▶備　考

- 短期大学の適性検査（英語）の試験問題は大学と共通だが，英語リスニングは課さない。

〔英語課題型〕

区分	学部(学科)	科　目	内　容	配　点
大学	国際貢献（グローバルスタディーズ）	適性検査	英語：英語長文の読解と英語論述	100点

適性検査

◀英語重視型▶

（大学：筆記 70 分，リスニング約 10 分）
（短大：筆記 70 分）

[1] Read the passage below and answer the questions that follow. Words marked with an asterisk (*) are explained in Japanese after the passage.

Delivering medical supplies to hard-to-reach places has been (1)an issue for years. Worldwide, more than two billion people lack access to essential life-saving supplies, such as blood and vaccines. In the African nation of Rwanda, for example, several remote health clinics do not have sufficient quantities of blood and other healthcare products. As a result, many people die of treatable illnesses.

(2)A company called Zipline is trying to address this problem. It uses drones to transport medical supplies around Rwanda. In the past, it took hours for packages of medicines to reach some health clinics. However, a drone can now deliver medicine in 30 minutes. Thanks to this rapid healthcare service, fewer women suffer during childbirth and more children receive life-saving medicine.

Drones are also assisting emergency organizations after natural disasters. In 2015, for example, a powerful storm destroyed thousands of buildings in the Pacific island nation of Vanuatu. Around 75,000 people lost their homes, and at least 15 died.

After the storm, drones photographed the damage. These surveys helped emergency workers assess the situation quickly and answer important questions: Which areas were hardest hit? Were crops damaged? What roads were affected? Emergency workers used the data to create a detailed map of the affected area. They were then able to transport aid to the people who needed it most.

Drones are also helping to protect endangered wildlife populations in parts of Africa and Asia. Every year, poachers* kill thousands of elephants, rhinos, and other endangered animals. To stop them, the environmental NGO World Wildlife Fund (WWF) is using drones. "Drones help us see things we can't," says Colby Loucks, who works for the WWF. (①), they can show where poachers are hiding and if they are carrying weapons. Drones are particularly helpful at night, when poachers tend to be most active. Fitted with special video cameras, drones can easily identify people and animals in the dark. These drones are not only helpful, but they are also affordable. Drones with special cameras cost about $20,000 each, which is much cheaper than other high-tech tools.

(②) finding poachers, drones can be used to track animals. Scientists at Liverpool John Moores University plan to employ drones for an ambitious conservation project: documenting the world's wildlife. The long-term project will start with scientific surveys of animal populations. (③) the project expands, members of the public will be able to contribute by uploading movies taken by drone cameras. Animal species can then be identified using special software. The project leader, biologist Serge Wich, predicts that drones—cheaper, more practical, and less dangerous than planes or helicopters—will become a widely used conservation tool. "I think we will have lots of drones flying over forests," he predicts.

Ironically, a tool originally created for military use is increasingly being used to save lives instead of taking them. Drones have the potential to provide solutions that will benefit both humans and animals, says photographer and environmentalist Kike Calvo. "There's nothing that can replace a good scientist," he says. But with the help of drones, "researchers are able to carry out projects they've never imagined before."

poacher：密猟者

(Adapted from a work by Nancy Douglas and David Bohlke)

A. Choose the best word or expression for No. 1 through 3. [3×3]

1. (①)	a. Besides	b. For example	c. However	d. To be honest
2. (②)	a. As well as	b. Due to	c. So long as	d. Thanks to
3. (③)	a. Although	b. As	c. Where	d. Whether

B. Which one of the following usages of "issue" has the same meaning as the underlined part (1)? [4]

4. a. Aaron's article appeared in the October-November issue of *Global Problems*.
   b. Before World War II, there was a daily issue of bread and milk to all citizens.
   c. Gender-free expressions have been a much-discussed issue for the past decade.
   d. You have to check the date of issue of your passport before booking a ticket.

C. Which one of the following best expresses the content of the underlined part (2)? [4]

5. a. Zipline is attempting to find small clinics which are still hard to reach.
   b. Zipline is building hospitals which can accommodate more treatable patients.
   c. Zipline is developing a faster way to send materials to some African hospitals.
   d. Zipline is hiring doctors whose opinions carry much weight with local people.

D. Which one of the following ideas is **NOT** found in the passage about what drones are used to do today? [4]

6. a. To aid environmentalists to guard decreasing wildlife in some areas.
   b. To assist medical staff in remote areas in receiving necessary supplies easily.
   c. To help scientists conduct academic activities which were unthinkable before.
   d. To lead directors to create movies which ironically describe military activities.

E. Which one of the following would be the best title for the passage? [4]

出典追記：Reading Explorer 3 by Nancy Douglas and David Bohlke, Cengage Learning

7. a. Drones: Marvelous Machines to Rescue Storm Victims
   b. Drones: Promising Uses of Technological Developments
   c. Drones: Reasonable Tools for Chasing Wild Animals
   d. Drones: Wonderful Ways to Transport Things to Urban Areas

[2] In the context of the following statements, choose the best word or expression for each item. [3×10]

8. Our sales manager is so (　　　　) a person that he tries to think about our ideas carefully and treat us equally.
   a. greedy　　b. inattentive　　c. reasonable　　d. timid

9. Mary (　　　　) during today's tennis practice. The school doctor told us that she became unconscious because she got heatstroke. She is fine now.
   a. fainted　　b. flowed　　c. frosted　　d. functioned

10. The governor gave us a (　　　　) outline of his tax plans. We couldn't understand it very well.
   a. clear　　b. mean　　c. simple　　d. vague

11. Jack was really a shy boy. He could (　　　　) speak to people he didn't know.
   a. actively　　b. confidently　　c. eloquently　　d. hardly

12. Professor Cameron has been running around trying to get things done for the upcoming conference. He is really (　　　　) now.
   a. athletic　　b. busy　　c. friendly　　d. intimate

13. Ms. Dove hadn't even (　　　　) promoting Joe for over ten years, but Ms. Lee took over the office and immediately recommended him for the sales manager's position.
   a. considered　　b. forgotten　　c. remembered　　d. stopped

14. My brother is (　　　　) to have one of his back teeth pulled out. He wants to keep the tooth, even though it often bothers him.
   a. attempting　　b. hesitating　　c. intending　　d. volunteering

15. Mr. Boyer's speech was (　　　　), and quite a few people in the audience fell asleep halfway through it.
   a. boring　　b. interesting　　c. provoking　　d. stimulating

16. We'd like to encourage you to (　　　　) with your project. You seem to be enjoying it.
   a. carry on　　b. do away　　c. go down　　d. put up

17. Simon and his daughter disagree all the time. Their chemistry is (　　　　) from perfect.
   a. absent　　b. different　　c. far　　d. separate

[3] Choose the underlined part in each item below that is **NOT** grammatically correct. [3×5]

18. Although (a) Mr. Jackson was pleasing (b) with the result, he added a caution (c) that the team still has a long way (d) to go.

19. All of a sudden (a), my boyfriend opened a black box for me (b). Inside was (c) two pairs of earrings decorated with (d) diamonds.

20. Because of complaints (a) regarding noise (b), the hotel manager has instructed the cleaning staff (c) to avoid operating equipments (d) before nine o'clock in the morning.

21. My uncle kindly bought (a) me an expensive fountain pen for my birthday (b). The pen is not simply (c) nice-looking, but it is also really easy to write for (d).

22. The latest edition (a) of *Mrs. Coleman's Cookbook* was, as always (b), packed with delicious and healthy meals, many of whom (c) I have prepared before (d).

[4] Read the passage below and answer the questions that follow. The letters [A]~[I] next to the passage indicate paragraphs. The words marked with an asterisk (*) are explained in Japanese after the passage.

[A] A few years ago, I decided to do something new and start working from home. I was a stay-at-home mom with two young boys, feeling a bit lost after leaving the working world. I desperately wanted something to focus on that had nothing to do with diapers or sippy cups*. I also longed for an excuse to connect with other adults on a regular basis.

[B] Only a few weeks into my new adventure, I realized how quickly I was getting trapped in the comparison game. I found myself constantly comparing my progress with others on my team. I viewed their Facebook highlight reels* as proof that this business was coming easily to everyone but me. Several times in those first few months, the heavy weight of comparison had me close to quitting.

[C] Then one of the leaders on my team gave me some great advice: *Keep your blinders on.* You know the horses that wear blinders next to their eyes as they pull carriages around Central Park? They are there for a reason; to help the horses avoid distractions as they walk slowly down the chosen path.

[D] I took my leader's advice and put on my own blinders. I started to appreciate the little goals I was achieving in my business. I certainly wasn't making giant leaps and bounds like some others on my team, but as one small success led to another my confidence grew. I was proud of myself for doing something way outside my comfort zone.

[E] Then I began to think about other dreams that had been buried deep inside my heart. I had always loved to write, and I had started a motherhood blog after my second son was born. But I had never been brave enough to share any of my writing outside a small circle of friends and family. The thought of being compared to other mommy bloggers and not being nearly as good as them was depressing. But once again, those words of wisdom from my team leader came back into my head: *Keep your blinders on.* Don't let the distraction of comparison keep you from this dream.

[F] So, with a hopeful heart, I submitted my first article to a parenting website. I was surprised when it was accepted! I had other pieces published on other sites, and I was relieved not to be a one-hit wonder, and have continued success.

[G] But then I found myself back in the comparison trap when my pieces didn't get quite as many "views" or "likes" as other pieces from other writers. The value I placed on my own words began to diminish. Maybe what I had to say really wasn't that important. I let the comparison game rob me of the joy of writing and tarnish a dream I had held for over thirty years. I needed to put my blinders back on!

[H] I've let comparison creep into other parts of my life as well. One of my biggest areas of struggle is motherhood. It is the petri dish* for comparison. I often find myself gazing at another mom and thinking, *Look at her, keeping it all together with perfectly dressed children, a perfect mom body and not a hair out of place. Here I am with a baseball hat pulled down over my greasy hair; one kid with ketchup from breakfast still on his shirt, and the other with mismatched socks and crazy bedhead. I'm still trying to lose the baby weight, too. I am failing.*

[I] Over the years, <u>I've learned the hard way</u> that comparing myself to others truly gets me nowhere. It blocks my ambition and overshadows my successes. Whether in business, my writing, or motherhood, there will always be someone who is doing it better. The truth is, I'm not running their race. I'm running my own. I have to keep going back to that advice: *Keep your blinders on.*

sippy cup：幼児用コップ
Facebook highlight reel：Facebook のショート動画サービス
petri dish：実験用の平皿

(Adapted from a work by Mary Ann Blair)

A. Choose the best expression to complete each sentence. [3×4]

23. From the article we learn that the writer
    a. had a dream to be a stay-at-home mom.
    b. started working at an office to meet other adults.
    c. was addicted to playing games from home.
    d. works with other people as part of a team.

24. The advice given to the writer
    a. helped her to focus and become more confident.
    b. made her spend time with horses in Central Park.
    c. was good advice but impossible for her to follow.
    d. was to stop using Facebook so much.

25. The woman started comparing herself to others again
    a. after starting an online parenting group.
    b. because she was worried about how much other writers were paid.
    c. to help her focus on her writing and to get more "likes."
    d. when she started getting her written pieces published.

26. What the writer learned is that
    a. being involved in business, writing and motherhood is too much work.
    b. comparing to other people can be motivating and help add to success.
    c. it is best to focus on your own progress rather than other people's progress.
    d. winning is the most important thing for success.

B. The text below explains the underlined part "I've learned the hard way" within Paragraph [I]. Choose the best word or expression to fill in each blank, 27~30. [2×4]

The author realized that it is (27) to always be (28) your own life by looking at other people's lives. It reduces the (29) she makes in all aspects of her life when instead, she should simply be (30) her own activities, rather than what other people are doing.

27. a. interesting　　b. mindful
    c. pointless　　d. useful

28. a. costing　　b. expanding
    c. judging　　d. promoting

出典追記：Chicken Soup for the Soul: The Best Advice I Ever Heard: 101 Stories of Epiphanies and Wise Words by Amy Newmark, Chicken Soup for the Soul Publishing

29. a. achievements b. experiences
c. losses d. troubles

30. a. distracted by b. focused on
c. lost in d. obsessed with

[5] Read the dialogue below and complete B's response **in English**. When you answer,
(i) Circle "the U.K." or "the U.S." in the parentheses
[Example: (the U.K. / the U.S.)], and
(ii) Write a response of **at least 20 words** after "because."
More than one sentence is acceptable. Do not use A's phrases or sentences. [10]

A: If you can get a chance to study abroad either in the United Kingdom or in the United States, which country would you choose?

B: I would like to study in (the U.K. / the U.S.), because ______________________

____

リスニング問題

［6］　これから流される放送を聴き、その指示に従ってください。（2 点× 10）

編集部注：リスニング音源は，大学公式のウェブサイトで公表されています。
https://www.kufs.ac.jp/admissions/unv_col/past_tests/index.html

なお，上記のリンクは 2023 年 5 月時点のものであり，掲載元の都合によってはアクセスできなくなる場合もございます。あらかじめご了承ください。

例　題

Dialogue〔1〕

F: *Do you remember that David needs a ride to school earlier than usual this morning?*
M: *Oh no, I forgot. What time does he need to leave?*
F: *Right now, actually. He's already waiting for you in the car.*
M: *Okay. I'll be ready in five minutes.*

Question No. 1: What will the man do?

a. Give David a ride to school.
b. Wait in the car.
c. Leave later than usual.
d. Come home from work earlier than usual.

例

1	2	3	4	5
●	ⓐ	ⓐ	ⓐ	ⓐ
ⓑ	ⓑ	ⓑ	ⓑ	ⓑ
ⓒ	ⓒ	ⓒ	ⓒ	ⓒ
ⓓ	ⓓ	ⓓ	ⓓ	ⓓ

Monologue〔1〕

Max had a lot of homework last night, but he talked with his best friend Harry on the phone until eleven. Then he started doing his homework. When Max finally finished his homework, it was already six o'clock in the morning, and so he ended up going to school without sleeping at all.

Question No. 6: How long did it take for Max to finish his homework?

a. Three hours.
b. Six hours.
c. Seven hours.
d. Eleven hours.

例

6	7	8	9	10
ⓐ	ⓐ	ⓐ	ⓐ	ⓐ
ⓑ	ⓑ	ⓑ	ⓑ	ⓑ
●	ⓒ	ⓒ	ⓒ	ⓒ
ⓓ	ⓓ	ⓓ	ⓓ	ⓓ

Dialogues

Dialogue〔1〕

1. a. To have dinner out.
   b. To play in a concert.
   c. To see a baseball game.
   d. To watch a play.

2. a. She could not understand what her favorite actor said.
   b. The dome was a bad place to watch a play.
   c. The food was cold and tasted terrible.
   d. The play was canceled at the last minute.

Dialogue〔2〕

3. a. How to prepare the barbecue grill.
   b. What barbecue food they want to eat.
   c. When they can start the barbecue.
   d. Whether they can have the barbecue here.

4. a. Barbecue forks.
   b. Barbecue grill.
   c. Paper napkins.
   d. Paper plates.

5. a. The man's family would like to eat hamburgers.
   b. There would be no space in the park for them to sit.
   c. They might not be allowed to have a barbecue in the park.
   d. They might not like the view at the barbecue spot.

Monologues

Monologue〔1〕

6. a. Black and blue.
   b. Blue and white.
   c. Orange and white.
   d. Pink and blue.

7. a. It can force companies to reduce their costs.
   b. It can give designers new ideas for products.
   c. It can help companies to sell more products.
   d. It can show customers how to find products.

Monologue〔2〕

8. a. Becoming overweight and unhealthy.
   b. Making their family watch dramas.
   c. Not talking about dramas with friends.
   d. Watching them for over five hours a week.

9. a. The endings make you want to watch the next story.
   b. The government advises you to watch them daily.
   c. The TV production companies pay you to watch.
   d. You can make friends with the drama's characters.

10. a. It can affect your social life.
    b. It can cause you to lose your job.
    c. It can damage your health.
    d. It can make you imagine things.

放送内容

Dialogues

Dialogue [1]

M: Did you have a good time last night?

W: Not really. The dome isn't a great place to see a play. We had terrible seats, too.

M: So, you probably couldn't see the stage very well then.

W: No, and there weren't enough speakers, so we couldn't really hear what the actors were saying either.

M: Oh dear. And you were so excited about it.

W: Yeah, but at least we had a nice dinner out.

Question No. 1: Why did the woman go to the dome?

Question No. 2: Why wasn't the woman happy?

Dialogue [2]

W: What a lovely park!

M: First of all, let's get the barbecue set up. Then we can start preparing the food.

W: I'm not sure if we can have a barbecue here. Usually there's a sign telling you it's okay.

M: There's a staff member over there, can you go over and check?

W: Sure. I'll be back in a minute.

M: If we are allowed, can you go to the car? I forgot to bring the paper plates.

W: No problem. I hope we're allowed; I've been looking forward to trying your famous hamburgers! Everyone in your family always tells me how good they are.

M: Well, if we can't stay here, let's go back to my place and have a barbecue in my garden.

Question No. 3: What will the woman ask the staff member about?

Question No. 4: What did the man forget to bring from the car?

Question No. 5: Why would the man and the woman have a barbecue in the man's garden?

Monologues

Monologue [1]

Different colors can affect us in several ways, including what we buy. Have you ever noticed how the same colors are used for the same things? Toothpaste is usually white or blue because they look clean and fresh. It is the same for business logos. We tend to trust companies which use blue or black in their logo more than those that use pink or orange. People who design new products can use these ideas to influence what we buy.

Question No. 6: Which logo colors are best for a company to use to get a good impression?

Question No. 7: Why do designers use the same colors for the same things?

Monologue [2]

A drama is a television program about the lives of imaginary people. Some people spend a lot of time not only watching dramas but also talking about them. People who cannot control these habits are called "drama addicts." However, TV dramas are made to keep your attention. TV production companies try to get viewers to watch again and again. They do this by making the viewers feel connected with the characters and by giving each story an exciting end that makes viewers want to watch next time. Like other habits, being a drama addict can be bad for your health. The government advises viewers not to watch more than five hours a week.

Question No. 8: What is one sign of being a drama addict?

Question No. 9: Why do dramas keep your attention?

Question No. 10: How can being a drama addict affect your life?

◀英語課題型▶

（70分）

次の英文を読んで、続く質問に答えなさい。

Over the last century, there has been a massive population shift to urban areas, which are convenient and exciting, yet crowded and expensive. However, with help from modern technology, more and more families are now going in the opposite direction. They are moving to the countryside to live peaceful, quiet lives. Those who want to be completely self-sufficient go “off the grid”, supplying their own power, water, food, and other daily needs. Nearly every home in a town or city is connected by wires, pipes and gas lines to public services. There are numerous reasons why many of us choose to give up this easy way of life and make it on our own in a rural area. First, it's environmentally friendly. By living in a small home and using renewable energy like solar power, you dramatically reduce your carbon footprint. Secondly, the lifestyle is also healthier, since, by growing your own food, you know exactly what's going into it. Plus, once the cost of setting things up has been paid, you'll save a lot on monthly expenses.

Changing to an off-grid lifestyle typically starts with buying a small plot of land, with around two acres, or about 8,000 square meters, being enough. You can move into a house that's already on the land, build a new home, or buy a pre-built “tiny home.” For example, a company called Clayton manufactures the energy efficient I-House, which comes with solar panels on the roof and excellent insulation. To install your own solar power system, you'll need solar panels, something called an inverter, and batteries to store power for nighttime use. However, if you go with a “grid-tied” system, you can stay connected to the main power supply, but sell any extra electricity you make to the power company. That connection to the main power supply also provides you with a safety net should you not make enough power from your own supply. Installing a wind turbine is another idea for power generation or, if your property has a river or stream running through it, you could set up a mini-hydro system for making electricity from running water. Another option is a geo-thermal heat pump that uses heat from underground to drive a steam turbine. Of course, the power solution that's right for you will all depend on your budget.

The next basic need is water. Digging a well, putting in an electric pump, and connecting a pipe to the home is one of the most popular methods. A hand pump can also be added to the well, just in case of emergencies. A cheaper way is to collect rainwater in a large tank. The downside of this method is you can have problems with water shortages if there is very little rain and a drought situation occurs. Of course, you will also need a good food source. This will take time and effort, but you will have countless delicious possibilities. For example, you might start with a small garden, growing basic crops like beans and tomatoes and later add more seasonal vegetables so that you have food all year round. Extra crops you grow can be canned or preserved, and stored and eaten later. Planting some fruit and nut trees would also be a nice idea, and to expand your food selection further, you could always keep bees for honey and other animals, like chickens and goats, for eggs and dairy products.

Finally, there's the matter of treating sewage, which is relatively simple. Something called a septic tank can be connected to the toilet, and this converts waste to a kind of organic fertilizer, which can then be added to the soil in the garden. A cheaper option is to build an outside toilet away from the main house. The drawback of this is that you have to go out in the cold to use it, especially in winter. However, even with a good plan in place for moving off the grid, there are some possible negative points to consider. In some areas, especially close to cities, you need a lot of permissions from local government before you can build a property on land, dig wells, or put up solar panels. In addition, the starting costs can be very high, and you might need to live very cheaply and simply while your plan comes together.

In Europe, Asia, North America, and elsewhere, moving off the grid is a growing trend. Already, as many as 25 million people get their power from solar energy, and millions more benefit from wind power. You don't necessarily have to give up everything either, as more and more families are now growing their own vegetables in their gardens in the cities and buying the rest from farmers' markets. Some generate their own electricity, but use water provided by the city. Basically, it is all up to the individual family as to what extent they want to take charge of their lives and their family's well-being.

(Adapted from "Living off the Grid" in Reading Fusion 3. Andrew E. Bennett. Nan'un Do Co.,Ltd. 2020)

問 A　本文の内容に基づいて、次の英文を完成させるのに最も適したものを(a)～(d)の中から一つ選び、記号で解答用紙に記入しなさい。（10 点×5）

1. According to the article, going "off the grid" means

(a) moving somewhere much more convenient.
(b) living a more peaceful life in a town or city.
(c) leading a self-sufficient lifestyle in the countryside.
(d) saving up a lot to cover your monthly expenses.

2. In this article, the writer suggests that

(a) there are just three options for creating power solutions.
(b) a solar panel power system always works best at nighttime.
(c) you generally need running water to operate a wind turbine.
(d) it is possible to sell some of the extra electricity you make.

3. According to the article,

(a) you definitely need a hand pump to collect rainwater.
(b) growing your own food is basically quick and easy.
(c) only a small garden is needed to grow basic crops.
(d) you must can and preserve all your crops for later.

4. In this article, the writer says that

(a) treating sewage is really not that difficult to do.
(b) with a good plan, there are no negative points.
(c) you need permission to build on local government land.
(d) starting costs are higher for a simple, cheaper plan.

5. According to the article,

(a) 25 million people get their power from solar and wind combined.
(b) an increasing number of families are growing their own vegetables.
(c) more and more people are interested in buying farmer's markets.
(d) lots of city residents generate their own electricity by using water.

問B　次の指示に従って、解答用紙に記入しなさい（50 点）

Many people in countries around the world are now trying to live a lifestyle like the one shown in the article. Do you think this is possible in your country? Why or why not? Try to provide examples to support your answers, in 100–120 words (in English).

解答編

適性検査

◀英語重視型▶

1 **解答** A．1－b　2－a　3－b
B．4－c　C．5－c　D．6－d　E．7－b

解説　≪ドローンがもたらす恩恵≫

A．1．第5段第4文（“Drones help us see things we can't,” …）には，「ドローンは，私たちが見ることのできないものを見るのに役立ちます」とあり，同段第5文（(　①　), they can show where …）には「ドローンは密猟者がどこに隠れているのか，武器を持っているのかを教えてくれる」とある。第5文は第4文を具体的に述べたものであるので，b．For example「例えば」が正解となる。

2．第6段第1文（(　②　) finding poachers, …）には，「密猟者を見つける（　②　），ドローンは動物を追跡するのに使われる」とあり，（　②　）に当てはまる選択肢を考えると，a．As well as「～だけでなく」が正解となる。b．Due to～「～のために」　c．So long as～「～する限り」　d．Thanks to～「～のおかげで」

3．第6段第4文（(　③　) the project expands, …）には，「プロジェクトが拡大する（　③　），一般の人々もドローンカメラで撮影した動画をアップロードして貢献できるようになります」とあり，（　③　）に当てはまる選択肢を考えると，b．As「～するにつれて」が正解となる。

B．4．第1段第1文（Delivering medical supplies …）には，「医療物資を手の届きにくい場所に供給することは，長年の問題である」とあり，下線部(1)の an issue は「問題」の意味である。以下に選択肢a～dの意味を示す。

a.「アーロンの記事は『Global Problems』の 10・11 月号に掲載された」

b.「第二次世界大戦以前は，すべての国民にパンと牛乳が毎日支給された」

c.「ジェンダーフリーな表現は，この 10 年間，多くの議論がなされた問題である」

d.「航空券を予約する前に，パスポートの発行日を確認しなければならない」

a の issue は「第～号」，b は「支給・配給」，c は「問題」，d は「発行」の意味であり，c が正解となる。

C．5．第 2 段第 1 文（A company called Zipline …）には，「ジップラインは，この問題に対処しようとしている」とあり，this problem とは，第 1 段第 3・4 文（In the African nation … treatable illnesses.）「例えば，アフリカのルワンダでは，遠隔地にあるいくつかの診療所に十分な量の血液や他の医療用具がない。その結果，多くの人々が治療可能な病気で命を落としている」を指している。これと対応する内容を含む選択肢を選ぶと，c は「ジップラインは，アフリカの一部の病院へ医療資材をより早く送る方法を開発している」という意味であるので，c が正解となる。a・b・d の内容はいずれも本文中では述べられていない。

D．6．a「環境保護論者が一部の地域で減少している野生動物を保護するのを支援するために」は，第 5 段第 1 ～ 3 文（Drones are also helping … is using drones.）と一致する。b「遠隔地にいる医療スタッフが必要な物資を容易に受け取れるように支援するために」は，第 2 段第 4 文（However, a drone can …）と一致する。c「科学者がこれまで考えられなかった学術活動を行うのを支援するために」は，最終段最終文（But with the help of …）と一致する。d「軍事活動を皮肉った映画を監督に作らせるために」は，本文に述べられていないので，これが正解となる。

E．7．a「ドローン：嵐の被災者を救助する驚異のマシン」，c「ドローン：野生動物を追いかけるための合理的な手段」，d「ドローン：都市部へ物を運ぶ素晴らしい方法」については，本文で述べられていない。b「ドローン：技術開発の有望な活用法」は，ドローンのおかげで，遠隔地へ医療物資を届けることができたり，被災地の詳細な地図を作成できたりなどといった，本文で述べられているドローンの活用法と一致するので，

bが正解となる。

2 解答

8－c　9－a　10－d　11－d　12－b
13－a　14－b　15－a　16－a　17－c

解説　8.「営業部長はとても（　）人なので，私たちの考えをよく考え，平等に接しようとする」
（　）に入る選択肢を考えると，c．reasonable「道理をわきまえた」が正解となる。a．greedy「強欲な」 b．inattentive「不注意な」 d．timid「臆病な」
9.「メアリーは今日のテニスの練習中に（　）。学校の先生によると，熱中症になったために意識がなくなったとのことでした。今，彼女は元気です」
（　）に入る選択肢を考えると，a．fainted「気を失った」が正解となる。b．flowed「流れた」 c．frosted「凍結した」 d．functioned「機能した」
10.「知事は，彼の税制計画の（　）な概要を語った。私たちはそれをよく理解することができなかった」
（　）に入る選択肢を考えると，d．vague「あいまいな」が正解となる。a．clear「明らかな」 b．mean「意地の悪い」 c．simple「簡単な」
11. d．hardlyは「ほとんど～ない」という意味であり，これを選択すると，「ジャックは本当に内気な少年だった。彼は初対面の人とはほとんど話さなかった。」となり，dが正解となる。a．actively「活発に」 b．confidently「確信して」 c．eloquently「雄弁に」
12.「キャメロン教授は，今度の会議のためにいろいろなことを片付けようと走り回っています。今，彼は本当に（　）」
（　）に入る選択肢を考えると，b．busy「忙しい」が正解となる。a．athletic「筋骨たくましい」 c．friendly「友好的な」 d．intimate「親密な」
13.「ダブさんは10年以上ジョーの昇進に（　）いなかったが，リーさんは会社を引き継いですぐにジョーを営業部長の職に推薦した」
（　）に入る選択肢を考えると，a．considered「～についてよく考えた」が正解となる。b．forgotten「～を忘れた」 c．remembered「～を思い出した」 d．stopped「～をやめた」

14.「弟が奥歯を一本抜くのを（ ）。その奥歯は彼をよく悩ますけれども，その歯を残したいと思っている」

（ ）に入る選択肢を考えると，b．hesitating「ためらう」が正解となる。hesitate to *do*「～するのをためらう」 a．attempting「試みる」 c．intending「意図する」 d．volunteering「自発的に申し出る」

15.「ボイヤー氏のスピーチは（ ）で，かなり多くの聴衆が途中で寝ていた」

（ ）に入る選択肢を考えると，a．boring「退屈な」が正解となる。b．interesting「興味深い」 c．provoking「人を憤慨させる」 d．stimulating「刺激する」

16.「私たちはあなたにプロジェクトを（ ）してほしい。あなたは楽しんでいるようですね」

（ ）に入る選択肢を考えると，a．carry on（with～）「～を続ける」が正解となる。b．do away（with～）「～を廃止する」 c．go down（with～）「～（病気）にかかる」 d．put up（with～）「～を我慢する」

17. それぞれの選択肢の意味は，a．（be）absent（from～）「～を欠席している」，b．（be）different（from～）「～と異なっている」，c．（be）far（from～）「とても～でない」，d．（be）separate（from～）「～から分離している」である。c を選択すると，Their chemistry is far from perfect.「彼らの相性は完璧からはほど遠い」となるので，c が正解となる。chemistry「相性」

3　**解答**　18―(b)　19―(c)　20―(d)　21―(d)　22―(c)

解説　18.「S＋V＋分詞」の形で使用される分詞の～ing と過去分詞の使い分けは，S と分詞の関係で考えるとよい。「S＋V＋～ing」は，「S が～する」という能動関係になるが，「S＋V＋過去分詞」は，「S が～される」という受動関係になる。英文にある Mr. Jackson was pleasing は「ジャクソンさんが喜ばせる」という意味の通じない英語となるので，pleasing を pleased に訂正することで，「ジャクソンさんが喜ばされた」→「ジャクソンさんが喜んだ」という意味の通じる英語となる。よって(b)

が誤り。

19. Inside was two pairs of earrings decorated with diamonds. は Inside という副詞が強調のために文頭に置かれて，S と V が倒置された語順になっている。倒置される前の語順に戻すと，Two pairs of earrings was decorated with diamonds inside. となるが，主語が Two pairs of earrings という複数形であるのに，動詞が was となっているので，were に訂正しなければならない。(c)が誤り。

20. equipment「設備，備品」は不可算名詞であり，複数形にすることはできないので，equipments を単数形に訂正しなければならない。(d)が誤り。

21. 「It is＋形容詞＋to *do*」の形で，It が前文にある名詞を指す場合には，It は主語であると同時に to *do* の目的語も兼ねる。この英文では，it は the pen を指すので，write for the pen という関係にもなる。しかし，write for the pen「そのペンのために書く」は意味が通じない英語であるので，write with the pen「そのペンで書く」に訂正しなければならない。この with は手段を表す。(d)が誤り。

22. 英文中の I have prepared before の先行詞は，delicious and healthy meals である。meals「食事」は人を表す語ではなく，whom を使用することはできないので，whom を which に訂正しなければならない。(c)が誤り。

4 解答

A．23－d　24－a　25－d　26－c

B．27－c　28－c　29－a　30－b

解説　≪目隠しをしなさい≫

A．23. ［B］のチームの他のメンバーとの比較に苦しむ様子や［C］のチームリーダーの話から d が正解とわかる。［A］段最終文（I also longed for …）に「私はまた，日頃から他の大人とつながりを持つ口実を切望していた」とあるが，筆者が始めたのは在宅の仕事なので b の内容の「オフィスで働き始めた」はおかしい。

24. ［D］段第 3 文（I certainly wasn't …）にある as one small success led to another my confidence grew「1つの小さな成功が別の成功に繋がるにつれて，自信がついた」から，a が正解となる。

25. ［G］段第1文（But then I found…）「しかし，他の書き手の作品と比べて，私の作品が『閲覧数』や『いいね』の数が少ないと，再び，比較の罠に陥ってしまうのがわかった」から，dが正解となる。

26. ［I］段第4文（The truth is, …）「内実は，私は他人のレースを走っているのではない。私は私自身のレースを走っている」から，cが正解となる。

B. 27・28. ［I］段第1文（Over the years, …）は，「長年にわたり，他人と自分を比較しても何も得られないことを痛感してきた」という意味である。(27)には，gets me nowhere「どこにもたどり着かない→何の得もない」に対応するために，c. pointless「無意味な」が入り，(28)には，comparing myself to others に対応するために，c. judging「～を判断する」が入る。

29・30. ［I］段第2文（It blocks my ambition…）は，「それは私の野心を妨げ，私の成功を覆い隠す」という意味であり，(29)と(30)を含む英文の意味は，「他の人がしていることよりも，代わりに，単に彼女自身の活動に(30)するべきであるときに，それをする（他人と自分を比較する）ことは，生活のあらゆる場面で，彼女の(29)を減らす」という意味である。まず，(30)には，本文で何度も出てきている「目隠しをする」に対応するために，b.（be）focused on「～に集中する」が入る。(29)には，overshadows my successes「成功を覆い隠す」に対応するために，reduces the の後に a. achievements「達成」が入る。

5　**解答**

〈解答例1〉（I would like to study in）the U.K.(, because）I am eager to speak English with a British accent, which sounds more sophisticated to me. Besides, the U.K. is close to other European nations. I wish I could visit as many European nations as possible.（at least 20 words）

〈解答例2〉（I would like to study in）the U.S.(, because）some of the world's leading universities are in the U.S. So, I will be able to meet a lot of intelligent and talented individuals. Another reason why the country attracts me is its many national parks. I wish I could visit them.（at least 20 words）

解説　〈解答例1〉はイギリスに留学したい立場をとっている。その理由として，洗練されていると考えているイギリス英語のアクセントで英語を話したいと思っていることや，ヨーロッパの他の国々に近いので，それらの国々を訪れたいと思っていることを述べている。
〈解答例2〉はアメリカに留学したい立場をとっている。その理由として，世界最高のいくつかの大学があるので，知的で才能豊かな人たちと出会えることや，訪れたい多くの自然公園があることを述べている。

6 解答

1－d　2－b　3－d　4－d　5－c
6－a　7－c　8－d　9－a　10－c

解説　1．問題文は「なぜ女性はドームに行ったのですか」であり，女性の最初の発言で「ドームは劇を見るのによい場所ではない」と述べているので，dが正解となる。
2．問題文は「なぜ女性はうれしくなかったのですか」であり，女性の2回目の発言で「俳優たちが何を言っているのか聞こえなかった」と述べているので，bが正解となる。選択肢aのcould not understandはcouldn't hearとは異なるのと，女性はfavorite actorとは述べていないので，aは不正解となる。
3．問題文は「女性は何についてスタッフに尋ねようとしているのですか」であり，女性の2回目の発言で「ここでバーベキューができるのかどうか確信がない」と述べており，男性の2回目の発言で「あそこにスタッフがいるので確認してくれないかな？」と述べていることから，dが正解となる。
4．問題文は「男性は車から何を持ってくるのを忘れましたか」であり，男性の3回目の発言で「紙皿を持ってくるのを忘れた」と述べているので，dが正解となる。
5．問題文は「なぜ男性と女性は男性の家の庭でバーベキューをするかもしれないのですか」であり，男性の最後の発言で「ここでバーベキューができないのなら，私の家に戻って庭でしましょう」と述べているので，cが正解となる。
6．問題文は「企業がよい印象を得るためには，どのロゴカラーを使うのが一番よいですか」であり，モノローグの第5文でWe tend to trust

companies which use blue or black in their logo more than those that use pink or orange.「私たちは，ピンクやオレンジのロゴを使う会社よりも，青や黒のロゴを使用する会社を信頼する傾向がある」と述べているので，ａが正解となる。

7．問題文は「なぜ，デザイナーは同じものに対して同じ色を使用するのですか」であり，最終文で People who design new products can use these ideas to influence what we buy.「新しい製品をデザインする人々は，私たちが買うものに影響を与えるために，これらの考えを利用することができる」と述べているので，ｃが正解となる。

8．問題文は「ドラマ中毒であることの一つの兆候は何ですか」であり，最終文で The government advises viewers not to watch more than five hours a week.「政府は視聴者に週5時間以上の視聴をしないよう助言している」と述べている。週5時間以上の視聴がドラマ中毒の一つの兆候であると考えられるので，ｄが正解となる。

9．問題文は「なぜドラマはあなたの注意を引き付けるのですか」であり，第6文で by giving each story an exciting end that makes viewers want to watch next time「毎回の物語に，視聴者に次も見たいと思わせるようなわくわくした終わりを与えることによって」と述べているので，ａが正解となる。

10．問題文は「ドラマ中毒になることは，人生にどのような影響を与えますか」であり，第7文で being a drama addict can be bad for your health「ドラマ中毒であることは健康に悪い」と述べているので，ｃが正解となる。

◀英語課題型▶

A 解答 1 ―(c)　2 ―(d)　3 ―(c)　4 ―(a)　5 ―(b)

解説 ≪オフグリッド≫

1．第1段第3・4文（They are moving to … other daily needs.）には，「彼らは平和で静かな暮らしをするために，田舎に移り住んでいます。完全な自給自足を目指したい人々は『オフグリッド』をして，電力，水，食料，その他の生活必需品を自分たちで調達する」とあるので，going “off the grid” とは，田舎で自給自足の生活をすることだと考えられるので(c)が正解となる。

2．第2段第5文（However, if you go with …）には，「しかし，『グリッドタイド』と呼ばれるシステムであれば，主電源に接続したままで余った電気を電力会社に売ることができる」とあり，(d)が正解となる。

3．第3段第8文（For example, you might start …）には，「例えば，小さな庭から始めて，豆やトマトのような基本的な作物を育てるかもしれない」とあり，(c)が正解となる。

4．第4段第1文（Finally, there's the matter …）には，「最後に，汚水処理の問題がありますが，これは比較的簡単です」とあり，(a)が正解となる。

5．第5段第3文（You don't necessarily …）には，as more and more families are now growing their own vegetables in their gardens in the cities「都市部では，ますます多くの家族が自宅の庭で野菜を栽培している」とあり，(b)が正解となる。

B 解答

〈解答例1〉 I think it is possible to be self-sufficient in my country. A lot of people are already moving into rural areas for a more peaceful lifestyle. In terms of going off-grid as mentioned in the passage, I think they don't have to spend a lot of money for installing solar panels or water pumps. They can choose to stay connected with the power company, or to continue using the water provided by the city. It is up to them whether to use solar panels, water pumps, or other alternatives to make their rural life pleasant and comfortable. I think a self-sufficient life can't represent only one style for everyone, and there are many options by which people can be self-sufficient.（100～120 words）

〈解答例2〉 I think it is not possible to realize a completely self-sufficient life in my country. First, we need to spend lots of money and time to buy land from the local government. If we wish to be off-grid, it will cost us extra to install our own utility systems. Second, it will cost us lots of money to build or buy a house even if it is a small one for a single person. I am not convinced that a Japanese person of average income can afford a house. Finally, if we cannot grow crops in our garden, we still need to pay for food. I suppose that only lucky individuals with a good income could have a self-sufficient life.（100～120 words）

解説　設問は「自分の国で自給自足の生活を送るのは可能であるのか」である。可能であるのか，不可能であるのかを明確にして書き始め，具体例を入れながらその理由を述べなければならない。

〈解答例1〉は自国で自給自足の生活を送るのは可能であるという立場をとっている。実際に多くの人々が田舎に移住していること，ソーラーパネルやウォーターポンプを設置する必要がないこと，自給自足の生活スタイルにはいくつかの選択肢が考えられることを挙げて理由付けをしている。

〈解答例2〉は自国で自給自足の生活を送るのは不可能であるという立場をとっている。土地を購入し，ライフラインを整え，家を建てる費用が高いこと，庭で作物を育てることができなければ，食料を買う必要があることを挙げて，所得の高い人でなければ，自給自足の生活を送るのは難しいと述べている。

■一般選抜　一般入試〔Ａ日程〕：２月４日実施分

問題編

▶試験科目・配点

区分	方式	教科	科目	配点
大学	２教科型	外国語	コミュニケーション英語Ⅰ・Ⅱ，英語表現Ⅰ・Ⅱ	180点
			英語リスニング	20点
		選択	日本史Ｂ・世界史Ｂ・数学（数学Ⅰ・Ａ）・国語（国語総合〔古文・漢文を除く〕・現代文Ｂ）から１科目選択	100点
	３教科型	外国語	コミュニケーション英語Ⅰ・Ⅱ，英語表現Ⅰ・Ⅱ	180点
			英語リスニング	20点
		選択	日本史Ｂ・世界史Ｂ・数学（数学Ⅰ・Ａ）から１科目選択	100点
		国語	国語総合（古文・漢文を除く）・現代文Ｂ	100点
短大	１教科型	外国語	コミュニケーション英語Ⅰ・Ⅱ，英語表現Ⅰ・Ⅱ	180点

▶備　考

- 〔２教科型〕・〔３教科型〕・〔１教科型〕の外国語（英語）の試験問題は共通だが，〔１教科型〕は英語リスニングを課さない。

英語

(大学：筆記 80 分，リスニング約 10 分
短大：筆記 80 分)

[1] Read the passage below and answer the questions that follow. Words marked with an asterisk (*) are explained in Japanese after the passage.

The surprising recent increase of vending machines is impossible to ignore. They are on nearly every block in Tokyo—down alleys, in front of convenience stores, in areas both residential and commercial. At slightly over five million nationwide, Japan has the highest density of vending machines worldwide. (1)There is approximately one vending machine per every 23 people, according to the Japan Vending Machine Manufacturers Association. Annual sales total more than $60 billion. And they are marked by an incredible variety. The machines sell any number of types of soft drinks, coffee, tea, cigarettes, candy, soup, hot food, and even sake and beer.

What interested me, (①), was what the vending machines say about Japan's unique culture. An obvious answer stuck out: Japanese people, and people in Tokyo in particular, work a lot and therefore value convenience. But (2)so do New Yorkers, as well as any other number of city-dwellers, and still vending machines are not nearly as popular. So why are they everywhere? Sociologists and economists have offered a few potential answers.

Japan's declining birthrate, aging population, and lack of immigration have contributed to make labor both scarce and costly, (②) William A. McEachern, an economics professor at the University of Connecticut. In his 2008 book on macroeconomics*, McEachern points to Japan's vending machines as a solution to this problem, by eliminating the need for sales clerks.

Robert Parry, an economics lecturer at Kobe University, also pointed to high labor costs as a reason why Japanese store owners have so enthusiastically embraced vending machines. "With spectacular postwar economic growth, labor costs in Japan skyrocketed. Vending machines need only an occasional visit from the operator to restock the supplies and empty the cash," wrote Parry.

With a population of 127 million people in a country roughly the size of California, Japan is one of the most population-dense countries in the world, particularly (③) you consider that about 75% of Japan is made up of mountains. 93% of the Japanese population lives in cities. The population density has unsurprisingly led to high real estate prices for decades, forcing city-dwellers to live in apartments that would make New York apartments feel spacious. (④) urban land prices dropped during Japan's economic decline in the 1990s, they've gone back up since.

High population density and high real estate prices have meant that Japanese people don't have a lot of room to store consumer goods and that Japanese companies would rather put a vending machine on a street than open up a retail store. "Vending machines produce more revenue from each square meter of scarce land than a retail

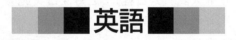

store can," Parry concluded.

If there's (3)one other aspect of Japanese culture that stuck out to me, it was a heavy reliance on cash. In the United States, I use credit cards for almost every purchase except when visiting cash-only restaurants. In Tokyo, even the train station didn't accept credit cards to purchase subway tickets. Major chains took credit cards, but lots of stores did not.

(4)The practical effect of this is that you are always carrying around a considerable amount of cash, and not just paper bills, but coins. Coins in Japan come in high denominations* like 50 yen, 100 yen, and 500 yen. By the end of my trip, I had a coin purse to organize the money weighing down my pockets. (⑤) I eventually discovered, dropping a single coin into a vending machine for a drink was a convenient and useful way to get rid of the change jangling* around in my pocket.

macroeconomics: マクロ経済学
high denomination: 高額
jangle: ジャラジャラ鳴る

(Adapted from a work by Harrison Jacobs)

A. Choose the best word or expression for No.1 through 5. [4×5]

1. (①)	a. however	b. therefore	c. whatever	d. yet
2. (②)	a. according to	b. due to	c. owing to	d. thanks to
3. (③)	a. although	b. before	c. till	d. when
4. (④)	a. Because	b. Once	c. Though	d. Unless
5. (⑤)	a. As	b. If	c. Until	d. Whether

B. Which one of the following best expresses the content of the underlined part (1)? [4]

6. a. About 23 people use one vending machine on a regular basis.
   b. Japan has a very high rate of vending machines per person.
   c. One vending machine can be found on nearly every second block in Japan.
   d. There are a lot of vending machines in Japan, but the variety is limited.

C. Which one of the following is **NOT** a suitable explanation of the underlined part (2)? [4]

7. a. People are hardworking and value convenience.
   b. People are really dedicated to their work.
   c. People find their lifestyle very convenient.
   d. People understand the importance of convenience.

D. Which one of the following best expresses the content of the underlined part (3)? [4]

8. a. Almost every purchase is made with a credit card, not with cash.

出典追記：Japan's vending machines tell you a lot about the country's culture, Insider on December 26, 2017 by Harrison Jacobs

b. Many stores and public transportation services accept cash only.
c. Restaurants rely on cash, but train stations accept credit cards.
d. There are many stores that accept cash as well as credit cards.

E. Which one of the following best expresses the content of the underlined part (4)? [4]

9. a. Coins come in higher denominations in Japan than in any other country.
b. People in Japan have cash, especially a lot of coins, with them all the time.
c. The Japanese drop coins into vending machines to empty their pockets.
d. When people travel in Japan, they need to carry a coin purse to pay for drinks.

F. Which one of the following ideas can be found in the passage? [4]

10. a. High labor costs are the reason why Japanese companies have embraced economic growth.
b. Japan has so many mountainous areas that urban real estate prices have dropped.
c. Many houses are small in Japan, but they have a lot of room available for storage.
d. Vending machines are preferred to stores in Japan because they can cut labor costs.

[2] In the context of the following statements, choose the best word or expression for each item. [3×12]

11. Mary has a positive (　　　　) toward improving her English communication skills. She's enthusiastically practicing a lot for the speech contest.
a. attitude　b. behavior　c. isolation　d. objective

12. I think my parents will be worried if I don't go now. They always look very (　　　　) when I come home too late.
a. abandoned　b. pleased　c. ridiculous　d. upset

13. If you are not (　　　　), could you please fill out the survey and circle the reasons to show why you are not content with our services?
a. involved　b. neglected　c. satisfied　d. terminated

14. Sophia is never on time for her appointments. (　　　　), she was 20 minutes late when we met up for shopping yesterday.
a. Incorrectly　b. Indirectly　c. Undeniably　d. Unsurprisingly

15. Our manager is a thorough person. He always (　　　　) all goods carefully before packing and shipping them.
a. crushes　b. experiments　c. inspects　d. revises

16. Our teacher is very (　　　). She really knows how to deal with difficult situations.
    a. crude　　b. exclusive　　c. improper　　d. reliable

17. Tom likes to learn what is going on around the world and makes an effort to (　　　) information after reading magazines and newspapers.
    a. avoid　　b. construct　　c. digest　　d. stimulate

18. I wish I could go to the local festival with you, but I am too (　　　) to go out tonight. I studied all day today and I've run out of energy.
    a. exhausted　　b. impressed　　c. opposed　　d. suppressed

19. My sister is very concerned about her weight and makes it a rule never to eat sweets and fatty foods at night so as to stay in (　　　).
    a. dignity　　b. figure　　c. model　　d. shape

20. In the rainy season, I feel uncomfortable because the air is very moist. I really don't like (　　　) weather.
    a. bright　　b. crisp　　c. humid　　d. rough

21. What the ambassador said yesterday at the conference was so (　　　) that it could be understood in a couple of ways.
    a. ambiguous　　b. comprehensive　　c. distinct　　d. plain

22. The authorities are now carrying out an extensive (　　　) to find out the cause of the car accident.
    a. complication　　b. evaluation　　c. investigation　　d. starvation

[3] Choose the underlined part in each item below that is **NOT** grammatically correct. [3×8]

23. One of my friends complained to (a) me the other day that she (b) frequently gets disturbed phone calls (c) at around three in the morning (d).

24. I hate to say this, but it seems to (a) me that the TV set you purchased yesterday are (b) not guaranteed against (c) all manufacturing defects (d).

25. We try to perform (a) maintenance checks regular (b), because we would like to offer quality (c) service for (d) our users.

26. Cross the street, walk five blocks (a), then turn left to (b) the intersection, and you will find (c) the bookstore on your right (d).

27. Even though she was extremely (a) busy, she offered to give (b) us a lot of data (c), most of what (d) was useful and beneficial.

28. Unfortunately, I lost all of (a) my money while walking to (b) school. What was more worse (c), I got injured on my way home (d) from school.

29. I am really pleased (a) with this workplace because of my supervisor (b) and staff who are (c) willing to working (d) overtime.

30. I met Tony at the bus stop for the first time (a) in a long time. We chatted at there (b) for a little (c) while until (d) the bus arrived.

[4] Read the passage below and answer the questions that follow. Words marked with an asterisk (*) are explained in Japanese after the passage.

In March 2014, I joined a foreign language learning class. The students were from all social backgrounds and belonged to various age groups. On the first day of the class, during the introduction round, we learned that there were three pairs of similar names. The teacher suggested that one person from each pair use a nickname or a family name. Thus, the two Sanjays of the first pair and two Nehas of the second pair were identified. Now, it was time for the third pair, of which I was a part. I looked at my namesake* and waited for her to come up with her nickname. "Manu," she said.

This amused me, and I surprised the rest of the class when I told them that I'm also called Manu at home. The teacher then suggested the family name. We were even more astonished when it turned out the girl's last name was the same as mine, as I had changed my family name when I got married. By this time, the class thought that we were making this up, and some of them asked to see our IDs!

The teacher was at a loss. The idea suggested by her, in our case, was not working, and it was getting late to begin the lessons. Sensing her dilemma, I suggested addressing us by our birth months. I told the class I was born in April. The other Manu announced that she too was born in April!

We finally decided to add the numbers 1 and 2 to our names.

Both of us belonged to the same culture and ethnicity, so matching names and family names were not unusual, but having the same nickname and birth month was quite confusing.

Classes went on, and so did life. I had only enrolled for a certificate course. My session was over after two semesters, and I stopped going to the institute.

Some years passed, and then, in the spring of 2017, I got a call on my cellphone from an unknown number. Usually, I ignore such calls, but that day something compelled me to take it.

"Hi! Remember me?" the voice on the other side asked.

I instantly recognized the caller. It was my namesake. Her voice was very weak, barely audible. She handed over the phone to someone.

The person told me that she had had an accident and needed platelets*. They'd tried many donors, but none was a match. She had remembered our synchronicities* and wanted to check if we were synchronous in this situation, too.

When my blood was tested, it was a perfect match. Though I was happy and agreed to donate my platelets, a strange anxiety started bothering me.

After the blood transfusion, she recovered fast. Her family, especially her mother, thanked me repeatedly. She held my hand and said that had it not been for me, her daughter would have died. I was happy to have a clear benefit emerge from our synchronicities, but I thought to myself, "I want this chain to break now."

One day when I visited her in the hospital, she introduced me to her husband.

"I wonder if his name is the same as your husband's," she said.

"No, it's different," I replied with a big smile.

"Oh, thank God for that!" She gave a sigh of relief. "I'm using his family name now, so our names are different, too. I was hoping for this chain to break. It was getting spooky*."

"Did it break?" I thought. She had just echoed the exact sentiment, using the same words, that I had expressed a couple of days before.

namesake：同名の人
platelet：血小板
synchronicity：偶然の一致
spooky：身の毛のよだつ

(Adapted from a work by Manoshi Roy)

A. Choose the best expression to complete each sentence. [4×6]

31. When the class started, they found that
 a. all the students were put into pairs.
 b. the students had introduced themselves to the teacher.
 c. the students were all given nicknames by the teacher.
 d. there were some students who had similar names.

32. We learn from the story that the author
 a. didn't like the nicknames the teacher gave the students.
 b. found another student who liked her nickname.
 c. had the same family name "Manu" as another student.
 d. had the same nickname as another student.

33. To solve the problem the two students were having, the teacher
 a. suggested the use of the students' birth months.
 b. thought about moving one student to another class.
 c. tried to get them to use their family names.
 d. wanted to see the students' IDs.

34. It was an unusual situation, because the two students
 a. had exactly the same family name but came from different cultures.
 b. looked and sounded exactly alike.
 c. shared the same culture and ethnicity.
 d. were born in the same month and had the same nickname.

35. The classmate contacted the author a few years later, because she
 a. needed to get help for her mother.
 b. wanted to check if they were still similar.
 c. wanted to see how the author was doing.
 d. was in hospital and needed medical help.

36. At the end of the story,
 a. it is clear that the chain of similarities had finally ended.
 b. the author wonders whether the chain of similarities has really ended.
 c. the classmate and the author say their final goodbye to each other.
 d. we learn that the classmate's mother also shares similarities with the author.

B. The text below explains the underlined part "She gave a sigh of relief." within the passage. Choose the best word or expression for No. 37 through 41. [2×5]

出典追記：Chicken Soup for the Soul: Miracles & Divine Intervention by Amy Newmark, Chicken Soup for the Soul Publishing

The author's friend was pleased and more (37) because she had the last name of her (38), which was (39) the author's name. This meant that it may be an end to all the (40) between the two that they kept (41).

37. a. enjoyable　　b. playable
    c. relaxed　　d. stressed

38. a. child　　b. mother
    c. partner　　d. teacher

39. a. apparent to　　b. close to
    c. different from　　d. taken from

40. a. differences　　b. friendships
    c. hopes　　d. similarities

41. a. discovering　　b. losing
    c. recording　　d. wanting

[5] Choose the most suitable order for the given set of expressions to complete each sentence. [4×4]

42. I was shocked to learn that (　　　　), which instantly flooded the field.

    (1) the football match　　(2) all of a sudden
    (3) due to heavy rain　　(4) was called off

    a. (1) (2) (3) (4)　　b. (1) (4) (2) (3)
    c. (4) (1) (2) (3)　　d. (4) (2) (1) (3)

43. We are going (　　　　) until next week.

    (1) because they are　　(2) to buy some items
    (3) offering a discount　　(4) to visit an electric shop

    a. (3) (1) (4) (2)　　b. (3) (2) (1) (4)
    c. (4) (2) (1) (3)　　d. (4) (3) (2) (1)

44. Alex is (　　　　) and rude way.

    (1) a person that　　(2) behaves in a proud
    (3) he always　　(4) so arrogant

    a. (1) (3) (2) (4)　　b. (2) (4) (3) (1)
    c. (3) (4) (1) (2)　　d. (4) (1) (3) (2)

45. Should ( ) items, feel free to contact us.

(1) deal with defective (2) about how we
(3) you have (4) any questions

a. (2) (1) (4) (3) b. (2) (4) (3) (1)
c. (3) (2) (4) (1) d. (3) (4) (2) (1)

[6] Read the dialogue below and complete B's responses, (1) and (2). Each response should have **at least 15 words** in English. More than one sentence is acceptable. Do not use A's phrases or sentences. [15×2]

(A and B are friends talking on the phone.)

A: I am glad you called. You are really late. I was beginning to worry about you.

B: (1)____

A: I understand. These things happen. I will just wait for you at the coffee shop. I'll see you in about an hour then.

B: (2)____

A: Sure, I can do that for you.

リスニング問題

［7］　これから流される放送を聴き、その指示に従ってください。（2点× 10）

編集部注：リスニング音源は，大学公式のウェブサイトで公表されています。
https://www.kufs.ac.jp/admissions/unv_col/past_tests/index.html

なお，上記のリンクは 2023 年 5 月時点のものであり，掲載元の都合によってはアクセスできなくなる場合もございます。あらかじめご了承ください。

例　　題

Dialogue〔1〕

F:　Do you remember that David needs a ride to school earlier than usual this morning?
M:　Oh no, I forgot. What time does he need to leave?
F:　Right now, actually. He's already waiting for you in the car.
M:　Okay. I'll be ready in five minutes.

Question No. 1: What will the man do?

a. Give David a ride to school.
b. Wait in the car.
c. Leave later than usual.
d. Come home from work earlier than usual.

例

1	2	3	4	5
●	ⓐ	ⓐ	ⓐ	ⓐ
ⓑ	ⓑ	ⓑ	ⓑ	ⓑ
ⓒ	ⓒ	ⓒ	ⓒ	ⓒ
ⓓ	ⓓ	ⓓ	ⓓ	ⓓ

Monologue〔1〕

Max had a lot of homework last night, but he talked with his best friend Harry on the phone until eleven. Then he started doing his homework. When Max finally finished his homework, it was already six o'clock in the morning, and so he ended up going to school without sleeping at all.

Question No. 6: How long did it take for Max to finish his homework?

a. Three hours.
b. Six hours.
c. Seven hours.
d. Eleven hours.

例

6	7	8	9	10
ⓐ	ⓐ	ⓐ	ⓐ	ⓐ
ⓑ	ⓑ	ⓑ	ⓑ	ⓑ
●	ⓒ	ⓒ	ⓒ	ⓒ
ⓓ	ⓓ	ⓓ	ⓓ	ⓓ

Dialogues

Dialogue〔1〕

1. a. His work place at six o'clock.
   b. The bowling center after work.
   c. The bowling center at six o'clock.
   d. The bus station tomorrow night.

2. a. Bring shoes for bowling.
   b. Finish work at six o'clock.
   c. Go bowling tomorrow.
   d. Meet at her work place.

Dialogue〔2〕

3. a. He has a backache.
   b. He has a terrible toothache.
   c. He is getting too old.
   d. He is working on the weekend.

4. a. The man's age.
   b. The man's doctor.
   c. The man's hobby.
   d. The man's work.

5. a. To exercise in the garden.
   b. To go to the doctor.
   c. To stop gardening on weekends.
   d. To stretch a little every day.

Monologues

Monologue〔1〕

6. a. Drink a lot.
   b. Eat a lot.
   c. Relax.
   d. Study.

7. a. Breathe carefully and stay calm.
   b. Check you have your pen, pencil, and eraser.
   c. Make sure you understand the questions.
   d. Write down important instructions.

Monologue〔2〕

8. a. To make washing hands and dishes easier.
   b. To measure how much water is used in the home.
   c. To provide clean water in the home.
   d. To reduce the amount of water used in the home.

9. a. It makes about 90% of the water.
   b. It mixes air with the water.
   c. It provides 10 liters of water.
   d. It uses 10 liters of water.

10. a. Dishes can easily get broken.
    b. It takes more time to wash dishes than hands.
    c. Only a little of the water touches what we are washing.
    d. We waste at least 10 liters of water.

放 送 内 容

Dialogues

Dialogue [1]

M: What are you doing tomorrow night?

W: Nothing. Why?

M: Well, I'm meeting Tom at the bus station and we are going bowling. Would you like to join us?

W: Maybe, but I have to work until six o'clock.

M: No problem. We are meeting at half past six.

W: Great. Then I'll meet you at the bowling center at seven o'clock.

M: OK. And remember to bring suitable shoes. Last time you slipped and fell over.

Question No. 1:　Where is the man meeting his friend Tom?

Question No. 2:　What should the woman remember to do?

Dialogue [2]

W: What's the matter?

M: I have a terrible backache.

W: Really? When did that start?

M: Last weekend. I think it was the work I did in the garden.

W: You should take it easy, especially at your age.

M: Hey I'm only two years older than you, you know.

W: I know, I was only joking. Have you been to the doctor?

M: No, I've had the same problem before and it gets better if I rest.

W: You should try doing stretching exercises.

M: I know, but I'm not very good at it. I'm not at all flexible.

W: Just try stretching a little every day. Maybe every morning for 10 or 20 minutes.

M: OK, thanks. I'll try.

Question No. 3:　What is the man's problem?

Question No. 4:　What does the woman joke about?

Question No. 5:　What advice does the woman give the man?

Monologues

Monologue [1]

By following these easy steps, you can help improve your test scores in all subjects! The day before a test, study in the afternoon, then relax in the evening. This will help make sure you sleep well. In the morning of your test, eat a good breakfast to help you be strong and refreshed. Come prepared with your pen, pencil, and eraser. Finally, when the test starts, read the instructions and questions carefully before you answer.

Question No. 6:　What should you do in the evening before a test?

Question No. 7:　As soon as the test starts, what should you do?

Monologue [2]

A Swedish company has invented a new system for saving water at home. When you turn on the water, the system mixes air with the water. This can reduce the amount of water used by 90 percent. When we turn on the water at home for one minute, we usually use about 10 liters. A lot of this water is not used, and only a small part of it touches your hands or the dishes. The system can be easily fitted anywhere in the house and it is an easy way to save water and money.

Question No. 8:　What is the main purpose of the Swedish system?

Question No. 9:　What does the system do?

Question No. 10: What usually happens when we wash things?

日本史

（2教科型：　　　60分
　3教科型：2教科120分）

［1］　次の文章を読み、後の問いに答えなさい。(16点)

４世紀末の高句麗好太王の軍との戦いや、６世紀前半の筑紫[ア]磐井が新羅と結んでおこした反乱など、朝鮮半島の国々との間には古代からさまざまな戦乱や事件がみられる。7世紀後半の白村江の戦いでは、倭の軍が唐・新羅の軍に敗れ、倭では防衛対策を講じる必要が生じた。防衛対策の一環として、宮都は内陸の[イ]に変更された。

白村江の戦いののち、新羅と日本との間には使者が往来するなど、両国は接近する動きもみられたが、８世紀になると、その関係は悪化した。８世紀後半に政治を主導していた藤原南家の[ウ]は、渤海が唐・新羅に進出する動きに応じて、新羅攻撃を計画した。この計画は実行されなかったものの、８世紀末になると、遣新羅使の派遣はまばらとなり、①10世紀に成立した高麗とは日本は国交を開かなかった。

13世紀になると、高麗は元への服属を余儀なくされ、蒙古襲来の一翼ともなった。しかし、高麗王に直属していた[エ]が反乱をおこすなど、さまざまな形で元への抵抗を続け、こうした動きは、蒙古襲来にも影響を与えたとされている。

②室町時代にあたる14世紀にも、東アジアは変動の時代を迎え、それにともなって日朝関係も新たな時代を迎えた。

問１　空白部[ア]に入るものとして最も適当なものを、次のａ～ｄの中から選びなさい。解答番号は１。(２点)

ａ　郡司　　ｂ　里長　　ｃ　国造　　ｄ　国司

問２　空白部[イ]に入るものとして最も適当なものを、次のａ～ｄの中から選びなさい。解答番号は２。(２点)

ａ　飛鳥浄御原宮　　ｂ　近江大津宮
ｃ　難波(長柄豊碕)宮　　ｄ　紫香楽宮

問３　空白部[ウ]に入るものとして最も適当なものを、次のａ～ｄの中から選びなさい。解答番号は３。(３点)

ａ　藤原房前　　ｂ　藤原広嗣　　ｃ　藤原種継　　ｄ　藤原仲麻呂

問４　空白部[エ]に入るものとして最も適当なものを、次のａ～ｄの中から選びなさい。解答番号は４。(３点)

ａ　独立党　　ｂ　東学　　ｃ　三別抄　　ｄ　義兵

問５　下線部①に関連して、10世紀の出来事に関して述べた次の文Ⅰ～Ⅳについて、正しいものの組合せを、下のａ～ｄの中から選びなさい。解答番号は５。（３点）

Ⅰ　平将門が東国で反乱をおこしたが、藤原秀郷らによって鎮圧された。
Ⅱ　安倍氏が東北地方で反乱をおこしたが、源頼義らによって鎮圧された。
Ⅲ　三善清行から醍醐天皇に対して、「意見封事十二箇条」が出された。
Ⅳ　尾張国郡司百姓等解によって、尾張国の受領藤原陳忠が訴えられた。

ａ　Ⅰ・Ⅲ　　ｂ　Ⅰ・Ⅳ　　ｃ　Ⅱ・Ⅲ　　ｄ　Ⅱ・Ⅳ

問６　下線部②に関連して、14世紀以降の日朝関係に関する出来事に関して述べた次の文Ⅰ～Ⅲについて、古いものから年代順に正しく配列したものを、下のａ～ｆの中から選びなさい。解答番号は６。（３点）

Ⅰ　朝鮮軍が対馬を襲撃した応永の外寇によって、日朝貿易が一時中断された。
Ⅱ　富山浦・乃而浦・塩浦の三浦に住む日本人が暴動をおこし、鎮圧された。
Ⅲ　明へ出兵するための先導が日本から要求されたが、朝鮮はこれを拒否した。

ａ　Ⅰ－Ⅱ－Ⅲ　　ｂ　Ⅰ－Ⅲ－Ⅱ　　ｃ　Ⅱ－Ⅰ－Ⅲ
ｄ　Ⅱ－Ⅲ－Ⅰ　　ｅ　Ⅲ－Ⅰ－Ⅱ　　ｆ　Ⅲ－Ⅱ－Ⅰ

［２］　次の文章を読み、後の問いに答えなさい。（16点）

16世紀には①ヨーロッパ人が来航するようになり、日本人の世界観は大きく変化した。1600年にはオランダ船の［ア］が豊後に漂着し、乗船していたウィリアム=アダムズとヤン=ヨーステンが徳川家康の顧問となった。オランダとの競争に敗れたイギリスが肥前の［イ］にあった商館を閉鎖し、スペイン船・ポルトガル船が来航禁止になったため、オランダが対日貿易を独占することになった。

1637年から翌年にかけての島原の乱を経て、オランダ商館は出島に置かれることになった。オランダ商館長らは、江戸参府を義務づけられており、幕府が商館長らに提出を求めたオランダ風説書は、海外の動向を知るための情報源になった。私塾［ウ］を開いたことで知られるオランダ商館の医師シーボルトも、オランダ商館長らとともに江戸に参府しており、江戸の様子などを記録に残している。

1850年代には諸外国との貿易が開始され、オランダの独占的地位は失われた。幕末の貿易では生糸が最大の輸出品、［エ］が最大の相手国となった。②明治時代以降の日本と［エ］との関係は、第３国との関係と相互に影響しあう状況が続いた。

問１　空白部［ア］に入るものとして最も適当なものを、次のａ～ｄの中から選びなさい。解答番号は７。（２点）
ａ　サン=フェリペ号　　ｂ　リーフデ号
ｃ　フェートン号　　ｄ　モリソン号

問２　空白部［イ］に入るものとして最も適当なものを、次のａ～ｄの中から選びなさい。解答番号は８。（２点）
ａ　坊津　　ｂ　浦上　　ｃ　壱岐　　ｄ　平戸

問３　空白部 ウ に入るものとして最も適当なものを、次のａ～ｄの中から選びなさい。解答番号は９。（３点）

ａ　松下村塾　　ｂ　鳴滝塾　　ｃ　適々斎塾　　ｄ　蘐園塾

問４　空白部 エ に入るものとして最も適当なものを、次のａ～ｄの中から選びなさい。解答番号は10。（３点）

ａ　アメリカ　　ｂ　ロシア　　ｃ　イギリス　　ｄ　フランス

問５　下線部①に関連して、16 世紀に来航したヨーロッパ人に関して述べた次の文Ｘ・Ｙと、文中の「この地(都市)」を示した下の地図中の場所Ⅰ～Ⅳの組合せとして正しいものを、下のａ～ｄの中から選びなさい。解答番号は11。（３点）

Ｘ　イエズス会の宣教師フランシスコ=ザビエルは、この地に到着し、日本でのキリスト教の布教を開始した。

Ｙ　イエズス会の宣教師ガスパル=ヴィレラは、会合衆によって自治が行われていたこの都市に注目した。

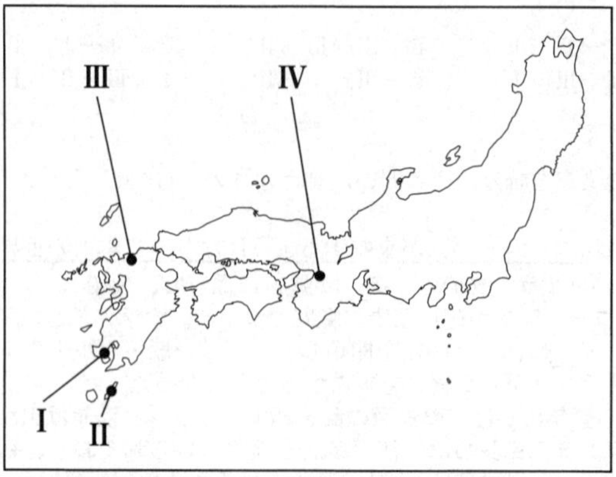

ａ　Ｘ－Ⅰ　Ｙ－Ⅲ　　ｂ　Ｘ－Ⅰ　Ｙ－Ⅳ
ｃ　Ｘ－Ⅱ　Ｙ－Ⅲ　　ｄ　Ｘ－Ⅱ　Ｙ－Ⅳ

問６　下線部②に関連して、近代の国際関係に関して述べた次の文Ⅰ～Ⅲについて、古いものから年代順に正しく配列したものを、下のａ～ｆの中から選びなさい。解答番号は12。（３点）

Ⅰ　ワシントン会議で四カ国条約が締結され、日英同盟協約の終了が同意された。

Ⅱ　円安を利用した日本の輸出拡大を、列強はソーシャル=ダンピングだとして非難した。

Ⅲ　満州・内蒙古における勢力圏を確認するために、ロシアとの間で４次にわたる日露協約を結んだ。

ａ　Ⅰ－Ⅱ－Ⅲ　　ｂ　Ⅰ－Ⅲ－Ⅱ　　ｃ　Ⅱ－Ⅰ－Ⅲ
ｄ　Ⅱ－Ⅲ－Ⅰ　　ｅ　Ⅲ－Ⅰ－Ⅱ　　ｆ　Ⅲ－Ⅱ－Ⅰ

［3］　次の文章を読み、後の問いに答えなさい。(32点)

6世紀後半において、ヤマト政権の財政を司って三蔵を管理していた[ア]のように、権力は経済基盤と密接な関係がある。大化改新では中央集権を実現するために豪族の私有を認めず、公地公民が実現され、奈良県[イ]から出土したことで知られる富本銭や和同開珎などの貨幣鋳造は、宮都造営費などとして①国家事業を展開するための手段でもあった。

11世紀以降、不輸の権などを獲得した荘園が増大していったことは、国家財政に打撃を与えることになった。そのため、後三条天皇のもとでは、1069年に[ウ]の荘園整理令が出された。

室町幕府のもとでは、直轄地である[エ]からの収入が十分でなかったこともあり、土倉役・酒屋役、関銭・津料といった税を徴収する措置がとられた。領国の富国強兵をめざす戦国大名のもとでも、領国内での通貨取引の円滑化をはかる[オ]や自由な営業を認める楽市令の発令、関所の撤廃といった経済政策が実施された。

400万石もの直轄領（幕領）を有する江戸幕府は、各地の金・銀山を直轄するなど、経済的基盤は当初安定していたが、17世紀後半に幕府財政が窮乏すると、勘定吟味役の[カ]が貨幣改鋳を建議し、幕府によって採用された。その結果、質を落として鋳造された元禄金銀は、物価上昇をもたらした。経済的に逼迫したのは、参勤交代などを義務づけられていた諸大名も同じだった。そのため、②18世紀以降、幕藩領主は財政再建を主要な目的とした改革に着手した。

明治政府は地租改正に着手し、農村の豊凶に左右されない、安定した経済的基盤を構築した。しかし、③1870年代には支出が重なり、物価上昇は定額地租を財源とする政府にとって実質的な歳入の減少をもたらしたこともあり、1880年代には松方財政とよばれる経済政策が進められた。

日露戦争後にも国家財政は危機に陥ったが、第一次世界大戦の勃発によって大戦景気が到来し、財政問題は解消された。しかし、大戦景気の底は浅く、④1920年代から1930年代にかけて、日本経済はあいつぐ恐慌に陥った。そのため、犬養毅・斎藤実・岡田啓介各内閣の大蔵大臣高橋是清は、高橋財政とよばれる財政政策を行った。しかし、1936年に[キ]が発生し、高橋是清は皇道派の青年将校らによって殺害された。

⑤第二次世界大戦後には、GHQのもとでさまざまな経済政策が実施された。

問1　空白部[ア]に入るものとして最も適当なものを、次のa～dの中から選びなさい。解答番号は13。(2点)

a　物部氏　　b　大伴氏　　c　蘇我氏　　d　中臣氏

問2　空白部[イ]に入るものとして最も適当なものを、次のa～dの中から選びなさい。解答番号は14。(2点)

a　飛鳥池遺跡　　b　菜畑遺跡　　c　岩宿遺跡　　d　黒井峯遺跡

問3　空白部[ウ]に入るものとして最も適当なものを、次のa～dの中から選びなさい。解答番号は15。(2点)

a　寛徳　　b　延久　　c　延喜　　d　保元

問4　空白部[エ]に入るものとして最も適当なものを、次のa～dの中から選びなさい。解答番号は16。(2点)

a　禁裏御料　　b　蔵入地　　c　御料所　　d　関東御領

問5　空白部 オ に入るものとして最も適当なものを、次のa～dの中から選びなさい。解答番号は17。（3点）

a　徳政令　　b　撰銭令　　c　半済令　　d　棄捐令

問6　空白部 カ に入るものとして最も適当なものを、次のa～dの中から選びなさい。解答番号は18。（3点）

a　神尾春央　　b　松平信綱　　c　柳沢吉保　　d　荻原重秀

問7　空白部 キ に入るものとして最も適当なものを、次のa～dの中から選びなさい。解答番号は19。（3点）

a　五・一五事件　　b　二・二六事件
c　三・一五事件　　d　四・一六事件

問8　下線部①に関連して、古代国家による国家事業に関して述べた次の文Ⅰ～Ⅲについて、古いものから年代順に正しく配列したものを、下のa～fの中から選びなさい。解答番号は20。（3点）

Ⅰ　軍事と造作といった事業が、藤原緒嗣の意見によって中止された。
Ⅱ　国家の安定をはかるために大仏を造立する政策が打ち出された。
Ⅲ　元明天皇のもと、太安万侶らの協力を得て、国史編纂事業が展開された。

a　Ⅰ－Ⅱ－Ⅲ　　b　Ⅰ－Ⅲ－Ⅱ　　c　Ⅱ－Ⅰ－Ⅲ
d　Ⅱ－Ⅲ－Ⅰ　　e　Ⅲ－Ⅰ－Ⅱ　　f　Ⅲ－Ⅱ－Ⅰ

問9　下線部②に関して述べた次の文Ⅰ～Ⅳについて、正しいものの組合せを、下のa～dの中から選びなさい。解答番号は21。（3点）

Ⅰ　享保の改革では、大名に対し、1万石につき100石の上げ米が命じられた。
Ⅱ　寛政の改革では、幕府は棄捐令を出して、大名の経済的救済を行った。
Ⅲ　薩摩藩では、調所広郷のもとで、均田制が実施された。
Ⅳ　長州藩では、村田清風のもとで、越荷方が設置された。

a　Ⅰ・Ⅲ　　b　Ⅰ・Ⅳ　　c　Ⅱ・Ⅲ　　d　Ⅱ・Ⅳ

問10　下線部③に関連して、1870年代の政府支出に影響を与えている政策や出来事について述べた文として誤っているものを、次のa～dの中から選びなさい。解答番号は22。（3点）

a　秩禄処分が実施された。
b　西南戦争が発生した。
c　シベリア出兵が実施された。
d　各地に官営の鉄道が敷設された。

問11　下線部④に関して述べた次の文Ⅰ～Ⅳについて、正しいものの組合せを、下のa～dの中から選びなさい。解答番号は23。（3点）

Ⅰ　戦後恐慌が経済状況を悪化させるなかで、浜口雄幸首相が殺害された。
Ⅱ　関東大震災に伴う震災恐慌によって、多くの手形が決済不能となった。

Ⅲ　大蔵大臣の片岡直温による失言などを背景に、金融恐慌が発生した。
Ⅳ　大蔵大臣の井上準之助が金輸出再禁止の措置をとり、昭和恐慌が発生した。

a　Ⅰ・Ⅲ　　b　Ⅰ・Ⅳ　　c　Ⅱ・Ⅲ　　d　Ⅱ・Ⅳ

問12　下線部⑤に関連して、占領期の経済政策として誤っているものを、次のa～dの中から選びなさい。解答番号は24。（3点）
a　金融緊急措置令の発令　　b　傾斜生産方式の採用
c　ドッジ=ラインの実施　　d　変動相場制への移行

［4］　次の各問いに答えなさい。(36点)

問1　古墳時代に関して述べた文として誤っているものを、次のa～dの中から選びなさい。解答番号は25。（3点）
a　前期の前方後円墳として、奈良県の箸墓古墳があげられる。
b　中期の前方後円墳として、大阪府の大仙陵古墳があげられる。
c　前期から中期にかけての副葬品は、武具に代わって銅鏡が増加した。
d　7世紀中頃の近畿の大王の墓では、八角墳がみられた。

問2　8世紀の政治に関して述べた文として誤っているものを、次のa～dの中から選びなさい。解答番号は26。（3点）
a　元明天皇の時代に、蓄銭叙位令が出された。
b　元正天皇の時代に、三世一身法が出された。
c　聖武天皇の時代に、墾田永年私財法が出された。
d　淳仁天皇の時代に、国分寺建立の詔が出された。

問3　桓武天皇と嵯峨天皇に関して述べた文として誤っているものを、次のa～dの中から選びなさい。解答番号は27。（3点）
a　桓武天皇の時代には、坂上田村麻呂が征夷大将軍に任じられた。
b　桓武天皇の時代には、令外官として勘解由使が置かれた。
c　嵯峨天皇の時代には、東北地方に阿倍比羅夫が派遣された。
d　嵯峨天皇の時代には、令外官として蔵人頭が置かれた。

問4　源平の争乱について述べた文として誤っているものを、次のa～dの中から選びなさい。解答番号は28。（3点）
a　以仁王が挙兵し、源頼朝や源義仲らがそれに応じた。
b　反平氏勢力が蜂起するなかで、平氏は福原京に遷都した。
c　倶利伽羅峠の戦いののち、平氏は都落ちを余儀なくされた。
d　東国支配権を朝廷から得たのち、源頼朝は富士川の戦いに勝利した。

問5　鎌倉時代の文化について述べた文として正しいものを、次のa～dの中から選びなさい。解答番号は29。（3点）
a　運慶や快慶らによって、東大寺南大門金剛力士像が制作された。
b　禅僧の明兆・如拙・周文らは、似絵の名手として活躍した。
c　北条時政によって、六浦の金沢に金沢文庫が設けられた。
d　法相宗の貞慶は、奈良に北山十八間戸とよばれる施設を設けた。

問６　東山文化について述べた文として誤っているものを、次のａ～ｄの中から選びなさい。解答番号は30。（３点）

a　東求堂同仁斎は、書院造の典型とされている。
b　龍安寺の庭園は、枯山水の庭園として知られる。
c　狩野永徳・狩野山楽は、狩野派をおこした。
d　侘茶を創出した村田珠光は、茶と禅の精神の統一を主張した。

問７　17世紀半ば以降の文治主義の時代について述べた文として誤っているものを、次のａ～ｄの中から選びなさい。解答番号は31。（３点）

a　明暦の大火によって、江戸に大きな被害が生じた。
b　末期養子の禁が緩和され、殉死が禁じられた。
c　湯島聖堂が建てられ、林鳳岡（信篤）が大学頭に任じられた。
d　天文方が新設され、貞享暦をつくった北村季吟が任じられた。

問８　江戸時代の産業について述べた文として正しいものを、次のａ～ｄの中から選びなさい。解答番号は32。（３点）

a　地域の特産品として、出羽の藍玉や阿波の紅花が知られる。
b　商品化した材木として、木曽檜や秋田杉が知られる。
c　選別用の農具である踏車は、農業生産力の上昇に貢献した。
d　網漁を中心とする漁法が、関東から上方へと広まった。

問９　化政文化について述べた文として誤っているものを、次のａ～ｄの中から選びなさい。解答番号は33。（３点）

a　錦絵の風景画が流行し、葛飾北斎や歌川広重の絵が広く普及した。
b　都市では芝居小屋がにぎわい、町人地では寄席が開かれた。
c　日待・月待、庚申講などの集まりが、人々の娯楽となった。
d　徳川家康を祀る伊勢神宮への御蔭参りが流行した。

問10　幕末期の出来事について述べた文として誤っているものを、次のａ～ｄの中から選びなさい。解答番号は34。（３点）

a　貿易が開始されると、幕府によって五品江戸廻送令が出された。
b　文久の改革が推進され、政事総裁職に松平容保が任じられた。
c　桜田門外の変によって、大老の井伊直弼が殺害された。
d　横浜近郊でおこった生麦事件は、薩英戦争につながった。

問11　政党の動向に関して述べた文として誤っているものを、次のａ～ｄの中から選びなさい。解答番号は35。（３点）

a　国会開設の勅諭が出されると、板垣退助らによって自由党が結成された。
b　日清戦争後、自由党と進歩党が合同し、憲政党が結成された。
c　明治時代には、労働農民党や社会民衆党などの無産政党が結成された。
d　第二次世界大戦後には、日本自由党や日本進歩党が結成された。

問12　大正・昭和戦前期の社会と文化に関して述べた文として誤っているものを、次のａ～ｄの中から選びなさい。解答番号は36。（３点）

a　吉野作造によって、民本主義が提唱された。
b　東京と大阪で、地下鉄が開業した。
c　法隆寺金堂壁画の焼損を機に、文化財保護法が制定された。
d　円本が登場し、低価格・大量出版の先駆けとなった。

世界史

（2教科型：　　60分
　3教科型：2教科120分）

［1］　ハプスブルク家をめぐる歴史に関する次の文章を読み、後の問いに答えなさい。（32点）

神聖ローマ帝国では、1254年に [A] が断絶すると皇帝不在の「大空位時代」となり、1273年にハプスブルク家のルドルフ1世が神聖ローマ皇帝に選出された。その後、1438年に神聖ローマ皇帝位についたアルブレヒト2世以降、ハプスブルク家が神聖ローマ皇帝位を世襲するようになった。ハプスブルク家は、婚姻政策によりスペインやネーデルラントなどにも領地を拡大した。ハプスブルク家出身のスペイン王カルロス1世は、神聖ローマ皇帝カール5世として即位し、宗教改革などに対処した。カール5世退位後、ハプスブルク家は二つの系統にわかれ、オーストリア系はカール5世の弟フェルディナントが継承した。スペイン系はカール5世の子である①フェリペ2世が継ぎ、その後、1700年までスペイン=ハプスブルク家は続いた。宗教改革以降、旧教徒と新教徒の対立が激化し、1618年にはオーストリアの属領 [B] の反乱をきっかけとして②三十年戦争が勃発し、戦場となったドイツは荒廃した。1740年にはマリア=テレジアのハプスブルク家継承をめぐって③オーストリア継承戦争がおこり、ロートリンゲン家出身のマリア=テレジアの夫フランツ1世が1745年に神聖ローマ皇帝となった。マリア=テレジアの子である④ヨーゼフ2世は、フランツ1世が死去すると神聖ローマ皇帝位を継ぎ、母の死後親政を開始した。

1804年、ナポレオンが戴冠すると、神聖ローマ皇帝フランツ2世は対抗してオーストリア皇帝と称した。1806年、ナポレオンの保護下で [C] が結成されると、西南ドイツ諸邦は神聖ローマ帝国を離脱し、フランツ2世は神聖ローマ帝国の解体を宣言した。以後、ハプスブルク家はオーストリア帝国を支配した。ヨーロッパ各地で1848年革命がおこると、[D] で国民議会が開催され、ドイツ統一の方式が議論された。オーストリアを含む大ドイツ主義とプロイセンを中心とする小ドイツ主義が対立し、議会は紛糾した。1866年のプロイセン=オーストリア（普墺）戦争に敗れたオーストリアはドイツ統一から除外され、1867年に⑤オーストリア=ハンガリー帝国が成立した。

1914年6月、サライェヴォ事件によってオーストリア帝位継承者夫妻が暗殺されると、オーストリアは7月28日に対 [E] 宣戦を行い、第一次世界大戦が勃発した。1918年にオーストリアは降伏して皇帝は退位し、オーストリア=ハンガリー帝国は崩壊した。オーストリアは1919年9月に連合国と [F] を結び、ハンガリーは1920年6月に連合国と [G] を結んだ。

問1　空白部 [A] に入るものとして最も適当なものを次の中から選びなさい。解答番号は1。（2点）

a　シュタウフェン朝　　b　ハノーヴァー朝
c　カロリング朝　　d　ザクセン朝

問2　空白部 B に入るものとして最も適当なものを次の中から選びなさい。解答番号は2。（2点）

a　ポーランド　b　ベーメン（ボヘミア）　c　ルーマニア　d　シチリア

問3　空白部 C に入るものとして最も適当なものを次の中から選びなさい。解答番号は3。（3点）

a　シュマルカルデン同盟　b　ユトレヒト同盟
c　神聖同盟　d　ライン同盟

問4　空白部 D に入るものとして最も適当なものを次の中から選びなさい。解答番号は4。（2点）

a　ヴォルムス　b　バイエルン　c　フランクフルト　d　ウィーン

問5　空白部 E に入るものとして最も適当なものを次の中から選びなさい。解答番号は5。（2点）

a　ロシア　b　ベルギー　c　モンテネグロ　d　セルビア

問6　空白部 F に入るものとして最も適当なものを次の中から選びなさい。解答番号は6。（3点）

a　トリアノン条約　b　サン=ジェルマン条約
c　ヌイイ条約　d　セーヴル条約

問7　空白部 G に入るものとして最も適当なものを次の中から選びなさい。解答番号は7。（3点）

a　トリアノン条約　b　サン=ジェルマン条約
c　ヌイイ条約　d　セーヴル条約

問8　下線部①に関連して述べた文として正しいものを次の中から選びなさい。解答番号は8。（3点）

a　イギリスのエリザベス1世と結婚した。
b　スペイン艦隊は、イギリスの無敵艦隊（アルマダ）に敗北した。
c　治世期に、マゼラン（マガリャンイス）の船隊が世界周航を達成した。
d　ポルトガルの王位を兼ね、その植民地を支配した。

問9　下線部②に関連して述べた文として誤っているものを次の中から選びなさい。解答番号は9。（3点）

a　傭兵隊長のヴァレンシュタインは、神聖ローマ皇帝軍を率いた。
b　新教国のスウェーデン国王グスタフ=アドルフは、新教徒側を支援した。
c　ルイ14世の宰相リシュリューは、三十年戦争に介入した。
d　講和条約のウェストファリア条約により、スイスの独立が国際的に承認された。

問10　下線部③に関連して、オーストリア継承戦争でプロイセンが占領した地域と、その位置を示す地図中のXまたはYとの組合せとして最も適当なものを下の中から選びなさい。解答番号は10。（3点）

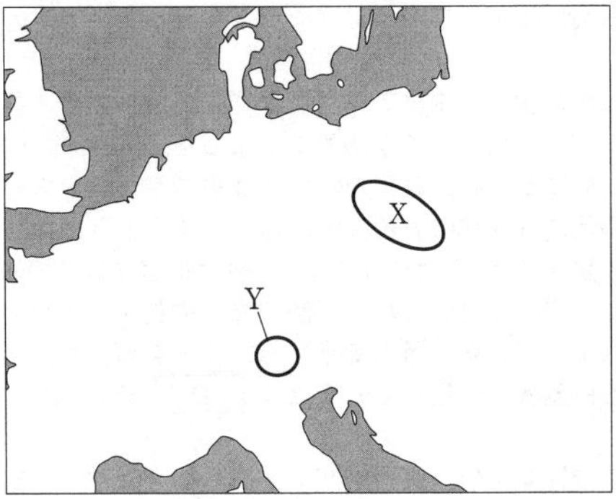

a　シュレジエン－X　　b　シュレスヴィヒ－X
c　南チロル－Y　　d　ズデーテン地方－Y

問 11　下線部④に関連して述べた文として正しいものを次の中から選びなさい。解答番号は 11。（３点）

a　「君主は国家第一の僕」と自称した。
b　農奴解放令や宗教寛容令を発布した。
c　ロココ様式のサンスーシ宮殿を造営した。
d　プガチョフの農民反乱を鎮圧した。

問 12　下線部⑤に関連して述べた次の文XとYの正誤の組合せとして最も適当なものを下の中から選びなさい。解答番号は 12。（３点）

X　アヴァール人の要求を認め、ハンガリー王国の建設を認めた。
Y　ドイツ・ロシアと三帝同盟を結んだ。

a　X－正　Y－正　　b　X－正　Y－誤
c　X－誤　Y－正　　d　X－誤　Y－誤

［2］　中国における宗教に関する次の文章を読み、後の問いに答えなさい。(32点)

古代インドでおこった仏教は、中央アジアを経て紀元前後頃の中国に伝わり、魏晋南北朝時代になると社会不安を背景として本格的に広まった。五胡十六国時代には西域出身の仏図澄や鳩摩羅什が布教につとめ、東晋の時代には法顕が仏典を求めて [A] 時代のインドを訪れた。この時代には各地に石窟寺院が造営されるようになり、山西省 [B] 近郊には雲崗の石窟が造営された。唐代になると、仏教は帝室や貴族の保護を受けて繁栄し、浄土宗や禅宗など新しい宗派も誕生した。唐僧の玄奘や義浄はインドを訪れてナーランダー僧院で学び、義浄はインドからの帰途で『 [C] 』を著した。南宋の時代には仏教色の強い宗教結社である白蓮教が誕生して元末には [D] をおこし、清代にも反乱をおこした。

道教は、道家の思想や神仙思想、民間信仰などの影響を受けて成立した。北魏の第3代皇帝①太武帝に信任された北魏時代の道士である [E] によって大成された道教は、仏教と対抗しながら勢力を広げた。道家の祖とされる老子は姓を李とし、唐を樹立した李淵と同じ姓であったことから、唐代にも道教は帝室の保護を受けた。

西方諸国との交流が盛んであった②唐代には、西方からさまざまな宗教が伝わり、寺院が建立された。唐の都長安の大秦寺には「大秦景教流行中国碑」が建てられ、この碑には景教とよばれたキリスト教の一派である [F] 伝来の沿革が記されている。③大モンゴル国（モンゴル帝国）・元の時代にも東西交流は盛んに行われ、フランチェスコ会修道士のモンテ=コルヴィノは中国で初めてカトリックを布教した。16世紀以降、④キリスト教宣教師が布教のために中国を訪れるようになり、西洋技術を伝えた。布教に際し、イエズス会宣教師は孔子の崇拝や祖先祭祀など中国の伝統的な儀礼を認めたが、他派はこれを認めずに典礼問題がおこった。教皇がイエズス会宣教師の布教方法を否定したことに反発した清は、[G] の時代の⑤1724年にキリスト教の布教を全面禁止した。

問1　空白部 [A] に入るものとして最も適当なものを次の中から選びなさい。解答番号は13。(2点)

a　マウリヤ朝　　b　クシャーナ朝　　c　グプタ朝　　d　ヴァルダナ朝

問2　空白部 [B] に入るものとして最も適当なものを次の中から選びなさい。解答番号は14。(2点)

a　大同　　b　敦煌　　c　殷墟　　d　成都

問3　空白部 [C] に入るものとして最も適当なものを次の中から選びなさい。解答番号は15。(2点)

a　大唐西域記　　b　西遊記　　c　仏国記　　d　南海寄帰内法伝

問4　空白部 [D] に入るものとして最も適当なものを次の中から選びなさい。解答番号は16。(2点)

a　赤眉の乱　　b　黄巾の乱　　c　三藩の乱　　d　紅巾の乱

問5　空白部 [E] に入るものとして最も適当なものを次の中から選びなさい。解答番号は17。(3点)

a　寇謙之　　b　董仲舒　　c　周敦頤　　d　王重陽

問６　空白部 [F] に入るものとして最も適当なものを次の中から選びなさい。解答番号は18。（３点）

　a　アリウス派　　　b　カタリ派（アルビジョワ派）
　c　ネストリウス派　d　パリサイ派

問７　空白部 [G] に入るものとして最も適当なものを次の中から選びなさい。解答番号は19。（３点）

　a　康熙帝　b　雍正帝　c　乾隆帝　d　光緒帝

問８　下線部①の事績に関連して述べた文として正しいものを次の中から選びなさい。解答番号は20。（３点）

　a　西晋を滅ぼした。
　b　華北を統一した。
　c　三長制を開始した。
　d　占田・課田法を発布した。

問９　下線部②に関連して述べた次の文ＸとＹの正誤の組合せとして最も適当なものを下の中から選びなさい。解答番号は21。（３点）

Ｘ　マニ教やシク教の寺院が建立された。
Ｙ　ゾロアスター教は祆教とよばれた。

　a　Ｘ－正　Ｙ－正　b　Ｘ－正　Ｙ－誤
　c　Ｘ－誤　Ｙ－正　d　Ｘ－誤　Ｙ－誤

問10　下線部③に関連して述べた文として正しいものを次の中から選びなさい。解答番号は22。（３点）

　a　クリルタイとよばれる駅伝制が整備され、交通路の安全がはかられた。
　b　プラノ=カルピニは、教皇の使節としてカラコルムを訪れた。
　c　マルコ=ポーロは、フランス王ルイ９世の命で中国を訪れた。
　d　イブン=ハルドゥーンは、元代の中国を訪れた。

問11　下線部④に関連して述べた文として正しいものを次の中から選びなさい。解答番号は23。（３点）

　a　マテオ=リッチは、『幾何原本』を漢訳した。
　b　アダム=シャールは、「皇輿全覧図」を作製した。
　c　ブーヴェは、「坤輿万国全図」を作製した。
　d　フェルビーストは、円明園を設計した。

問12　下線部⑤に関連して、キリスト教布教禁止後の中国について述べた次の文Ｘ～Ｚが、年代の古いものから順に正しく配列されているものを下の中から選びなさい。解答番号は24。（３点）

Ｘ　仇教運動が活発となり、義和団事件がおこった。
Ｙ　キリスト教的宗教結社の拝上帝会が挙兵した。
Ｚ　天津条約でキリスト教布教の自由が認められた。

a　X→Y→Z　b　X→Z→Y　c　Y→X→Z
d　Y→Z→X　e　Z→X→Y　f　Z→Y→X

［3］　世界史上の派閥や政党に関する後の問いに答えなさい。(36点)

問1　共和政ローマ末期の党派について述べた次の文章中の空白部 A ～ C に入る語句の組合せとして最も適当なものを下の中から選びなさい。解答番号は25。(3点)

A 後、「内乱の1世紀」とよばれる政治的混乱の時代となり、元老院を中心とする閥族派の B と、平民会を拠点とする平民派の C が私兵を率いて争った。

a　A－第1回三頭政治の崩壊　B－マリウス　C－スラ
b　A－第1回三頭政治の崩壊　B－スラ　C－マリウス
c　A－グラックス兄弟の改革　B－マリウス　C－スラ
d　A－グラックス兄弟の改革　B－スラ　C－マリウス

問2　中世イタリアの抗争について述べた次の文章中の空白部 D ～ F に入る語句の組合せとして最も適当なものを下の中から選びなさい。解答番号は26。(3点)

神聖ローマ皇帝の介入を受けたイタリアでは、D とよばれる皇帝党と E とよばれる教皇党が抗争した。教皇党の拠点の一つである北イタリアのミラノは、神聖ローマ皇帝のイタリア政策に対抗するために結成された F の中心都市となった。

a　D－ゲルフ　E－ギベリン　F－ロンバルディア同盟
b　D－ゲルフ　E－ギベリン　F－カルマル同盟
c　D－ギベリン　E－ゲルフ　F－ロンバルディア同盟
d　D－ギベリン　E－ゲルフ　F－カルマル同盟

問3　明末には、東林派と非東林派の抗争がおこり、明衰亡の一因となった。明末におこった出来事について述べた次の文XとYの正誤の組合せとして最も適当なものを下の中から選びなさい。解答番号は27。(3点)

X　新法とよばれる改革が行われた。
Y　豊臣秀吉の侵攻を受けた朝鮮に援軍を送った。

a　X－正　Y－正　b　X－正　Y－誤
c　X－誤　Y－正　d　X－誤　Y－誤

問4　ピューリタン革命期のイギリスでは、議会派と王党派が戦った。議会派について述べた次の文XとYの正誤の組合せとして最も適当なものを下の中から選びなさい。解答番号は28。(3点)

X　クロムウェルは、議会派の一派である独立派を率いた。
Y　議会派のうち急進的な長老派は、国王処刑後に弾圧された。

a　X－正　Y－正　b　X－正　Y－誤
c　X－誤　Y－正　d　X－誤　Y－誤

問５　イギリスでは、19 世紀後半に保守党と自由党の二大政党による政治が定着し、20 世紀前半には保守党と労働党の二大政党による政治が定着した。次の文W～Zについて、正しい内容の組合せとして最も適当なものを下の中から選びなさい。解答番号は 29。（３点）

保守党と自由党の二大政党政治時代
W　保守党のディズレーリ首相は、アイルランド自治法案を提出した。
X　自由党のグラッドストン首相は、第３回選挙法改正を行った。

保守党と労働党の二大政党政治時代
Y　保守党のマクドナルド首相は、失業保険の削減を提案した。
Z　労働党のアトリー首相は、重要産業の国有化を行った。

a　W・X　b　Y・Z　c　W・Y　d　X・Z

問６　アメリカ合衆国では、民主党と共和党の二大政党による政治が定着している。民主党と共和党について述べた文として誤っているものを次の中から選びなさい。解答番号は 30。（３点）
a　民主党は、ジャクソンの支持者によって結成された。
b　共和党のリンカンは、アメリカ連合国の大統領となった。
c　第一次世界大戦後、３代にわたって共和党政権が続いた。
d　第二次世界大戦後、民主党のトルーマンは「封じ込め政策」をとった。

問７　インド国民会議は当初親英的であったが、ベンガル分割令発表後に反英色を強めて政治組織化した。次の年表に示したＧ～Ｊの時期のうち、ベンガル分割令が発表された時期として最も適当なものを下の中から選びなさい。解答番号は 31。（３点）

Ｇ
1906 年　全インド=ムスリム連盟が結成された
Ｈ
1919 年　アムリットサール事件がおこった
Ｉ
1935 年　新インド統治法が成立した
Ｊ

a　Ｇ　b　Ｈ　c　Ｉ　d　Ｊ

問8　1905年、アイルランドの完全独立を求めるシン=フェイン党が結成された。アイルランドについて述べた次の文X～Zが、年代の古いものから順に正しく配列されているものを下の中から選びなさい。解答番号は32。（3点）

X　シン=フェイン党などの急進派がイースター蜂起をおこした。
Y　アイルランド自由国が成立した。
Z　新憲法を公布し、国名をエールとした。

a　X→Y→Z　b　X→Z→Y　c　Y→X→Z
d　Y→Z→X　e　Z→X→Y　f　Z→Y→X

問9　レーニンが1919年にモスクワで組織した各国の共産主義政党の指導機関として最も適当なものを次の中から選びなさい。解答番号は33。（3点）
a　コミンテルン　b　コミンフォルム
c　スパルタクス団　d　ワルシャワ条約機構

問10　中華民国時代の中国共産党と中国国民党について述べた文として正しいものを次の中から選びなさい。解答番号は34。（3点）
a　毛沢東は、中国共産党の初代委員長となった。
b　中華革命党が改組されて中国国民党が成立した。
c　西安事件によって第1次国共合作が崩壊した。
d　中国国民党が組織した軍隊は長征を行い、軍閥を打倒した。

問11　1930年に組織されたタキン党では、アウン=サンらが指導者として活躍した。タキン党が組織された地域として最も適当なものを次の中から選びなさい。解答番号は35。（3点）
a　アメリカ領フィリピン　b　フランス領インドシナ連邦
c　オランダ領インドネシア　d　イギリス領ビルマ

問12　ドイツのナチ党政権について述べた文として正しいものを次の中から選びなさい。解答番号は36。（3点）
a　ミュンヘン一揆によって非合法に政権を獲得した。
b　レンテンマルクを発行し、インフレーションを収束させた。
c　公共事業の一環としてアウトバーンを建設した。
d　ロカルノ条約を結び、国際連盟に加盟した。

数学

（2教科型：　　　60分
3教科型：2教科120分）

［1］　次の問いに答えなさい。(25点)

問1　$a=2+\sqrt{7}$ とする。n を整数とするとき，$n \leqq a < n+1$ となる n の値は $\boxed{\ 1\ }$ である。また，$b=a-\boxed{\ 1\ }$ とすると，$\dfrac{b}{a}+\dfrac{a}{b}=\boxed{\ 2\ }$ である。

(3点×2)

$\boxed{\ 1\ }$ の選択肢

a　3　　b　4　　c　5　　d　6

$\boxed{\ 2\ }$ の選択肢

a　$\dfrac{4\sqrt{7}}{3}$　　b　$\dfrac{11}{3}$　　c　$\dfrac{8\sqrt{7}}{3}$　　d　$\dfrac{22}{3}$

問2　次のデータは，生徒8人の10点満点の英語の小テストの得点である。

7，4，10，6，3，7，6，5　(点)

このデータの四分位範囲は $\boxed{\ 3\ }$ 点であり，分散は $\boxed{\ 4\ }$ である。

(3点，4点)

$\boxed{\ 3\ }$ の選択肢

a　1.5　　b　2　　c　2.5　　d　3

[4] の選択肢

a　4　b　4.5　c　5　d　5.5

問3　当たりくじが3本とはずれくじが6本入った箱Aと，当たりくじが2本とはずれくじが4本入った箱Bがある。さいころを1回投げて，1，2の目が出たら箱Aからくじを1本引き，3，4，5，6の目が出たら箱Bからくじを1本引く。(3点×2)

(i)　箱Aからはずれくじを引く確率は [5] である。

(ii)　当たりくじを引く確率は [6] である。

[5] の選択肢

a　$\frac{1}{9}$　b　$\frac{2}{9}$　c　$\frac{1}{3}$　d　$\frac{4}{9}$

[6] の選択肢

a　$\frac{1}{9}$　b　$\frac{2}{9}$　c　$\frac{1}{3}$　d　$\frac{4}{9}$

問4　整数 x，y は等式 $5x-11y=-3$ ……①を満たしている。①は，$5(x-6)=11(y-3)$ と変形できるので，整数 x，y の組 $(x,\ y)$ は整数 k を用いて [7] と表せる。また，$x+y$ を8で割ったときの余りは [8] である。(3点×2)

[7] の選択肢

a　$(5k+3,\ 11k+6)$　b　$(5k+6,\ 11k+3)$

c　$(11k+3,\ 5k+6)$　d　$(11k+6,\ 5k+3)$

[8] の選択肢

a　1　b　3　c　5　d　7

［2］　2次関数 $f(x)=ax^2-4ax+a^2-4a-8$ がある。ただし，a は0でない定数である。(25点)

問1　$y=f(x)$ のグラフの頂点の座標は［9］である。(4点)

［9］の選択肢

a　$(-2,\ -a^2+8a+8)$　　b　$(-2,\ a^2-8a-8)$

c　$(2,\ -a^2+8a+8)$　　d　$(2,\ a^2-8a-8)$

問2　$f(x)$ の最大値が12であるとき，$a=$［10］である。(4点)

［10］の選択肢

a　-2　　b　-1　　c　5　　d　10

問3　$a>0$ とする。$y=f(x)$ のグラフが x 軸と異なる2点で交わるような a の値の範囲は，［11］である。このとき，$y=f(x)$ のグラフと x 軸の正の部分が異なる2点で交わるような a の値の範囲は，［12］である。(4点，5点)

［11］の選択肢

a　$0<a<2\sqrt{2}$　　b　$0<a<4+2\sqrt{6}$

c　$2\sqrt{2}<a$　　d　$4+2\sqrt{6}<a$

［12］の選択肢

a　$0<a<2+2\sqrt{3}$　　b　$2+2\sqrt{3}<a<4+2\sqrt{6}$

c　$2+2\sqrt{3}<a$　　d　$4+2\sqrt{6}<a$

問4　$1\leqq x\leqq 4$ における $f(x)$ の最大値を M，最小値を m とする。$3M-m=32$ となるような a の値は，$a=$［13］，［14］である。

ただし，[13] < [14] とする。(4点×2)

[13] の選択肢

a　-4　　b　-2　　c　6　　d　12

[14] の選択肢

a　-4　　b　-2　　c　6　　d　12

［3］　図を参考にして以下の問いに答えよ。

なお，△ABC の各辺は，AB＝6，BC＝5，CA＝4 である。(25点)

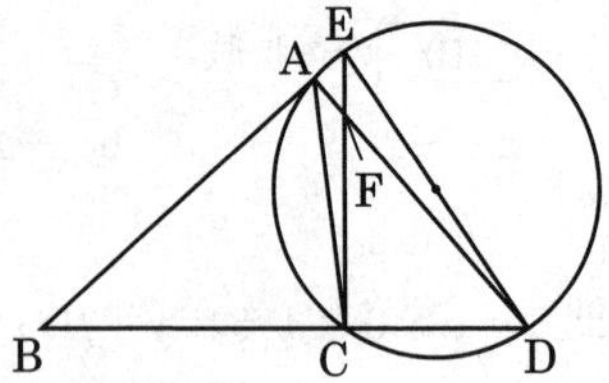

問1　$\cos\angle ACB =$ [15] である。また，△ABC の面積は [16] である。(4点×2)

[15] の選択肢

a　$\frac{1}{8}$　　b　$\frac{1}{4}$　　c　$\frac{9}{16}$　　d　$\frac{3}{4}$

[16] の選択肢

a　$\frac{5\sqrt{15}}{2}$　　b　$\frac{15\sqrt{7}}{4}$　　c　$5\sqrt{15}$　　d　$\frac{15\sqrt{7}}{2}$

問2　直線BC上に，点Cに関してBと反対側にCD＝3となるような点Dをとる。このとき，$\cos\angle ACD=$ $\boxed{\ 17\ }$ であり，AD＝ $\boxed{\ 18\ }$ である。また，△ACDの外接円の半径は $\boxed{\ 19\ }$ である。(2点，4点，4点)

$\boxed{\ 17\ }$ の選択肢

a　$-\dfrac{1}{4}$　　b　$-\dfrac{1}{8}$　　c　$\dfrac{1}{8}$　　d　$\dfrac{1}{4}$

$\boxed{\ 18\ }$ の選択肢

a　$\sqrt{19}$　　b　$\sqrt{22}$　　c　$2\sqrt{7}$　　d　$\sqrt{31}$

$\boxed{\ 19\ }$ の選択肢

a　$\dfrac{8}{3}$　　b　$\dfrac{4\sqrt{105}}{15}$　　c　$\dfrac{16}{3}$　　d　$\dfrac{8\sqrt{105}}{15}$

問3　問2のとき，△ACDの外接円周上に点Eを，線分DEが△ACDの外接円の直径となるようにとり，線分ADと線分CEの交点をFとする。このとき，$\sin\angle ACE=$ $\boxed{\ 20\ }$ であり，CF＝ $\boxed{\ 21\ }$ である。(2点，5点)

$\boxed{\ 20\ }$ の選択肢

a　$\dfrac{1}{8}$　　b　$\dfrac{1}{4}$　　c　$\dfrac{\sqrt{15}}{4}$　　d　$\dfrac{3\sqrt{7}}{8}$

$\boxed{\ 21\ }$ の選択肢

a　$\dfrac{6\sqrt{15}}{7}$　　b　$\dfrac{9\sqrt{7}}{7}$　　c　$\dfrac{12\sqrt{15}}{7}$　　d　$\dfrac{18\sqrt{7}}{7}$

［4］　4人の大人A，B，C，Dと2人の子どもX，Yの合計6人が横一列に並ぶ。(25点)

問1　並び方は，全部で［22］通りある。(3点)

［22］の選択肢

a　48　　b　120　　c　360　　d　720

問2　両端に大人が並ぶような並び方は，全部で［23］通りある。(4点)

［23］の選択肢

a　24　　b　48　　c　144　　d　288

問3　AとBが隣り合うような並び方は，全部で［24］通りある。(4点)

［24］の選択肢

a　48　　b　120　　c　240　　d　480

問4　子どもが隣り合わないような並び方は，全部で［25］通りある。(4点)

［25］の選択肢

a　48　　b　144　　c　240　　d　480

問5　AとBが隣り合い，かつ，XがAまたはBと隣り合うような並び方は，全部で［26］通りある。(5点)

［26］の選択肢

a　48　　b　96　　c　240　　d　480

問6　AとBが隣り合い，かつ，CとDが隣り合い，かつ，XとYが隣り合わないような並び方は，全部で 27 通りある。(5点)

27 の選択肢

a　24　　b　48　　c　96　　d　160

（3）交際費をセツ約して来月の出費に備える。

a　大海原を眺めて自然のセツ理を感じる。
b　富士山で今年初めての冠セツを観測した。
c　パソコンでインターネットにセツ続する。
d　枝葉末セツにこだわらずに議論を進める。

問二　次の傍線部の漢字と同じ読みのものを、それぞれa～dの中から一つ選びなさい。
解答番号は（1）は22、（2）は23。

（1）団塊の世代の消費行動を調査する。

a　福祉に貢献した人の生涯を伝記で辿《たど》る。
b　サービスの改良を重ねて好評を博す。
c　北半球では夏至の日に昼が最も長くなる。
d　旅の途上で思わぬ再会を果たす。

（2）宿に着くと大仰な身振りで歓待された。

a　凝縮した蒸気が鏡面で水滴となる。
b　対話により強硬派の主張が和らぐ。
c　旺盛な好奇心に任せて歩き回る。
d　不要になった家電を友人に譲渡する。

問八　三人の会話の内容と一致するものとして、もっとも適切なものを次の中から一つ選びなさい。
解答番号は18。（6点）

a　再エネの推進だけでは原発依存度を下げられないため、化石燃料を効率的に使用する必要がある。
b　再エネの推進には多様なメリットがあるということを多くの人々が理解することが必要である。
c　再エネの推進によって日本は原発依存度を下げることができたが、今後は別の方法も必要である。
d　再エネを推進するには、その経済的なコストを化石燃料よりも低下させていくことが必要である。
e　再エネを推進するには、そのメリットの根拠となる情報を政府が公開していくことが必要である。

三　次の問いに答えなさい。（各2点、計10点）

問一　次の傍線部に当たる漢字と同じものを、それぞれa～dの中から一つ選びなさい。
解答番号は（1）は19、（2）は20、（3）は21。

（1）熟レンした包丁さばきで魚を調理した。
a　鉄を作るために鉄鉱石を製レンする。
b　レン価で質のよい商品を見極める。
c　過去の未レンを断ち切る。
d　悲レンの伝説に触発されて小説を書く。

（2）関税によって国内の幼チ産業を保護する。
a　チ密に描かれた壁画に圧倒される。
b　夜更かしにより寝坊して学校にチ刻する。
c　人の手で育てたチ魚を川に放流する。
d　失敗を思い出して差チの念に駆られる。

問六　空白部 Ⅲ に入るものとして、もっとも適切なものを次の中から一つ選びなさい。解答番号は16。（6点）

a　石油ショックで化石燃料が値上がりしたため、原子力の発電割合が増えた
b　石油ショックで化石燃料が値下がりしたため、再エネ等の発電割合が減った
c　震災により原子力発電所事故が起きたため、原子力の発電割合が減った
d　震災により原子力発電所事故が起きたため、原子力の発電割合が増えた
e　震災により原子力発電所事故が起きたため、再エネ等の発電割合が増えた

問七　傍線部③「化石燃料依存度とエネルギー自給率の間には強い相関がありそう」とあるが、生徒Bがそう考えた理由として、もっとも適切なものを次の中から一つ選びなさい。解答番号は17。（6点）

a　二〇一〇年度から二〇一四年度にかけて、化石燃料依存度が下がり、エネルギー自給率が下がり続けているから。
b　二〇一五年度から二〇一九年度にかけて、化石燃料依存度が下がり、エネルギー自給率が上がり続けているから。
c　二〇一〇年度と二〇一九年度を比べると、化石燃料依存度が上がり、エネルギー自給率が上がっているから。
d　二〇一〇年度と二〇一九年度を比べると、化石燃料依存度とエネルギー自給率がともに下がっているから。
e　二〇一〇年度と二〇一九年度を比べると、化石燃料依存度が上がり、エネルギー自給率が下がっているから。

【資料２】　原子力政策の方向性

原発依存度については、省エネルギー・再生可能エネルギーの導入や火力発電所の効率化などにより、可能な限り低減させる。その方針の下で、我が国の今後のエネルギー制約を踏まえ、安定供給、コスト低減、温暖化対策、安全確保のために必要な技術・人材の維持の観点から、確保していく規模を見極める。

また、東京電力福島第一原子力発電所事故の教訓を踏まえて、そのリスクを最小限にするため、万全の対策を尽くす。その上で、万が一事故が起きた場合には、国は関係法令に基づき、責任をもって対処する。

（経済産業省資源エネルギー庁「第四次エネルギー基本計画」より）

【資料３】　日本のエネルギー自給率の推移

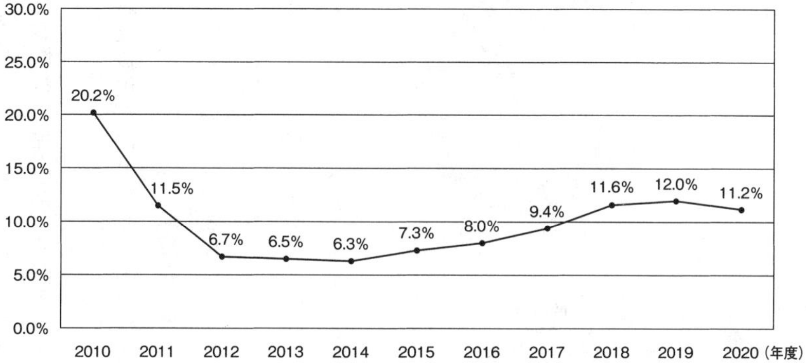

※エネルギー自給率…国民生活や経済活動に必要な一次エネルギーのうち、自国内で産出・確保できる比率。

（経済産業省資源エネルギー庁「エネルギー需給実績」より作成）

生徒Ａ――原発に伴うリスクを考えると、多少、エネルギー自給率が下がってしまうのは仕方がない気もするなあ。

生徒Ｂ――でも、国際情勢が変化して、化石燃料の輸出国との関係が悪化したとき、化石燃料を入手できなくなってしまうリスクがあるよ。

生徒Ｃ――そう考えると、再エネは、地球温暖化だけでなく、国際情勢のリスクへの対策になるといえるね。

生徒Ａ――だから、再エネの推進は非常に重要なんだね。【資料１】の発電量全体に占める再エネ等の割合を見ると、もっと再エネの利用が増えてもいい気がするな。

生徒Ｂ――再エネの利用を増やすにはどうすればよいのかな。

生徒Ｃ――最初に読んだ文章が示しているように、再エネが経済的なコストの面でも魅力的な発電方法になってきていることをみんなが理解して、再エネのメリットが広く共有されることが大切なのかもしれないね。

【資料１】　日本の一次エネルギー供給構成の推移

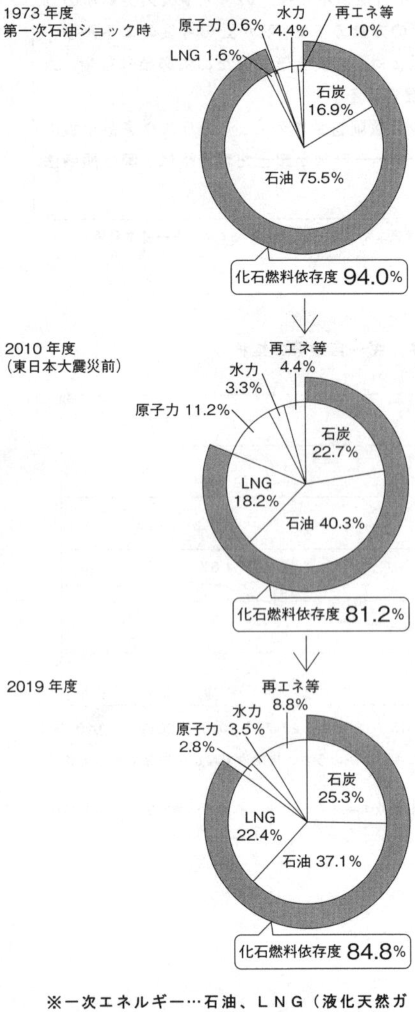

※一次エネルギー…石油、ＬＮＧ（液化天然ガス）、石炭、原子力、太陽光、風力などのエネルギーのもともとの形態。
※再エネ等…水力除く地熱、風力、太陽光などの再エネに未活用エネルギーを含めたもの。
※四捨五入の関係で、合計が100%にならない場合がある。

（経済産業省資源エネルギー庁資料より作成）

向を受けて、近年の報告書の中では再エネへの関心が薄らいできている。

d　かつては再エネの将来性に対して否定的な姿勢であったが、近年は再エネの経済や環境への好影響を評価し、再エネに対して肯定的な姿勢を示すようになっている。

e　かつては再エネが世界の電力市場において中心的な存在となるという過大な予測を発表していたが、近年はより現実的な数値を見通しとして発表するようになっている。

次に示すのは、前に示した文章を読んだ後に、三人の生徒が教師から与えられた新たな調査結果を見ながら話し合っている場面である。

教師――最初に読んだ文章では、温暖化対策として原発を重視する日本政府の姿勢について、批判的に触れられていましたね。一方で、エネルギーの自給率を高めるためには、再エネだけでは不十分であり、原発の利用を推進するべきだという意見も根強く存在します。**【資料１】**は日本の一次エネルギー供給構成の推移を表したもの、**【資料２】**は二〇一四年に閣議決定した「第四次エネルギー基本計画」から原子力政策の方向性について述べられている部分を抜粋したもの、**【資料３】**は日本のエネルギー自給率の推移を表したものです。これらの資料からわかることをもとに、原発や再エネをどのように利用にしていくべきかグループで話し合ってみましょう。

生徒A――**【資料１】**で、二〇一〇年度よりも二〇一九年度の化石燃料依存度が高くなったのは、［　Ⅲ　］のが主な原因だと思う。**【資料２】**からも、政策面での同一の方向性が読み取れるしね。

生徒B――**【資料１】**と**【資料３】**を見ると、③化石燃料依存度とエネルギー自給率の間には強い相関がありそう。

生徒C――私もそう思う。日本は化石燃料のほとんどを輸入に頼っているからね。

問一　傍線部①「原発の競争力は著しく低下している」理由として、もっとも適切なものを次の中から一つ選びなさい。解答番号は11。（7点）

a　電力全体に占める原発の割合が、再エネの二倍程度にまで落ち込んできたから。

b　原発への投資額が高額になり過ぎ、再エネへの投資額よりも上回っているから。

c　原発はバックアップ電源としてしか評価できないという風潮が強まっているから。

d　原発の建設や運転にかかるコストが他の発電方法に比べて割高になっているから。

e　原発について調査や報告書の誤りが正され、原発の正確なコストが計測されたから。

問二　空白部［ア］に入る語として、もっとも適切なものを次の中から一つ選びなさい。解答番号は12。（2点）

a　さらに　b　けれども　c　だから　d　ましてや　e　そもそも

問三　空白部［Ⅰ］に入る語として、もっとも適切なものを次の中から一つ選びなさい。解答番号は13。（3点）

a　共通語　b　隠語　c　季語　d　反語　e　死語

問四　空白部［Ⅱ］に入る語として、もっとも適切なものを次の中から一つ選びなさい。解答番号は14。（3点）

a　規制　b　淘汰《とうた》　c　供給　d　忘却　e　演繹《えんえき》

問五　傍線部②「ＩＥＡも変わった」とあるが、その変化の説明として、もっとも適切なものを次の中から一つ選びなさい。解答番号は15。（7点）

a　かつては先進国政府の再エネ政策に左右されて再エネへの評価が高い見解を発表していたが、近年は政府の影響が弱まり、再エネに対して否定的な見通しを発表するようになっている。

b　かつてはコロナ禍における経済対策の観点から再エネに対して消極的だったが、近年は再エネの景気刺激策としての側面を積極的にアピールするようになっている。

c　かつては再エネによる温暖化対策や雇用創出に強い関心を示していたが、原発推進派の各国政府の意

electricity markets.）という言葉が載っている。この毎年出されているWorld Energy Outlookは、世界における最新のエネルギー概況をまとめたもので、継続的に見ると、再エネや省エネに対する期待や評価が最近になって非常に高まっていることがわかる。

　ＩＥＡは、コロナ禍からのグリーン・リカバリー[注3]やグリーン・ニューディール[注4]に関する報告書を多く出している。たとえば二〇二〇年七月に出したグリーン・リカバリーの報告書には、原子力と石炭火力よりも再エネや省エネの方が温暖化対策としてのコストは小さく、景気回復のための雇用創出効果は大きいことを示す図や文章がある。すなわち、再エネ・省エネによるエネルギー転換が温暖化対策としても経済政策としても合理的だとしている。これは、「原発が経済という意味でも温暖化対策という意味でもベスト」という日本政府の議論を真っ向から否定するものと言える。

（明日香壽川『グリーン・ニューディール——世界を動かすガバニング・アジェンダ』より）

※出題の都合上、一部中略した箇所がある。

注１　ベースロード電源…時間帯や天候などに関係なく、安定的に一定量の電力を供給可能にする電源。

注２　アグリゲーター・ビジネス…小口の電力需要を取りまとめ、効率的に省エネを実現する事業。

注３　グリーン・リカバリー…環境問題に対する取り組みを通じて、新型コロナウイルス感染症の感染拡大により停滞した経済を復活させようとする政策。

注４　グリーン・ニューディール…環境分野に大規模な投資を行い、景気活性化と地球温暖化防止を同時に達成しようとする政策。世界恐慌時の景気刺激策であるニューディール政策にちなんでいる。

クアップなどの何らかの対策は必要である。また、太陽光や風力の場合、発電量の拡大と同時に、その変動する発電量の予測・管理技術が発達し、対策として広域での電力融通やデマンド・レスポンス（需要側の電力使用管理）も可能となっている。電力を貯蔵するバッテリーの価格低下も著しく、ＩｏＴ技術を駆使して需給バランスを総合的に調整するビジネスモデル（アグリゲーター・ビジネス[注2]）が世界で拡大している。

「温暖化問題は中国によるホラ話」とツイートするような温暖化懐疑論者であり、再エネを敵視したトランプ前米大統領は、大統領就任当初は「石炭産業を取り戻す！」と威勢よく言っていた。しかし、就任後はどんどんトーンを落としており、二〇二〇年一〇月のバイデン現米大統領との第二回のディベートでは、「米国のCO_2排出量は減っている」とまでコメントしている。また、二〇一五年に当時のオバマ政権が導入したクリーン・パワー・プラン（ＣＰＰ）という化石燃料規制の数値目標（二〇三〇年までに二〇〇五年比でCO_2排出を三〇％削減）を、トランプ政権下でも発電分野は一〇年前倒しで達成している。その背景には、冷徹な市場原理がある。すなわち、いくら政府が掛け声をかけて多少の補助金を出そうと、石炭火力は、その発電コストが再エネや天然ガスによる発電コストよりも高いので、根本的には競争力を持ち得ない。米国では、石炭火力は自然に［ Ⅱ ］されており、それは米国でのトランプ政権下でもCO_2排出量が二〇一八年から一九年にかけて約二％減少したことに如実に現れている。

②ＩＥＡも変わった。もともとＩＥＡは再エネの将来に関して楽観的ではなかった。実際に、ＩＥＡの再エネ導入量予測は常に過小であり、それを詳細に分析した論文も出ている。そのような過小評価の理由として筆者が関係者から聞いた話は、ＩＥＡは先進国政府からの出向組に権力を握られており、その出向組の母国の再エネ政策がＩＥＡに影響を与えているからというものだ。証明することは難しいものの、さもありなんというところだ。

しかし、そのＩＥＡのWorld Energy Outlook（世界エネルギー見通し）二〇二〇年版には、ファティ・ビロル事務局長の「太陽光発電が、世界の電力市場の新たな王になる（I see solar becoming the new king of the world's

米国の政府機関である米国エネルギー情報局（ＵＳＥＩＡ）は、毎年、米国での発電エネルギー技術の発電コスト比較を発表している。その二〇二〇年版では、再エネ（風力および太陽光）は原子力発電および石炭火力の半分以下になっている。このコスト比較は、毎年アップデートされる信頼性のあるデータとして、世界的な傾向をつかむ場合や投資判断によく参照される。国際エネルギー機関（ＩＥＡ）の調査や報告書でも、すでに多くの国・地域で太陽光や風力が最も安い発電エネルギー技術であり、国によっては、太陽光や風力の導入コストは、既存の石炭および天然ガス火力発電所の運転コストよりも安くなっている。

特に、①原発の競争力は著しく低下している。前出のＵＳＥＩＡと同様に、毎年、各発電エネルギー技術のコスト比較を発表している米投資会社 Lazard は、米国で新しい原発の発電の二〇二〇年の平均コスト（初期建設コストと運転コストの両方を含むコスト）は一六三ドル／ＭＷｈとしており、これは、新しい風力や太陽光による発電設備の平均コスト（約四〇ドル／ＭＷｈ）のほぼ四倍である。

［ア］原発にとって問題なのは、運転コストが再エネの平均コストと同レベルになりつつあることだ。二〇一九年に米国の平均的な原発の運転コストは、原発推進の米シンクタンクである Nuclear Energy Institute によると三〇・四二ドル／ＭＷｈであった。米国の情報会社ブルームバーグは、「米国の全原発の四分の一以上が運転コストを賄うのに十分な収益を上げていない」と推定している（二〇一八年五月一五日）。

価格が安くなった今、再エネに対する批判の矛先は、その変動性に向けられている。「風力発電は風任せで、常時発電は不可能。太陽光発電も、晴天の昼間しか発電できない。これらの再エネ発電は、電力不足解消の一助にはなるが、火力発電や原発などのバックアップ電源が必要であり、ベースロード電源[注1]にはなり得ない」といったような批判だ。

しかし、そのような批判や認識は間違っている。まずベースロード電源という言葉は、エネルギー・システムの研究者の間ではすでに［Ｉ］だ。そもそも原発を含めたどのような電源にも、供給が停止した場合に備えて、バッ

d　自然主義的な観点においては、生命活動は身体的な条件に帰結するのではなく、身体的な条件がどのように実践されたかの行為が重要である。

e　多くの人々は、自然や自然本性が日常生活に支障をきたす場合、自然主義に懐疑的な立場になるが、その立場は流動的なものである。

二　次の再生可能エネルギー（再エネ）についての文章と資料を読んで、後の問いに答えなさい。（40点）

二〇〇三年から一二年は「再エネの高度成長期」と呼ばれている。この時期に再エネに対する投資額は年々増加し、二〇一二年には化石燃料や原子力発電への年間投資額を超えた。同時に、世界の再エネ発電量は原子力発電の二倍程度のレベルに達した。ちなみに中国は、二〇一二年に風力発電が原子力発電と同等の発電量を生み出し、風力発電事業や太陽光パネル製造などの分野で再エネ投資のグローバルなリーダーとなりつつあった。

「高度成長期」を経て二〇二〇年の時点で、世界の発電インフラ投資の約八割は再エネであり、再エネが電力全体に占める割合も、二〇一九年には世界全体で二七％以上となった。特に太陽光と風力の導入量は著しく増加しており、デンマーク、ウルグアイ、アイルランド、ドイツの四カ国では、電力の三〇％以上が太陽光と風力による。

導入量が増加すれば価格は低下し、価格が低下すれば導入量はさらに増加する。パソコンやスマホと同じで、いわゆるコモディティ（商品）化と呼ばれる現象だ。実際に、太陽光パネルは、小さく、薄く、軽く、柔らかく、効率よく、そして安くなっている。今の国際価格は一九七五年頃の価格の一〇〇分の一以下であり、二〇一〇年から二〇一九年の最近一〇年間でも価格は一〇分の一になっている（風力は三分の一、蓄電池は四分の一）。一方、原発の発電コストは最近一〇年間で一・五倍から国によっては二倍以上になっている。

びなさい。解答番号は8。（7点）

a　持って生まれた能力を活用することで獲得していく能力。
b　自然科学の対象として記述したり評価したり説明したりできる能力。
c　自然的な存在である人間の第一次的な可能性を示している能力。
d　自然言語を用いずに、行動や行為によって使用可能になった能力。
e　養育では発現せず、身体的組成に既に備わっている能力。

問九　傍線部⑥「相対的な」の意味として、もっとも適切なものを次の中から一つ選びなさい。解答番号は9。（3点）

a　他の代替となる形で成り立っているさま
b　他に関係なく独自に成り立っているさま
c　他との比較のうえで成り立っているさま
d　他に代わりがない存在として成り立っているさま
e　他よりも優位な存在として成り立っているさま

問十　本文の内容として、もっとも適切なものを次の中から一つ選びなさい。解答番号は10。（7点）

a　自然言語を学ぶだけでは、「行為の記述と評価と説明」のやり方を学習できないため、行為を通じて後天的に習得することが必要である。
b　自然主義は、自然や自然本性を重視するかどうかという点で科学主義と異なる立場であり、科学主義に否定的な人に受け入れられている。
c　一部の類人猿には、子どもが周囲の世界に自然になじむことができるように、子どもの注意を「第二の自然」に引きつける習性がある。

問六　傍線部③「そのこと」を指示している内容として、もっとも適切なものを次の中から一つ選びなさい。

解答番号は6。（7点）

a　人間の幸福とは何かという、目的や価値への疑問に対して、自然主義の考え方では答えられないということ。

b　人間の幸福に対する考え方は無数にあるが、自然主義的な価値観はその中でも時代に合わないものであるということ。

c　人間の幸福を構成する主要な部分は、自然主義的な価値観だけでは量ることができないものであるということ。

d　人間の幸福は、自然的な目的や価値観とは相容《い》れないものであり、自然主義の考え方には限界があるということ。

e　人間の幸福は、自然主義的システムを前提とすることによって、手に入れることが難しくなっているということ。

問七　傍線部④「可塑性」の意味として、もっとも適切なものを次の中から一つ選びなさい。

解答番号は7。（3点）

a　元の形に復元することができる性質

b　周辺の状況に応じて変わることができる性質

c　環境に左右されず内面を保持できる性質

d　社会に有益な活動を行うことができる性質

e　意図した行動をとることができる性質

問八　傍線部⑤「『第二の自然』として実現される能力」の説明として、もっとも適切なものを次の中から一つ選

問四　空白部ア～ウには、文をつなぐ言葉が入る。その組み合わせとして、もっとも適切なものを次の中から一つ選びなさい。解答番号は4。（6点）

	ア	イ	ウ
a	そもそも	そして	仮にも
b	要するに	同様に	要するに
c	つまり	たとえば	なぜなら
d	一方では	むしろ	ところで
e	すなわち	このように	それによって

問五　空白部Aに入る文として、もっとも適切なものを次の中から一つ選びなさい。解答番号は5。（4点）

a　私自身、自然主義の考え方に対して、部分的に共感できるようになってきました。
b　私自身は、自然主義の考え方を巡る議論に対して、できるだけ距離を置いてきました。
c　私自身、自然主義の考え方に対して抱いている疑問を、密《ひそ》かに押し殺してきました。
d　私自身の中の自然主義の考え方が、一般的な「自然主義」とは異なることに気づきました。
e　私自身は自然主義の考え方に対して、これまで、機会があるたびごとに異を唱えてきました。

注　自然言語…社会の中で自然に発生し、人間が自然に習得して用いている言語。「日本語」「英語」などのこと。

問一　傍線部①「大人たちのこの不可解な作為の意味」だと筆者が考えていることとして、もっとも適切なものを次の中から一つ選びなさい。解答番号は１。（７点）

ａ　類人猿と同じように、人間の子どもも親による注意向け行動によって大人が作った人工的な世界になじんでいくということ。

ｂ　大人たちの人工物への注意向け行動が、人間の子どもにとって周囲の大人との主要なコミュニケーションになっているということ。

ｃ　大人によって人工物に無理やり注意を向けられることで、人間の子どもが自然のまま発達する機会が失われ続けているということ。

ｄ　目立つ物に強い興味を抱くという人間の子どもの自然な特性を満足させるために、周囲の人工物に注意を向けようとしているということ。

ｅ　大人たちは人間の世界に子どもを導くために、子どもが自然に興味をもつことのない人工物へ注意を向けようとしているということ。

問二　空白部［Ｉ］に入る語として、もっとも適切なものを次の中から一つ選びなさい。解答番号は２。（３点）

ａ　代表的　　ｂ　前衛的　　ｃ　例外的　　ｄ　人為的　　ｅ　実質的

問三　傍線部②に関して、自然主義文学の作家として活躍した島崎藤村の作品を次の中から一つ選びなさい。解答番号は３。（３点）

ａ　蒲団《ふとん》　　ｂ　三四郎　　ｃ　高瀬舟　　ｄ　破戒　　ｅ　武蔵野

述と評価と説明」のやり方と一体になっていると言いましたが、私たちが日常の行為を記述したり評価したり説明したりするやり方は、自然言語[注]を用いるやり方です。自然言語は、ある意味ではそういうことをするために作られたものだと思います。法学者とか心理学者もそれぞれの流儀で、私たちの日常の行為を記述したり評価したり説明したりしますが、万一それが自然言語のやり方に少しも関連づけられていないとしたら、彼らの言っていることはまったく理解できないものになるはずです。

［ウ］、私たちの身体的組成についての話は、それがどのレベル（臓器レベル、細胞レベル、遺伝子レベル、等々）の話であっても、すべて私たちの自然についての話であると、恐らくは何らかの仕方で言うことができると思います。以下で「自然」というのは、物質レベルの話（化学的組成の話）であれ、能力レベルの話（たとえば運動能力とか感覚能力の話）であれ、とにかく私たちの生命活動の身体的条件のことを言うものとします。私たちの生命活動についての話は、結局はそのすべてがこの意味での「自然」についての話になると、自然主義者は主張すると思います。

しかし、第二の自然についての話は、そういう意味での「自然」の話ではまったくありません。第二の自然が自然であるのは、それが、私たちの第一次的な可能性としての自然的能力（私たちが持って生まれた能力）の、特定の文化とか伝統に⑥相対的な養育ないし教育による、一つの現実化だからです。養育というのは、ある仕方で言うと、実践（能力の行使、言い換えれば、行為そのもの）を伴う「行為の記述と評価と説明」の体験的学習ないし実習のことだと思います。この「行為の記述と評価と説明」のやり方を学習するというのは、要するに、日本語とか英語のような自然言語を学ぶということですが、そのことによって私たちは、たとえば「よい」とか「正しい」とか「べき ought」のような、基本的な評価的表現の用法を学ぶことになります。第二の自然についての話は、こういう評価的表現が普通に有意味な仕方で使用されるレベルの話だと思います。

（岡部勉『合理的とはどういうことか　愚かさと弱さの哲学』より）

※出題の都合上、一部中略した箇所がある。

私たちにとっては、私たちが自分で設定した目的の実現を目指して、自分自身の考えに従って、意図的に行為する能力というのを、どう実現するか、どういうふうに作り上げることができるかが、そもそもの問題です。そして、どういうふうに作り上げるかは、結局は、一人ひとりの問題だと思います。私たちの脳についてよく可塑性ということが言われますが、私たちの場合には、ある意味では、脳だけでなく身体全体が④可塑性を特徴としているのだと思います。私たちの場合、個々の能力は生まれつき備わっているというのではなくて、後天的に仕上げるようになっているので、一人ひとりがそれぞれ違う仕方で個別の能力を作り上げるという結果になるのでしょう。私たちの意図的に行為する能力というのも、もちろん、後天的に努力して完成されるものだと思います。

　そういう意味では、自然的存在ホモ・サピエンスとしての私たちというのは、私たち一人ひとりが自分でそうなる、一人の人間としての私たちを実現するための、最初の素材、第一次的な可能性でしかないと思います。しかし、可能性でしかないのですが、私たちの可能性としては、ある意味ではそれがすべてだと思います。私たちがそのように生まれついた生まれつきの能力を素材として、そこから私たちは、私たちが実際に行使することができる能力として「二足歩行をする能力」とか「言葉を話す能力」とか「車を運転する能力」というような能力を、順次実現してきたというわけです。ここでは、このようにして実現されることによって使用可能になった能力を「第二の自然」と呼ぶことにしたいと思います。「第一の自然」は「最初の素材」のことです。「第二の自然」というのは、それをもとにして、そこから作られた能力ということになります。

　この⑤「第二の自然」として実現される能力は、そのどれもが、私たちの行動とか行為に関わる能力として考えることができるものだと思います。そして、そのそれぞれがどういう能力かということは、私たちの日常の「行為の記述と評価と説明」のやり方とまったく無関係であるということは、もちろんあり得ないでしょう。［　イ　］、それと一体になっているものだと思います。以下では、そのことを強調したいと思います。

　第二の自然として実現される能力は、自然科学の研究対象になるようなものではありません。それは「行為の記え方に傾くというような具合になっているのではないでしょうか。日常の生活においても、私たちの自然な感情とか自然な欲求というのは、場合によっては、こういうものはない方がよいと私たちに思わせるような、私たち自身にとってひどく厄介なものになります。そういう場合には、私たちは自然主義に疑問を抱くと思いますが、私たちはしょせんは動物の一種であると言われれば、今度は自然主義に傾くと思います。

[A]それは、私たちと私たちの自然本性の間に、越えがたい溝とか隔たりとか壁のようなものが、本当に存在すると言いたいからではありません。むしろ、自然主義の考え方とはまったく別の仕方で、そういう越えがたい溝とか隔たりとか壁があるわけではないと言いたいからです。

私は、感情とか欲求に対して、理性というのを、何かそれらに対立するようなものとして、あるいはそれらを制御ないし抑制する役割を持つようなものとして考えるというのではなく、それらを含む全体を総合ないし統合するような働きとして考えたいと思っています。理性的とか合理的というのは、感情とか欲求の能力とは別の、そういうものとは切り離して考えることができる独立した能力の問題ではなくて、そういうものを含む、私たちの全体的なあり方の問題だと思います。

その、私たちの全体的なあり方というのはどういうものであるのか、あるいは、私たちはそもそもどういう存在であるのか、私たちがしていることが何なのか、どういう意味があるのかといったことについて、自然主義の考え方は、最終的には何も明らかにしてくれないと思います。言い換えれば、それは、私たちの行為の目的とか価値については、何も明らかにしてくれないということです。

私たちの目的とか価値とか幸福についての考え方は、自然的な目的とか価値についての考え方を何らか内に含むものではあるのかも知れません。しかし、その全体ないし中心部分が、自然的な目的とか価値の概念によって構成されるということはないと思います。目的と価値の自由な追求としての人間の行為は、もっとはるかに複雑な目的と価値のシステムを前提にするものとなっています。しかし、自然主義者は③そのことに目を向けようとしません。

少なくともある部分は、自然本性の話の一部（ではあるが、かなりの部分）ということになると思います。あるいは、私たちを何らか制約する身体的組成（大脳の仕組みとか神経組織とか目の構造とか筋肉の組成とか）というレベルの話もあります。何ができるか（能力とか可能性）に関して、私たちには身体的な制約があります。それは自然的なもので、簡単に変えることができるようなものではありません。

　私がここで問題にしたいのは、簡単に言うと、私たちの自然とか自然本性に対して私たちはどういう関係にあるのかということです。私たちは私たち自身の自然あるいは自然本性に対して、理性と感情が対立するとされたような仕方で対立する、あるいは、人工的・人為的と自然的のような仕方で違いがある、あるいは、ある種の感情とか欲求についてそう言われるように、自然は制御ないし抑制すべきものとしてある、そういうふうに、いずれにしても何らか溝とか隔たりとか壁があるようなものとして、考えるべきなのでしょうか。それは、よく考えてみると、ひどく変な気がするのですが、実際にそういうふうに考えられてきたと思います。

　それに対して、溝とか隔たりとか壁というようなものは、本当は存在しないとする［Ｉ］な考え方は、②自然主義の考え方でしょう。自然主義の考え方というのは、私たち自身が何であるかということで問題なのは、私たちの自然とか自然本性（それがどういうものであるかは別にして）であるというふうに考える考え方のことだと、ここでは理解することにしましょう。Ｂ・ウィリアムズをはじめとする多くの人たちが、広い意味では、自然主義的な考え方をしていると言えるように思います。私たちの自然とか自然本性を、自然科学の対象になり得るものに限定しようとする科学主義の考え方は、より限定された、狭い意味での自然主義の考え方だと言えるでしょう。ですから、科学主義を明確に否定する人であっても、広い意味では自然主義的な考え方をしているということがあり得ます。Ｄ・ウィギンズはそういう立場だと思います。

　今日、もしかすると大多数の人が、自分自身の自然に対して、［ア］、溝とか隔たりとか壁のようなものがあるとする考え方を受け入れながら、他方では、そういう隔たりのようなものは何もかも考慮の外に置く科学主義の考

国語

（二教科型‥‥六〇分
三教科型‥‥二教科一二〇分）

一　次の文章を読んで、後の問いに答えなさい。（50点）

　私たちは生まれるとすぐ、ひどく人工的な、作り物の世界に投げ入れられることになります。まわりの大人たちは、たいていの場合、けばけばしい色をした、わざとらしい作り物を幼児の周囲に並べて、むりやり幼児の注意を引こうとします。外に行くと、救急車とか消防車とか、やたらと目に付くもの、目立つものに、無意味に（そう見えます）注意を向けようとします。私は以前から、①大人たちのこの不可解な作為の意味を知りたいと思っていたのですが、あるとき、子育てをする類人猿の親（母親）はいっさいこのような注意向け行動をしないという話を聞きました。人工物であれ自然物であれ、子どもの注意を向けるようなことはまったくしないそうです。人間の親は子どもを、何とかして人間の世界へ引き入れようとして、作り物を並べて注意を引こうとしているのではないか。私はそう考えています。人間の世界は作り物の世界です。その世界へ私たちが自然に入っていく、そういう入り方を、自然は用意してないのだと思います。

　もっとも、私たちの世界は、何もかも不自然、何もかも人為的ということではないと思います。私たち自身に関しても、何らかの意味で「自然本性」と言えるようなものが、確かにあると言えるでしょう。感情とか欲求の話の

解答編

英語

1 **解答**　A．1－a　2－a　3－d　4－c　5－a
B．6－b　C．7－c　D．8－b　E．9－b
F．10－d

解説　≪日本における自動販売機の増加要因≫

A．1．第1段最終文（The machines sell …）は，自動販売機で売られている多様な商品について述べている。第2段第1文（What interested me, …）には，「私が興味を持ったのは，自動販売機が日本の独特な文化について語っていることだった」とあり，第1段最終文と第2段第1文の論理関係を考えると，a．however「しかし」が正解となる。

2．第3段第1文（Japan's declining birthrate, …）は後述部から明らかなように，ウィリアム・A・マッケアン教授が述べたことが記述されているので，a．according to「～によると」が正解となる。

3．第5段第1文（With a population of …）にある With a population of … in the world は，「カリフォルニア州とおよそ同じ面積の国土に1億2700万人の人口を抱える日本は，世界で最も人口密度の高い国の一つである」という意味であり，それに続く particularly（　③　）you consider that about 75% of Japan is made up of mountains との関係について考えると，特に日本の国土の約75%が山地であることを考慮するときに，日本は人口密度が高いといえるので，d．when が正解となる。

4．第5段最終文（（　④　）urban land prices …）の（　④　）urban land prices … in the 1990s と they've gone back up since の論理関係について考えると，「都市部の地価は1990年代の日本の経済衰退期に下落したけれども，その後再び上昇した」なので，c．Though「～だけれども」が正解となる。

5．最終段第3文（By the end of my trip, …）には，「旅の終わり頃に

は，ポケットの中で重くなったお金を整理するための小銭入れを持っていた」とあり，同段最終文（(　⑤　) I eventually discovered, …）にある dropping a single coin … in my pocket「自動販売機にコインを1枚入れて飲み物を買うことは，ポケットの中でジャラジャラ鳴っている小銭をなくすのに都合がよく，有効な方法である」は著者が発見した内容である。この部分を先行詞とする関係代名詞 As を入れると，As I eventually discovered,「最終的にわかったことだが」となり，文意が通る。

B．6．第1段第3文（At slightly over five million …）には，「全国で500万台を少し上回る数の自動販売機があり，日本の自動販売機の密度は，世界で最も高い」とあるので，bが正解となる。

C．7．第2段第3文（But so do …）には，「しかし，他の多くの都市生活者と同様にニューヨークに住む人々もよく働き，便利さを追求する」とある。この意味と異なるものを選ぶと，c「人々は彼らの生活様式がとても便利であるとわかっている」にある「便利であるとわかっている」は「便利さを追求する」こととは異なるので，cが正解となる。

D．8．第7段第1文（If there's one other …）には，「印象に残っている日本の文化の別の側面があったとすれば，それは現金への依存度が高かったということだ」とあり，さらに，第7段最終2文（In Tokyo, … lots of stores did not.）には，「東京では，地下鉄の切符を買うのでさえ，クレジットカードが使えなかった。大手チェーン店ではクレジットカードが使えるが，使えない店も多い」とあることから，bが正解となる。

E．9．最終段第1文（The practical effect …）には，「この実際的な影響は，いつも多額の現金，それも紙幣だけでなく，硬貨も持ち歩いていることである」とあるので，bが正解となる。

F．10．dの意味は「自動販売機は人件費を削減できるので日本の商店に好まれている」であり，これは，第4段第1文（Robert Parry, …）「神戸大学経済学部講師のロバート・パリー氏も，日本の商店主が自動販売機を熱心に取り入れた理由として，人件費の高さを指摘している」と一致する。

2 解答

11－a　12－d　13－c　14－d　15－c　16－d
17－c　18－a　19－d　20－c　21－a　22－c

解説　11.「メアリーは，英語コミュニケーション能力の向上に対して前向きな姿勢がある。彼女はスピーチコンテストのために熱心に練習している」 a．attitude「態度」は後ろに toward を置いて，「～に対する態度」という意味になるので，a が正解となる。b．behavior「振る舞い」 c．isolation「孤立」 d．objective「目標」

12.「今，もし私が行かないなら両親は心配すると思う。私の帰宅が遅すぎるときは，両親はいつもとても動揺しているように見える」 d．upset「動揺して，うろたえて」が正解となる。a．abandoned「見捨てられた」 b．pleased「喜んだ」 c．ridiculous「ばかげた」

13.「もし，満足されない場合は，アンケートにご回答いただき，私どものサービスにご満足いただけない理由を◯で囲んでいただけないでしょうか」 c．satisfied「満足した」が正解となる。a．involved「関係した」 b．neglected「無視された」 d．terminated「終了した」

14.「ソフィアは約束の時間に決して来ない。当然のことながら，昨日，買い物のために会ったときも 20 分遅れてきた」 d．Unsurprisingly「当然のことながら，驚くことなく」が正解となる。a．Incorrectly「誤って」 b．Indirectly「間接的に」 c．Undeniably「否定のしようがないほど」

15.「私たちのマネージャーは徹底した人だ。彼は，すべての商品を梱包して出荷する前に，それらをいつも注意深く点検する」 選択肢にはいずれも三人称単数の s，es が入っており，ここでは c．inspects「～を点検する」が正解となる。a．crushes「～を押しつぶす」 b．experiments「～の実験をする」 d．revises「～を改訂する」

16.「私たちの先生はとても信頼できる。彼女は困難な状況に対処する方法を本当によく知っている」 d．reliable「信頼できる」が正解となる。a．crude「粗野な」 b．exclusive「排他的な」 c．improper「無作法な」

17.「トムは世界中で何が起こっているのかを知ることが好きであり，雑誌や新聞を読んで情報を吸収する努力をする」 c．digest「（情報，知識など）を要約する，吸収する」が正解となる。a．avoid「～を避ける」

b．construct「～を建設する」　d．stimulate「～を刺激する」

18.「地元のお祭りに一緒に行ければいいのだけれど，今夜は疲れすぎて，出かけられない。今日は一日中勉強して，エネルギーが尽きた」 a．exhausted「疲れ果てた」が正解となる。b．impressed「感銘を受けて」 c．opposed「反対した」 d．suppressed「抑圧された」

19.「姉は体重をとても気にしており，体型を保つために夜は甘いものや脂っこいものを食べないようにしている」 d．shape が正解となる。stay in shape で「体型を保つ」という意味である。a．dignity「尊厳」 b．figure「人物」 c．model「模型」

20.「梅雨の季節には，空気がとても湿っているので不快に感じる。私は湿気の多い天候は本当に苦手だ」 c．humid「湿気の多い」が正解となる。a．bright「明るい」 b．crisp「パリパリした」 d．rough「粗い」

21.「昨日の会議での大使の発言は，非常にあいまいだったので，2通りの意味にとらえることができた」 a．ambiguous「あいまいな」が正解となる。b．comprehensive「包括的な」 c．distinct「明らかに異なる」 d．plain「明らかな」

22.「現在，当局は交通事故の原因究明のために，徹底的な調査を実行している」 c．investigation「調査」が正解となる。a．complication「複雑化」 b．evaluation「評価」 d．starvation「飢餓」

3 解答

23―(c)　24―(b)　25―(b)　26―(b)　27―(d)　28―(c)
29―(d)　30―(b)

解説　23.「分詞＋名詞」の形で使用される分詞の～ingと過去分詞の使い分けは，名詞と分詞の関係で考えるとよい。「～ing＋名詞」は，「名詞が～する」という能動関係になるが，「過去分詞＋名詞」は，「名詞が～される」という受動関係になる。disturb は「～を邪魔する，妨害する」という意味であるが，(c)の disturbed phone calls は，「電話が邪魔される」という受動関係になり，意味が通じなくなるので(c)が誤り。正しくは disturbing phone calls「電話が邪魔する（＝迷惑電話）」である。

24. the TV set you purchased yesterday are not guaranteed against all manufacturing defects の文構造を考えると，the TV set と you の間に関係代名詞の省略があり，you purchased yesterday が the TV set を後置

修飾している。そうすると，the TV set が主語となり，動詞は are となるが，the TV set は単数であるのに，動詞に are が使用されているため(b)が誤り。正しくは is である。

25. regular「定期的な」は形容詞である。形容詞の機能は，名詞を修飾するか，補語になるかのどちらかだが，英文中の regular はそのどちらの機能も果たしていないため(b)が誤り。副詞の regularly にすることで perform「～を行う」を修飾することができ，「メンテナンス点検を定期的に行う」という文意の通じる英文となる。

26. intersection は「交差点」の意味である。「その交差点で左折する」は turn left at the intersection であり，場所を表す at を使用するため(b)が誤り。to は方向を表す。

27. 英文中の useful and beneficial は「役に立つし，有益である」という意味であるが，何が役に立ち，有益であるのかを考えると，それは a lot of data である。そうすると，a lot of data を先行詞とする関係詞が必要となる。関係代名詞の what は先行詞をとらないのが特徴なので(d)が誤り。正しくは what を which にする。

28. what was more worse に着目すると，worse は比較級であり，more が不必要であるため(c)が誤り。正しくは what was worse「さらに悪かったことには」である。

29. be willing to *do* は「喜んで～する」という意味であるが，to は不定詞の to であるので，その後ろは動詞の原形を置くため(d)が誤り。正しくは working を work にする。

30. 前置詞の後ろは名詞を置くが，there という副詞が置かれているため(b)が誤りである。正しくは We chatted there「私たちはそこでおしゃべりをした」にする。

4　解答

A. 31－d　32－d　33－c　34－d　35－d　36－b

B. 37－c　38－c　39－c　40－d　41－a

解説　≪偶然の一致≫

A. 31. 第1段第3文（On the first day…）には，「授業初日の導入の活動で，私たちは同様の名前を持つペアが3組いることを知った」とあり，

ｄと一致する。

32．第２段第１文（This amused me, …）には，「それ（彼女のニックネームがマヌーであること）が面白くて，『私も家でマヌーと呼ばれている』と言ったら，クラスの他の人たちを驚かせた」とあり，ｄと一致する。

33．第２段第２文（The teacher then suggested …）には，「そのとき，先生が名字を使用することを提案した」とあり，名前もニックネームも同じなので，名字を使用することを提案しているので，ｃと一致する。

34．第２段第１文（This amused me, …）には，２人のニックネームが同じであることが述べられていることと，第３段最終２文（I told the class …）には，２人の誕生月が同じであることが述べられているので，ｄと一致する。

35．第 10 段（The person told me … in this situation, too.）には，「彼女は事故に遭い，血小板が必要であるということだった。多くのドナーを試したが，適合するドナーはいなかった。彼女は私たちの偶然の一致を覚えていて，この状況でも私たちが一致しているかどうかを確かめたかった」とあり，ｄと一致する。

36．最終段最終文（She had just echoed …）には，「私が数日前に表現した感情を，彼女は同じ言葉を使って表現した」とあり，２人の偶然の一致がまだ終わっていないことが示唆されているので，ｂと一致する。

Ｂ．37．She gave a sigh of relief. は，「彼女は安堵のため息をついた」の意味であり，それに近い意味をもつ選択肢を選ぶと，ｃ．relaxed「くつろいだ，緊張がほぐれた」が正解となる。

38．第 14 段の文（“I wonder if …）と第 15 段の文（“No, it’s different,” …）には，著者の友達の夫の名前と著者の夫の名前が異なることが述べられているので，husband を言い換えたｃ．partner「配偶者」が正解となる。

39．38 の〔解説〕でも述べているように，著者の夫と著者の友達の夫の名前が異なることから，２人の名前が異なることがわかるので，ｃ．different from が正解となる。

40・41．This meant that it may be an end to all the (40) between the two that they kept (41). の意味は，「つまり，これまで(41)し続けた両者の(40)に終止符が打たれるかもしれない」である。(40)については，２人

の名前が異なっていることから，d．similarities「共通点」が正解となる。(41)については，2人はこれまで名前，ニックネーム，誕生月といった共通点を発見し続けていたので，a．discoveringが正解となる。

5 解答 42－b 43－c 44－d 45－d

解説 42. I was shocked to learn that (the football match was called off all of a sudden due to heavy rain), which instantly flooded the field.

「サッカーの試合が大雨のために突然中止になったことを知ってショックを受けた。その大雨のせいで，すぐにグラウンドが水浸しになったのだ」

call off～「～を中止する」 all of a sudden「突然」 due to～「～のために」

43. We are going (to visit an electric shop to buy some items because they are offering a discount) until next week.

「来週まで安売りをしているので，電気屋さんに買い出しに行く予定だ」

to buy some itemsのto不定詞は副詞的用法「～するために」である。

44. Alex is (so arrogant a person that he always behaves in a proud) and rude way.

「アレックスはとても傲慢な人なので，いつも高慢で失礼な振る舞いをする」 so～that…「とても～なので…」の「～」の部分に，「a＋形容詞＋名詞」が入る場合は，「形容詞＋a＋名詞」の語順になる。arrogant「傲慢な」

45. Should (you have any questions about how we deal with defective) items, feel free to contact us.

「万が一，不良品の取り扱いについてのご質問がございましたら，お気軽にお問い合わせください」 仮定法であるIf you should have any questions…のIfが省略された倒置の文である。「If＋S＋should V…,」に続く主節の文は，would, could, mightを使用せずに命令文が使用されることがある。deal with～「～に対処する」 defective「欠陥のある」 feel free to *do*「自由に～する」

6 解答例

(1)I'm so sorry for not having called you sooner. There was something wrong with my car, and I was trying to fix it. (at least 15 words)
(2)I'm waiting for a repair service to come over and fix the problem. Could you wait for another hour and a half? (at least 15 words)

解説　(1)最初のＡの発言には,「電話してくれてよかった。本当に遅かったね。心配し始めていたよ」とあり,それに続くＢの発言には電話をするのが遅れた理由を含めるのがよい。〔解答例〕では,車が故障し,それを修理しようとしていたことを理由としている。
(2)２回目のＡの発言では,「コーヒーショップで待ってるね。では,１時間後に会おう」と述べている。この情報を考慮することと,最後のＡの発言にある do that が指すものを含む情報を(2)に入れることがポイントである。〔解答例〕では,(車の) 修理屋を呼んでおり,Ａに１時間ではなくて,１時間半待ってほしいとお願いをしている。そうすると,do that は１時間半待つことを指すことになる。

7 解答

1－d　2－a　3－a　4－a　5－d
6－c　7－c　8－d　9－b　10－c

解説　1．問題文は「どこで男性は彼の友達のトムと会いますか」であり,男性の２回目の発言で「バス停でトムと会う」と述べているので,ｄが正解となる。
2．問題文は「女性は忘れずに何をするべきですか」であり,男性の最後の発言で「忘れずに (ボーリングに) ふさわしい靴を持ってきてね」と述べているので,ａが正解となる。remember to *do*「忘れずに～する」
3．問題文は「男性の問題は何ですか」であり,男性の最初の発言で「ひどい腰痛がする」と述べているので,ａが正解となる。
4．問題文は「女性は何について冗談を言っていますか」である。女性の３回目の発言で「特にその年齢では無理をしないほうがいい」と述べており,それに対して,男性の３回目の発言で「私はあなたより２歳しか年上ではない」と述べているので,ａが正解となる。
5．問題文は「女性は男性にどんな助言をしていますか」であり,女性の５回目の発言で「ストレッチ運動をするべきだ」と述べていることや,女性の最後の発言でも「毎日少しずつストレッチをしなさい」と提案していることから，dが正解となる。

6．問題文は「テスト前日の晩に，あなたは何をするべきですか」であり，第2文で relax in the evening と述べているので，cが正解となる。

7．問題文は「テストが始まるとすぐに，あなたは何をするべきですか」であり，最終文で when the test starts, read the instructions and questions carefully before you answer「テストが始まったら，解答する前に説明や質問をよく読みなさい」と述べているので，cが正解となる。make sure～「～を確かめる」

8．問題文は「スウェーデンのシステムの主な目的は何ですか」であり，第3文で This can reduce the amount of water used by 90 percent.「これは使用される水の量を90%減らすことができる」と述べているので，dが正解となる。

9．問題文は「そのシステムは何をしますか」であり，第2文で the system mixes air with the water「そのシステムは空気を水と混ぜる」と述べているので，bが正解となる。

10．問題文は「私たちがものを洗うとき，たいてい何が起こりますか」であり，第5文で only a small part of it touches your hands or the dishes「少量の水だけが手や皿に触れる」と述べているので，cが正解となる。

日本史

1 解答

問１．c　問２．b　問３．d　問４．c　問５．a
問６．a

解説　≪古代～中世の日朝関係≫

問１．ヤマト政権の地方官である国造は，各地の地方豪族より任命された。律令制下では郡司となった。

問２．中大兄皇子は，白村江の戦い後の 667 年，防衛・交通などの観点から近江大津宮へ遷都した。

問３．藤原南家出身の藤原仲麻呂は，新羅が日本との対等外交を主張し，両国間にたびたび緊張状態が続くなかで新羅征討を準備したが，実行されなかった。

問４．「三別抄」とは特別部隊の意。高麗では，高麗王の直属選抜部隊である三別抄が組織されており，元の侵入後も頑強に抵抗を続けた。

問５．Ⅰ．940 年，平将門が下野押領使藤原秀郷らによって鎮圧された。Ⅲ．漢学者三善清行は 914 年，醍醐天皇に対し律令再建策として「意見封事十二箇条」を提出した。

問６．Ⅰ．室町時代前期に応永の外寇が発生した（1419 年）。Ⅱ．三浦の乱は戦国大名が群雄割拠し始めたころに発生した（1510 年）。Ⅲ．明への先導役を朝鮮が拒否したのは豊臣秀吉の時代。

2 解答

問１．b　問２．d　問３．b　問４．c　問５．b
問６．e

解説　≪近世～近代の対外関係≫

問１．オランダ船リーフデ号は，イギリス人の水先案内人ウィリアム＝アダムズと，オランダ人の航海士ヤン＝ヨーステンらを乗せ豊後の臼杵湾に漂着した。

問２．イギリス東インド会社は，江戸幕府より貿易許可を得て 1613 年肥前の平戸に商館を設置した。その後オランダとのし烈な競争に敗れ，1623 年に閉鎖した。

問3．オランダ商館医として来日したドイツ人シーボルトは，出島の外に出ることを特別に許可され，長崎郊外の鳴滝村に診療所兼医学塾の鳴滝塾を設立した。

問4．1859年より貿易が開始されると，日本を開国させたアメリカは国内で勃発した南北戦争のため日本との貿易に出遅れ，最大の取引相手国はイギリスとなった。

問5．X．フランシスコ＝ザビエルが来日したのは鹿児島。Y．ガスパル＝ヴィレラが注目した自治都市とは和泉国堺。

問6．Ⅲ．4次にわたる日露協約は明治時代の日露戦争後から大正時代のロシア革命発生に至る間（1907〜16年）。Ⅰ．四カ国条約締結は大正後期の第一次世界大戦後（1921年）。Ⅱ．日本の輸出拡大をイギリスよりソーシャル＝ダンピングだと非難されたのは昭和戦前。

3　解答

問1．c　問2．a　問3．b　問4．c　問5．b
問6．d　問7．b　問8．f　問9．b　問10．c
問11．c　問12．d

解説　≪古代〜現代の経済基盤≫

問1．ヤマト政権において，豪族蘇我氏は斎蔵《いみくら》・内蔵《うちつくら》・大蔵《おおくら》の三蔵を管理し，財政権を掌握していた。

問2．奈良県明日香村にある飛鳥池遺跡では，木簡とともに富本銭とその鋳型が発見された。

問3．藤原氏を外戚としない後三条天皇は，即位した翌年の1069年に延久の荘園整理令を出し，摂関家の荘園も整理の対象とした。

問4．室町幕府の直轄領である御料所は，近畿・東海など各地に点在した荘園が中心で，将軍直轄軍の奉公衆により管理された。

問5．室町幕府や戦国大名は，悪銭を嫌う撰銭によって貨幣流通が阻害されるようになったため，撰銭を制限する撰銭令を発布して通貨流通の円滑化を図った。

問6．江戸幕府5代将軍徳川綱吉のころに勘定吟味役を務めた幕臣の荻原重秀は，金の含有率を減らした元禄金銀の鋳造を行い，一時的に幕府財政を好転させた。

問7．1936年，岡田啓介内閣の時代に陸軍皇道派青年将校らにより二・

二六事件が発生し，高橋是清蔵相・斎藤実内大臣・渡辺錠太郎陸軍教育総監らが殺害された。

問８．Ⅲ．元明天皇のもと，太安万侶が筆録した『古事記』は８世紀前半（712 年）に完成。Ⅱ．聖武天皇時代の大仏造立政策は８世紀中ごろ（743 年）に詔が出されて推進された。Ⅰ．藤原緒嗣による軍事と造作の中止の提言である徳政相論は９世紀初頭（805 年）。

問９．Ⅰ．正文。上げ米を実施し，そのかわりに参勤交代が緩和された。Ⅳ．正文。越荷方により長州藩の財政は好転した。Ⅱ．誤文。棄捐令は大名ではなく旗本・御家人救済策。Ⅲ．誤文。均田制は薩摩藩ではなく肥前藩の政策。

問10．ｃ．誤り。シベリア出兵は第一次世界大戦末期の 1918 年から実施された。

問11．Ⅱ．正文。震災恐慌による決済不能の手形は震災手形と呼ばれた。Ⅲ．正文。片岡直温蔵相の東京渡辺銀行に関する失言が金融恐慌の引き金となった。Ⅰ．誤文。殺害されたのは浜口雄幸首相ではなく原敬首相。Ⅳ．誤文。井上準之助大蔵大臣は金輸出再禁止ではなく金解禁を実施した。

問12．ｄ．誤り。変動為替相場制への移行は 1973 年である。

4 解答

問１．ｃ　問２．ｄ　問３．ｃ　問４．ｄ　問５．ａ
問６．ｃ　問７．ｄ　問８．ｂ　問９．ｄ　問10．ｂ
問11．ｃ　問12．ｃ

解説　≪原始～近代の文化・政治・産業・社会≫

問１．ｃ．誤文。前期から中期にかけての副葬品は，銅鏡などの呪術的なものから武具などの軍事的なものへ変化した。

問２．ｄ．誤文。国分寺建立の詔は淳仁天皇ではなく聖武天皇の時代。

問３．ｃ．誤文。東北地方に阿倍比羅夫が派遣されたのは飛鳥時代の斉明天皇の時代。嵯峨天皇の時代に派遣されたのは征夷将軍に任命された文室綿麻呂。

問４．ｄ．誤文。源頼朝が富士川の戦い（1180 年）に勝利したのち，後白河法皇より寿永二年十月宣旨（1183 年）を受け，東国支配権を獲得した。

問５．ａ．正文。東大寺南大門金剛力士像は運慶・快慶など慶派と称されたグループにより制作された。

問6．c．誤文。狩野派をおこしたのは，安土・桃山時代に活躍した狩野永徳・山楽の師弟コンビではなく，室町時代の狩野正信・元信父子。

問7．d．誤文。貞享暦をつくったのは北村季吟ではなく，渋川春海（安井算哲）。

問8．b．正文。木曽檜や秋田杉は，江戸時代を代表する材木として主として建築資材に用いられ，需要が高まった。

問9．d．誤文。伊勢神宮は徳川家康ではなく天照大神を祀る。

問10．b．誤文。文久の改革で政事総裁職に任命されたのは，会津藩主松平容保ではなく越前藩主松平慶永。

問11．c．誤文。労働農民党や社会民衆党の結成は，明治時代ではなく大正末期（いずれも1926年）。

問12．c．誤文。文化財保護法の制定は，大正・昭和戦前期ではなく昭和戦後期の1950年。

世界史

1 **解答** 問1．a　問2．b　問3．d　問4．c　問5．d
問6．b　問7．a　問8．d　問9．c　問10．a
問11．b　問12．c

解説　≪ハプスブルク家をめぐる歴史≫

問6・問7．連合国は，オーストリアとサン＝ジェルマン条約，ハンガリーとトリアノン条約を結んだほか，ブルガリアとヌイイ条約，オスマン帝国とセーヴル条約を結んだ。

問8．d．正文。1580年にポルトガルの王位を兼ね，その植民地を併合したことから，広大な領土は「太陽のしずまぬ国」とよばれた。a．誤文。フェリペ2世と結婚したイギリス女王は，エリザベス1世の姉メアリ1世。b．誤文。無敵艦隊（アルマダ）はスペインの艦隊。1588年，イギリスに敗れた。c．誤文。マゼランの船隊を後援したのはフェリペ2世の父カルロス1世（神聖ローマ皇帝としてはカール5世）。

問9．c．誤文。三十年戦争に介入したリシュリューはルイ13世の宰相。ルイ14世の治世の前半期の宰相はマザラン。

問10．a．正解。シュレジエンは現在のポーランド南西部。Yは南チロル。トリエステなどとともに，「未回収のイタリア」の代表的地域。b．シュレスヴィヒはユトランド半島南部の地域。ホルシュタインとともにデンマーク戦争やプロイセン＝オーストリア戦争の原因となった。d．ズデーテン地方はチェコスロヴァキア北西部のドイツ・オーストリア・ポーランドとの国境地帯。ヒトラーが割譲を要求したことからミュンヘン会談（1938年）が開かれた。

問11．a．不適。「君主は国家第一の僕」と自称したのはプロイセンの啓蒙専制君主フリードリヒ2世。c．不適。サンスーシ宮殿はプロイセンのフリードリヒ2世がベルリン郊外のポツダムに建設した離宮。d．不適。プガチョフの農民反乱を鎮圧したのはロシアの女帝エカチェリーナ2世。

問12．X．誤文。ハンガリーはマジャール人の王国。マジャール人は，10世紀にオットー1世に撃退されたことでも知られる。アヴァール人は，

8世紀にカール大帝に撃退されたアルタイ語系の遊牧民。Y．正文。三帝同盟はフランスの孤立をはかるビスマルク外交の一環。

2 解答

問1．c　問2．a　問3．d　問4．d　問5．a
問6．c　問7．b　問8．b　問9．c　問10．b
問11．a　問12．d

解説　≪中国における宗教≫

問2．現在の山西省大同は北魏の都平城にあたる。孝文帝によって洛陽に遷都されると洛陽郊外の竜門に石窟が造営された。

問8．b．正文。太武帝による華北統一は439年。a．不適。西晋を滅ぼしたのは匈奴。c．不適。三長制を開始したのは北魏の孝文帝。均田制の実施でも知られる。d．不適。占田・課田法は西晋が行った土地制度。

問9．X．誤文。シク教は16世紀初頭にナーナクが始めたインドの宗教。唐代には，マニ教・祆教（ゾロアスター教）のほか，景教（ネストリウス派キリスト教）・回教（イスラーム教）の寺院もつくられた。Y．正文。中国で祆教とよばれたゾロアスター教は，火を神聖視したことから拝火教ともよばれる。

問10．b．正文。プラノ＝カルピニは教皇インノケンティウス4世の使節としてカラコルムを訪れたフランチェスコ会の修道士。a．誤文。大モンゴル国・元の時代の駅伝制はジャムチとよばれた。クリルタイは，モンゴル語で「集会」を意味する語。c．誤文。フランス王ルイ9世が派遣したのはルブルック。マルコ＝ポーロは，フビライに仕えたヴェネツィア商人。『世界の記述』（『東方見聞録』）で知られる。d．誤文。イブン＝ハルドゥーンは，『世界史序説』を著したイスラームを代表する歴史家。元代の中国を訪れた人物としては『旅行記』（『三大陸周遊記』）のイブン＝バットゥータが有名。

問11．b．誤文。アダム＝シャールは『崇禎暦書』の作製や大砲の製造で知られる。c．誤文。ブーヴェは「皇輿全覧図」の作製者。中国最初の世界地図「坤輿万国全図」を作製したのはマテオ＝リッチ。d．誤文。フェルビーストは，アダム＝シャールを補佐し，暦の改定や，三藩の乱に際しての大砲鋳造で知られる。円明園の設計はカスティリオーネ。

問12．Y．拝上帝会が挙兵して太平天国の乱がおこったのは1851年。→

Z．天津条約でキリスト教布教の自由が認められたのはアロー戦争中の1858年。→X．義和団事件がおこったのは1900年。

3 解答

問1．d　問2．c　問3．c　問4．b　問5．d
問6．b　問7．a　問8．a　問9．a　問10．b
問11．d　問12．c

解説　≪世界史上の派閥や政党≫

問3．X．不適。新法は，北宋の時代に王安石によって行われた改革。Y．正文。豊臣秀吉の朝鮮侵攻は，日本では文禄・慶長の役，朝鮮では壬辰・丁酉倭乱とよばれた。

問4．X．正文。クロムウェルが率いた独立派は，制限選挙による共和政を主張した。Y．誤文。長老派は議会派のうちの穏健派。国王チャールズ1世処刑後に弾圧された急進派は水平派。

問5．W．誤文。アイルランド自治法案を提出したのは自由党のグラッドストン首相。X．正文。第3回選挙法改正では，農業労働者・鉱山労働者に選挙権が拡大された。Y．誤文。マクドナルドは労働党の政治家。2度にわたって労働党内閣を組織。世界恐慌に際して失業保険の削減を提案し，労働党から除名。挙国一致内閣の首相として恐慌対策を実施した。Z．正文。アトリー内閣は“ゆりかごから墓場まで”といわれた福祉政策の実施でも知られる。

問6．b．誤文。共和党のリンカンはアメリカ合衆国の大統領。リンカンの当選後，アメリカ合衆国から離脱した南部諸州が建国したアメリカ連合国の大統領はジェファソン＝デヴィス。

問7．ヒンドゥー教徒の多い地域とイスラーム教徒の多い地域を分割し，反英運動の分断を狙ったベンガル分割令の発表は1905年。

問8．X．イースター蜂起は1916年。→Y．アイルランド自由国の成立は1922年。→Z．国名をエールとしたのは1937年。

問10．a．誤文。中国共産党の初代委員長は陳独秀。c．誤文。第1次国共合作は，蔣介石が1927年におこした上海クーデタによって崩壊。西安事件（1936年）は，内戦停止と抗日民族統一戦線を求めた張学良が蔣介石を捕らえた事件。d．誤文。中国国民党が行ったのは北伐。長征は，瑞金を放棄した中国共産党が国民党軍と戦いながら延安に移動した行動。

問12．a．誤文。ヒトラーは政権獲得を狙ったミュンヘン一揆（1923年）に失敗し逮捕された。獄中で口述された著作が『わが闘争』。b．不適。レンテンマルクを発行し，インフレーションを収束させたのはシュトレーゼマン。d．不適。ロカルノ条約の締結は1925年。ナチ党が政権を獲得したのは1933年。

数学

1

解答　問1．1－b　2－d　問2．3－c　4－a
問3．5－b　6－c　問4．7－d　8－a

解説　≪小問4問≫

問1．$2^2<7<3^2$ より　　$2<\sqrt{7}<3$

よって，$4<a=2+\sqrt{7}<5$ より，$n\leqq a<n+1$ となる整数 n の値は

$$n=4 \quad \to \boxed{1}$$

また，$b=a-4=(2+\sqrt{7})-4=\sqrt{7}-2$ とすると

$$\frac{b}{a}+\frac{a}{b}=\frac{b^2+a^2}{ab}=\frac{(\sqrt{7}-2)^2+(2+\sqrt{7})^2}{(2+\sqrt{7})(\sqrt{7}-2)}$$

$$=\frac{22}{3} \quad \to \boxed{2}$$

問2．8人のデータを小さい順に並べると

3，4，5，6，6，7，7，10

よって，このデータの第1四分位数は　$\dfrac{4+5}{2}=4.5$

第3四分位数は　$\dfrac{7+7}{2}=7$

であるから，四分位範囲は

$$7-4.5=2.5 \quad \to \boxed{3}$$

また，このデータの平均値は

$$\frac{3+4+5+6+6+7+7+10}{8}=6$$

であるので，分散は

$$\frac{(3-6)^2+(4-6)^2+(5-6)^2+(6-6)^2+(6-6)^2+(7-6)^2+(7-6)^2+(10-6)^2}{8}$$

$$=4 \quad \to \boxed{4}$$

問3．(i)　箱Aからくじを引く確率は $\dfrac{2}{6}=\dfrac{1}{3}$ であるので，求める確率は

$\frac{1}{3}\times\frac{6}{9}=\frac{2}{9}$　→5

(ii)　箱Aから当たりくじを引く確率は　$\frac{1}{3}\times\frac{3}{9}=\frac{1}{9}$

箱Bから当たりくじを引く確率は　$\frac{4}{6}\times\frac{2}{6}=\frac{2}{9}$

よって，求める確率は　$\frac{1}{9}+\frac{2}{9}=\frac{1}{3}$　→6

問4．$5x-11y=-3$ は，$5(x-6)=11(y-3)$ と変形でき，5と11は互いに素であるから整数 k を用いて

$(x-6,\ y-3)=(11k,\ 5k)$

すなわち　$(x,\ y)=(11k+6,\ 5k+3)$　→7

と表せる。よって

$x+y=(11k+6)+(5k+3)=16k+9=8(2k+1)+1$

より，$x+y$ を8で割ったときの余りは　1　→8

2　解答

問1．9－d　問2．10－a　問3．11－b　12－b

問4．13－b　14－c

解説　≪2次関数のグラフ，最大値・最小値≫

問1．$f(x)=ax^2-4ax+a^2-4a-8=a(x-2)^2+a^2-8a-8$

より，$y=f(x)$ のグラフの頂点の座標は

$(2,\ a^2-8a-8)$　→9

問2．$f(x)$ が最大値をもつのは $a<0$ のときで，このとき $f(x)$ は $x=2$ のとき，最大値 a^2-8a-8 をとる。

よって，最大値が12であるとき

$a^2-8a-8=12$

$\Longleftrightarrow(a+2)(a-10)=0$

$a<0$ より　$a=-2$　→10

問3．$a>0$ とするとき，$y=f(x)$ のグラフは下に凸な放物線であるので，このグラフが x 軸と異なる2点で交わるのは $a^2-8a-8<0$ のときであり，これを解くと　$4-2\sqrt{6}<a<4+2\sqrt{6}$

これと $a>0$ より

$0<a<4+2\sqrt{6}$　→ $\boxed{11}$

さらに，$y=f(x)$ のグラフが x 軸の正の部分と異なる 2 点で交わるのは，$y=f(x)$ のグラフの軸が $x=2>0$ のときであるので

$0<a<4+2\sqrt{6}$　かつ　$f(0)=a^2-4a-8>0$　のとき

$a^2-4a-8>0$ を解くと

$a<2-2\sqrt{3}$，$2+2\sqrt{3}<a$

よって，求める a の範囲は

$2+2\sqrt{3}<a<4+2\sqrt{6}$　→ $\boxed{12}$

問 4．$1\leqq x\leqq 4$，軸：$x=2<\dfrac{1+4}{2}$ であるので

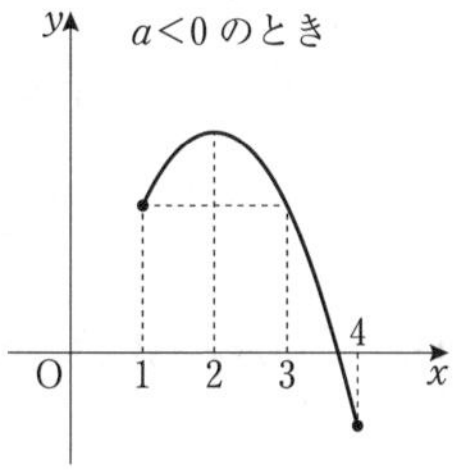

$a<0$ のとき

$M=f(2)=a^2-8a-8$

$m=f(4)=a^2-4a-8$

よって，$3M-m=32$ のとき

$3(a^2-8a-8)-(a^2-4a-8)=32$

整理すると　　$(a+2)(a-12)=0$

$a<0$ より　　$a=-2$　→ $\boxed{13}$

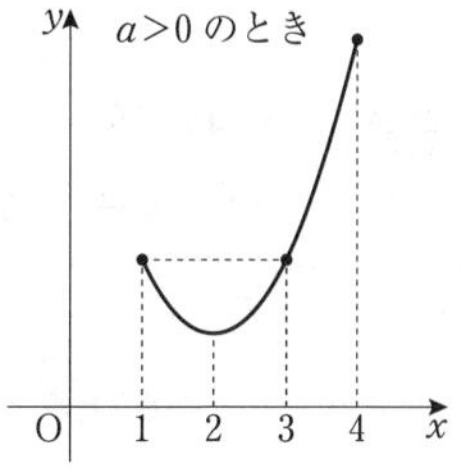

$a>0$ のとき

$M=f(4)=a^2-4a-8$

$m=f(2)=a^2-8a-8$

よって，$3M-m=32$ のとき

$3(a^2-4a-8)-(a^2-8a-8)=32$

整理すると　　$(a+4)(a-6)=0$

$a>0$ より　　$a=6$　→ $\boxed{14}$

3 解答

問 1．15－a　16－b

問 2．17－b　18－c　19－a

問 3．20－a　21－b

解 説　≪正弦定理・余弦定理の利用，三角形の面積，円周角の定理，円に内接する四角形の性質≫

問 1．△ABC において，余弦定理を用いると

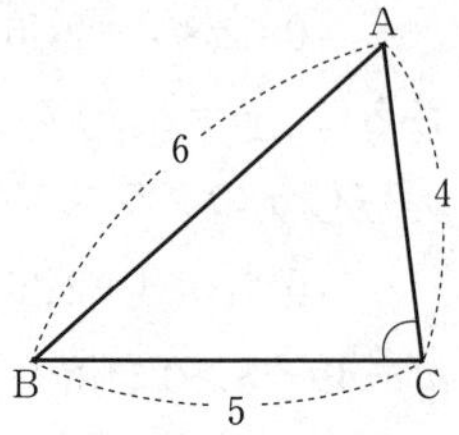

$$\cos\angle \mathrm{ACB}=\frac{\mathrm{CB}^2+\mathrm{CA}^2-\mathrm{AB}^2}{2\mathrm{CB}\cdot\mathrm{CA}}$$

$$=\frac{5^2+4^2-6^2}{2\cdot5\cdot4}=\frac{1}{8} \quad \to \boxed{15}$$

$0°<\angle \mathrm{ACB}<180°$ より　　$\sin\angle \mathrm{ACB}>0$

よって　　$\sin\angle \mathrm{ACB}=\sqrt{1-\cos^2\angle \mathrm{ACB}}$

$$=\sqrt{1-\left(\frac{1}{8}\right)^2}=\frac{3\sqrt{7}}{8}$$

ゆえに

$$\triangle \mathrm{ABC}=\frac{1}{2}\mathrm{CB}\cdot\mathrm{CA}\sin\angle \mathrm{ACB}=\frac{1}{2}\cdot5\cdot4\cdot\frac{3\sqrt{7}}{8}$$

$$=\frac{15\sqrt{7}}{4} \quad \to \boxed{16}$$

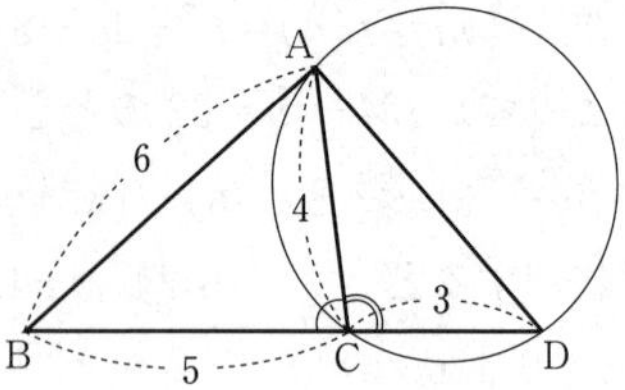

問 2．$\cos\angle \mathrm{ACD}=\cos(180°-\angle \mathrm{ACB})$

$$=-\cos\angle \mathrm{ACB}$$

$$=-\frac{1}{8} \quad \to \boxed{17}$$

$\triangle$ACD において，余弦定理を用いると

$$\mathrm{AD}^2=\mathrm{CA}^2+\mathrm{CD}^2-2\mathrm{CA}\cdot\mathrm{CD}\cos\angle \mathrm{ACD}$$

$$=4^2+3^2-2\cdot4\cdot3\left(-\frac{1}{8}\right)=28$$

$\mathrm{AD}>0$ であるので　　$\mathrm{AD}=2\sqrt{7} \quad \to \boxed{18}$

また

$$\sin\angle \mathrm{ACD}=\sin(180°-\angle \mathrm{ACB})=\sin\angle \mathrm{ACB}=\frac{3\sqrt{7}}{8}$$

であるので，$\triangle$ACD の外接円の半径を R とおいて，正弦定理を用いると

$$\frac{\mathrm{AD}}{\sin\angle \mathrm{ACD}}=2R$$

が成り立つ。ゆえに

$$R=\frac{\mathrm{AD}}{2\sin\angle \mathrm{ACD}}=\frac{2\sqrt{7}}{2\cdot\frac{3\sqrt{7}}{8}}=\frac{8}{3} \quad \to \boxed{19}$$

問 3．円周角の定理より

$$\angle \mathrm{ACE}=\angle \mathrm{ADE}$$

DE は直径であるので

$$\angle \mathrm{EAD}=90^\circ$$

よって　　$\angle \mathrm{ADE}=90^\circ-\angle \mathrm{AED}$

また，四角形 ACDE は円に内接するので

$$\angle \mathrm{AED}=\angle \mathrm{ACB}$$

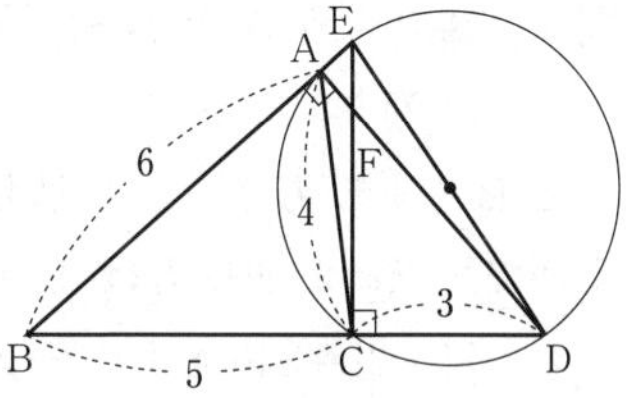

ゆえに

$$\begin{aligned}\sin\angle \mathrm{ACE}&=\sin\angle \mathrm{ADE}\\&=\sin(90^\circ-\angle \mathrm{AED})\\&=\cos\angle \mathrm{AED}\\&=\cos\angle \mathrm{ACB}=\frac{1}{8}\end{aligned}\quad \to \boxed{20}$$

$\mathrm{AB}=6$，$\mathrm{BD}=8$，$\mathrm{AD}=2\sqrt{7}$ より

$$6^2+(2\sqrt{7})^2=8^2$$

すなわち　　$\mathrm{AB}^2+\mathrm{AD}^2=\mathrm{BD}^2$

が成り立つ。よって，三平方の定理の逆より，$\angle \mathrm{BAD}=90^\circ$ であるので

$$\tan\angle \mathrm{BDA}=\frac{\mathrm{AB}}{\mathrm{AD}}=\frac{6}{2\sqrt{7}}=\frac{3}{\sqrt{7}}$$

また，DE は直径であるので　　$\angle \mathrm{ECD}=90^\circ$

ゆえに

$$\begin{aligned}\mathrm{CF}&=\mathrm{CD}\tan\angle \mathrm{BDA}\\&=3\cdot\frac{3}{\sqrt{7}}=\frac{9\sqrt{7}}{7}\end{aligned}\quad \to \boxed{21}$$

4　解答

問 1．22－d　問 2．23－d　問 3．24－c
問 4．25－d　問 5．26－b　問 6．27－b

解説　≪大人と子どもが一列に並ぶときの場合の数≫

問 1． 6 人が一列に並ぶ並び方は，全部で

$6!=720$ 通り　$\to \boxed{22}$

問 2．両端に大人が並ぶときの大人の並び方は　　${}_4\mathrm{P}_2$ 通り

残り 4 人の並び方は　　$4!$ 通り

よって，求める並び方は

$_4P_2 \times 4! = 288$ 通り　→ 23

問3．隣り合うAとBを1人と見ると，5人が一列に並ぶ並び方は

$5!$ 通り

AとBの並び方は　$2!$ 通り

よって，求める並び方は

$5! \times 2! = 240$ 通り　→ 24

問4．大人4人の並び方は　$4!$ 通り

4人の大人の両端または間に2人の子どもが並ぶと考えると，子どもの並び方は

$_5P_2$ 通り

よって，求める並び方は

$4! \times {}_5P_2 = 480$ 通り　→ 25

問5．A，B，Xの3人を1人と見ると，残り4人の並び方は

$4!$ 通り

A，B，Xの並び方は

ABX，BAX，XAB，XBAの4通り

よって，求める並び方は

$4! \times 4 = 96$ 通り　→ 26

問6．AとB，CとDをそれぞれ1人と見ると，その2人の並び方は

$2!$ 通り

AとB，CとDの並び方はそれぞれ　$2!$ 通り

その2人の両端または間に2人の子どもが並ぶと考えると，子どもの並び方は

$_3P_2$ 通り

よって，求める並び方は

$2! \times 2! \times 2! \times {}_3P_2 = 48$ 通り　→ 27

三

解答

問一　(1)―c　(2)―c　(3)―d

問二　(1)―b　(2)―a

問四　b
問五　d
問六　c
問七　e
問八　b

解説

問一　「競争力」というのは、傍線部直後の説明によるとコスト（初期建設コストと運転コスト）に関する競争力であることがわかる。そのコストが原子力発電の場合、風力や太陽光による発電設備のほぼ四倍かかるということ。

問二　空白部手前で原発の平均コストの高さを問題にしたが、空白部の後では原発の運転コストの高さも問題点として付け加えている。

問三　ベースロード電源という考え方は、空白部の二つ後の文にあるように、昨今は太陽光や風力の発電量の予測・管理技術が発達して不要になっている。つまりその言葉自体も用いられなくなっている、ということ。

問四　石炭火力は発電コストの高さのために需要が低下しており、競争力のない方法は生き残れず自然に淘汰される。

問五　傍線部直後の一文と、二段落後の最終段落を参照。再エネについてももともとは「楽観的ではなかった」が、二〇二〇年には「温暖化対策としても経済政策としても合理的だ」とIEAの報告書にある。

問六　空白部Ⅲの次の文「政策面での同一の方向性」とは、資料2にある「原発依存度については……低減させる」方向のこと。原発事故のために原子力の発電が抑えられた。

問七　二〇一四年度、二〇一五年度は資料1にはない。資料1の二〇一〇年度と二〇一九年度を比べると、化石燃料依存度は81.2％から84.8％へと上昇し、資料3から二〇一〇年度以降、エネルギー自給率は低迷が続いている。

問八　生徒Cの最後の発言が参考になる。「再エネが……大切」と言っており、bの内容と一致する。

問四　空白部アのあとに「他方では」とあるから、アには「一方では」が入る。イとウについて、それぞれ「むしろ」「ところで」をあてはめて確認すること。

問五　空白部A直後の「それは……ではありません」という部分は誤解を避けるための表現である。よって、Aに入る内容は、普通に考えれば溝や壁が存在するという結論が来るような考えである。すなわち、Aは自然主義に否定的な内容となる。はっきりとした否定になるものを選ぶ。

問六　傍線部を含む段落の冒頭二文を参照すると、「幸福についての考え方」は、自然的な目的とか価値の概念を含んではいるが、その「全体ないし中心部分」を構成するものではないと述べている。よって、「構成する主要な部分」という観点でまとめたcが正解。

問七　傍線部の次の文に「一人ひとりが……作り上げる」とあるが、これは個人が自分の置かれている状況に応じて能力を作れることを表す。

問八　傍線部直前の二文をまとめると、「第二の自然」の能力とは、生まれつきの「第一の自然」から作られた能力のことである。b、c、eは「第一の自然」の説明。d「自然言語を用いずに」は逆。

問九　「相対」は重要語。他と比較する見方である。「絶対」は他と比較をしない。

問十　eは空白部アを含む段落の第二・三文の内容をまとめたものになっている。

二

出典　明日香壽川『グリーン・ニューディール――世界を動かすガバニング・アジェンダ』（岩波新書）

解答

問一　d

問二　a

問三　e

国語

一

出典　岡部勉『合理的とはどういうことか――愚かさと弱さの哲学』（講談社選書メチエ）

解答

問一　e

問二　a

問三　d

問四　d

問五　e

問六　c

問七　b

問八　a

問九　c

問十　e

解説　問一　「この不可解な作為」とは、「目に付くもの、目立つもの」に幼児の注意を引こうとすることである。人間は子どもを作り物である人間の世界へ引き入れようとするが、そういうやり方を「自然は用意してない」（第一段落）、すなわち人間の世界とは子どもが「自然に」は「興味をもつことのない」ものなのである。

問二　空白部Ⅰのあとでは、溝や壁が存在しないとする典型的な考え方が示されている。

2022年度

問題と解答

■総合型選抜　自己推薦型入試

問題編

▶試験科目・配点

科　目	内　　　　容	配　点
活動実績	活動実績報告書，自己推薦書，証明書類等	50 点
小論文	800 字	50 点
面　接	個人面接（10 ～ 15 分）	50 点

（注）　国際貢献学部グローバルスタディーズ学科を志望する者は，英語での面接となる。

▶備　考

- 活動実績報告書，自己推薦書などの出願書類および小論文，面接の成績により総合的に合否を判定する。

小論文

（60分
解答例省略）

《課題文》

人類の幸福と悲惨の大きな部分、おそらく最大部分は、われわれの過去の行動をみることから、そして、それについて考察するときにわれわれが感じる、明確な是認または否認の程度から生じる。しかし、どのようなやり方でそれがわれわれに作用するにせよ、われわれのこの種の諸感情はつねに、ある秘密な依拠関係を、現在あるとおりの、あるいは一定の条件のもとであるだろうような、あるいはそうあるべきだとわれわれが想像するような、他の人びとの感情にたいしてもっている。われわれはそれ［過去の行動］を、中立的な観察者がするだろうとわれわれが想像するとおりに検討する。もしわれわれが、自分たちをかれの境遇においたときに、それに影響をあたえたすべての情念と動機に完全にはいりこむならば、われわれはそれを、この想定された公正な裁判官の明確な是認をともなった同感によって、是認する。もしそうでなければ、われわれは、かれの明確な否認にはいりこみ、それを非難する。

もし、人間という被造物が、ある孤独な場所で、かれ自身の種とのなんの交通もなしに成長して、成年に達することが可能であったとすれば、かれは、かれ自身の顔の美醜についてとおなじく、かれ自身の性格について、かれ自身の諸感情と行動の適宜性または欠陥について、かれ自身の精神の美醜について、考えることができないだろう。これらすべては、かれが容易にみることができず、自然に注視することがなく、それらにたいしてかれが目をむけることができるようにする鏡をあたえられてもいない、諸対象なのである。かれを社会のなかにつれてこよう。そうすればかれは、ただちに、かれがまえにもたなかった鏡をあたえられる。それは、かれがともに生活する人びとの、顔つきと態度のなかにおかれるのであって、その顔つきと態度はつねに、かれらがいつかれの諸感情のなかにはいりこむか、いつかれの諸感情を否認するかを、表示するのである。そして、ここにおいてかれははじめて、かれ自身の諸情念の適宜性と不適宜性、かれ自身の精神の美醜を、眺めるのである。生誕以来、社会に無縁の人であったものにとっては、かれの諸情念の対象、かれを喜ばせるか害するかする外的物体が、かれの全注意力を占拠するだろう。それらの対象がかきたてた諸情念自体、欲求または嫌悪、歓喜または悲哀は、すべてのものごとのなかで、もっとも直接にかれにたいして現われるのであるが、かりにもかれの諸思考の対象たりうることは、まれだろう。それらについての観念は、けっして、かれの注意ぶかい考察をよびおこす程度に、かれの関心をひくことはできないだろう。かれの歓喜についての考察は、かれのなかになにも新しい歓喜をかきたてることができないし、かれの悲哀についての考察も、なにも新しい悲哀をかきたてることができないだろう。ただし、それらの情念の諸原因についての考察は、しばしば、両者をかきたてただろう。かれを社会のなかにつれてこよう。そうすれば、かれ自身の諸情念のすべては、ただちに、新しい諸概念の原因となるだろう。かれは、人類がそれらのうちのあるものを是認し、他のものを不快に思うことを、観察するだろう。一方のばあいにはかれは気持がうきたち、他方のばあいには力をおとすであろう。かれの欲求と嫌悪、かれの歓喜と悲哀は、いまやしばしば、新しい欲求と新しい嫌悪、新しい歓喜と新しい悲哀の、諸原因となるだろう。したがってそれらはいまや、かれの深い関心をひくだろうし、しばしばかれのもっとも注意ぶかい考察をよびおこすだろう。

（アダム・スミス著・水田洋訳『道徳感情論（上）』より）

《問　題》

課題文を読み、以下の指示に従って答えなさい。

(1) 筆者の言う「社会」とは、どのようなものかについて、200字以上300字以内で解答欄①に書きなさい。

(2) 次の問いへの答えを、300字以上500字以内で解答欄②に書きなさい。

問：筆者が言う「社会」を「大学」になぞらえて考えた際、「大学という社会」に参画する意義について述べなさい。

■学校推薦型選抜　公募制推薦入試〔英語重視型・英語課題型〕：11 月 25 日実施分

問題編

▶試験科目・配点

〔英語重視型〕

区分	学部(学科)	科　目	内　　　容	配　点
大学	全学部(全学科)	適性検査	英語	100 点
			英語リスニング	20 点
短大		適性検査	英語	100 点

〔英語課題型〕

区分	学部(学科)	科　目	内　　　容	配　点
大学	国際貢献(グローバルスタディーズ)	適性検査	英語：英語長文の読解と英語論述	100 点

適性検査

◀英語重視型▶

(大学：筆記 70 分，リスニング約 10 分
短大：筆記 70 分)

[1] Read the passage below and answer the questions that follow. Words marked with an asterisk (*) are explained in Japanese after the passage.

Color plays an important role in how your brand is perceived. (①) you're a fashion brand trying to connect to a youthful audience or a medical supplies store trying to strengthen customer trust, you can study color meanings to help you better attract and connect to your ideal customer. Color psychology can be used to help build a strong, relatable brand.

(1)Color psychology is the study of colors in relation to human behavior. It aims to determine how color affects our day-to-day decisions such as the items we buy. Does the color of a dress compel us into purchase? Do the colors of a package make us choose one brand over another? Does the color of an icon make us more likely to click on it? The short answer is yes. But the why part is a bit more complicated.

Color can be used by marketers to influence how people think and behave toward a brand, and how they interpret any information. The choice of colors can help people decide what is important. And that's why content marketers need to understand what different colors mean.

(2)Marketing colors like red can capture attention. The red color meaning is associated with excitement, passion, danger, energy, and action. You might've noticed that some brands use red for "order now" buttons or for their packaging as a way to stand out on the shelf. In color psychology, red is the most intense color, and thus, can provoke* the strongest emotions. Red can also trigger danger so you want to use the color sparingly*. If you add the color red to your website, save it for the call to action or sale icons if it'll contrast well with your store design.

Orange represents creativity, adventure, enthusiasm, success, and balance. The color orange adds a bit of fun to any picture, website, or marketing material it's on. (②) its attracting color, it's not as commanding as the color red. Many marketers still use the color for call to actions or areas of a website that they want to draw the eye to.

(3)Purple is a royal color. The color meaning for purple is connected to power, nobility, luxury, wisdom, and spirituality. But avoid using the color too much as it can cause feelings of frustration. Some perceive its overuse as arrogant*. You can add hints of purple to your website's design such as on your free shipping bar, your logo, and as an accent color in your graphics.

Even though color psychology has been studied and analyzed for many years, there's still much debate about the exact impact that color has on human psychology. But the question is: Why are there so many misconceptions about the psychology of color and its meaning? One of the reasons is because when it comes to the psychology of color there are many variables in place. There's a chance that different people perceive colors differently. How you perceive a certain color may have a lot to do with your personal preference, experiences in the past, cultural differences, gender differences, and so on.

(③) you've learned what color psychology is and what the most common color meanings are for each color, it's time to apply them to your business. While many markets have common colors used, you don't always have to follow the rules. Consider choosing colors that represent what you want your brand to be about or what you want your customers to feel when browsing your online store.

provoke：誘発する
sparingly：控えめに
arrogant：傲慢な

(Adapted from a work by Nicole Martins Ferreira)

A. Choose the best word or expression for No. 1 through 3. [3×3]

1. (①)	a. Whatever	b. Whereas	c. Whether	d. While
2. (②)	a. Beside	b. Beyond	c. Despite	d. During
3. (③)	a. In that	b. Now that	c. So that	d. Toward that

B. Which one of the following is **NOT** true of the underlined part (1)? [4]

4. a. Color psychology explores the reasons why colors have an impact on human behavior.
   b. Color psychology focuses on the study of color as a means of regulating human behavior.
   c. Color psychology proves that no association exists between color and human behavior.
   d. Color psychology studies the interesting relationship between color and human behavior.

C. Which one of the following best expresses the content of the underlined part (2)? [4]

5. a. If you use red as much as possible for your marketing, it will obviously increase your sales.
   b. If you want to attract attention from customers, the color red is the way to do it.
   c. If you want to encourage customers to buy from your online shop, just do not use red on your website.

出典追記：Color Psychology: How Color Meanings Affect Your Brand, Oberlo on May 31, 2019 by Nicole Martins Ferreira

d. If you want to get attention from customers, you should use red everywhere on your website.

D. Which one of the following best expresses the content of the underlined part (3)? [4]

6. a. Purple, because of its noble image, will make your customers long for it.
   b. Purple has an excessively negative image and should never be used.
   c. Purple is a color that reminds us of nobility, elegance, majesty, and wisdom.
   d. Purple should be widely used because it evokes nobility, majesty, and elegance.

E. Which one of the following does **NOT** match the content of the passage? [4]

7. a. Color can be used to control the image that many customers have about the product.
   b. Color psychology has not yet fully identified the impact of color on human emotions.
   c. It is better to choose colors keeping in mind how you want the product to be presented.
   d. The emotions that humans have about colors are not affected by their cultural backgrounds.

[2] In the context of the following statements, choose the best word or expression for each item. [3×10]

8. The writer (　　　　) the entire book, which was first published in the 1990s, to renew all the information in that book.
   a. renovated　b. restored　c. resumed　d. revised

9. "To have a healthy life" is one of the most important goals for people these days, because they are more and more (　　　　) of their health.
   a. aware　b. cooperative　c. forgetful　d. ignorant

10. The local government started to distribute food and blankets to their (　　　　) right after the huge typhoon hit the area.
   a. inhabitants　b. insiders　c. invaders　d. inventors

11. It is often said that the intellectual (　　　　) that employees of a company have created belongs to the company, not the employees.
   a. propaganda　b. property　c. prospect　d. protection

12. The terrible news (　　　　) Beth so much that she was unable to move.
   a. boosted　b. broadcast　c. shook　d. spilled

13. A (　　　　) amount of time for reading sentences aloud is 15 minutes. That's what the scientist said.
   a. capable　b. dependable　c. reasonable　d. variable

14. The parents got into trouble due to the bad behavior of their son (　　　) his classmates.
    a. deceiving　　b. defining　　c. deliberating　　d. demonstrating

15. The Italian recipe book says that it would be (　　　) to add fresh herbs to the soup.
    a. reassured　　b. recommended　　c. reconfirmed　　d. refunded

16. It is said that *sake*, a Japanese alcoholic beverage made from rice, goes (　　　) with *washoku*, Japanese cuisine.
    a. alternatively　　b. connectedly　　c. inclusively　　d. smoothly

17. Nancy's large (　　　) was made in the high-tech industry in just one year. She is very wealthty now.
    a. budget　　b. debt　　c. fortune　　d. supply

[3] Choose the underlined part in each item below that is **NOT** grammatically correct. [3×5]

18. A rickshaw is a two-wheeled (a) vehicle, which transports (b) passengers, pulling (c) by a human being (d).

19. The host, seated at the end (a) of the two connected tables, were (b) all smiles (c), looking at us all the time (d).

20. Just after coming (a) to the smartphone shop, Sarah said that she wanted to have (b) her smartphone fixed (c) and that it seemed to have been gone (d) wrong.

21. It is not because of that man being wise (a) that everyone in the town respect (b) him, but because he is a man (c) of will (d) and courage.

22. Could you (a) remind me of calling (b) my doctor at (c) ten o'clock the day (d) after tomorrow, please?

[4] Read the passage below and answer the questions that follow. The letters [A]~[I] next to the passage indicate paragraphs. Words marked with an asterisk (*) are explained in Japanese after the passage.

[A] Your grandparents probably grew up close to natural surroundings. With other kids, they climbed trees, swam in ponds and rivers, smelled and picked wild flowers, listened to animal sounds, and watched birds building nests. They had fun without electronic toys. Playing in or living very close to a natural environment shaped them so that they became strong and independent.

[B] Children today are physically shaped by indoor environments in several ways. First, about one-third of all kids worldwide are now overweight. This is because of various cultural changes. People nowadays are eating fewer vegetables, but we are consuming more meat and sugar. Kids today love electronic toys, games, and media, and they rarely play outdoor games that require exercise. Basically, most children today do not exercise much.

[C] Second, today's young people need eyeglasses more than earlier generations did. Reportedly, ninety percent of young Chinese today wear glasses. Sixty years ago, less than twenty percent wore glasses. Young Africans, who usually spend more time outdoors, rarely need eyeglasses.

[D] Perhaps, some kids' eye problems are related to staring for hours at screens instead of looking at clouds, plants, or animals. A recent survey in the United States showed that children between eight and eighteen years of age spend over seven hours a day looking at screens. Scientists have concluded that children's eyes are shaped by exposure to sunlight. Young eyes, scientists believe, need exposure to sunlight to grow strong. Yet, many children spend over ninety percent of each day indoors!

[E] Many scientists today also believe that playing outside and getting dirty can help young children to develop strong immune* systems. Growing up in an environment that is too clean can lead to children having weak immune systems.

[F] Richard Louv wrote about the health of modern children in his world-famous book, *Last Child in the Woods*. This book has shaped the idea of many educators. Louv concluded that many kids today are having physical, intellectual, and emotional difficulties because of their separation from nature. He called this situation "nature-deficit syndrome*." Louv believes that kids who play in natural surroundings are healthier than kids who only play and exercise indoors or on the playgrounds.

[G] In the past few decades, many educators, researchers, and government officials have concluded that children who spend a lot of time playing or studying in nature are calmer, are happier, are better students, and are able to solve various problems better than children who do not interact with nature.

[H] Worried officials want kids to have more nature interaction. The Japanese government, for example, encourages *shinrin-yoku*, or forest bathing, and other governments are recommending that families spend their vacations exploring national parks. Some doctors are telling parents to take their children to parks. Concerned city designers are working to protect natural spaces or to design nature parks within cities. Many schools are connecting nature study with mathematics, science, sociology, and other courses.

[I] "Children are the future of the world" is an English saying. If this is correct, the future will be shaped by children with nature-deficit syndrome. To prevent this tragedy, all governments should increase environmental education both outside and inside schools. Children who interact with nature and who study environmental issues are likely to become adults who protect nature. If we want to have more environmentalists in the years ahead, adults today will have to play with their children outside and expose them to the beauty and wonders of nature. This is good for everyone.

immune：免疫の
nature-deficit syndrome：自然欠乏症候群

(Adapted from a work by Gregory Goodmacher and Asako Kajiura)

A. Choose the best expression to complete each sentence. [3×4]

23. According to the article, young people today
  a. eat healthier diets than their grandparents.
  b. have more cultural opportunities than their grandparents.
  c. like making shapes indoors instead of outdoors.
  d. spend less time outside than children did before.

24. Because of today's environment,
  a. children's eyesight is more likely to be weak.
  b. eyes are becoming shaped like screens.
  c. sunlight can be bad for children's eyes.
  d. there are fewer clouds and animals to look at.

25. We learn that children today
  a. are too worried about eating enough vegetables.
  b. can benefit from getting dirty.
  c. need to be separated more from nature.
  d. should not get dirty while playing outside.

26. The article leaves us with the message that
  a. children have more education than their grandparents.
  b. children need more environmental education.
  c. it has become a tragedy that more children like nature.
  d. more children need to go to school and be educated.

B. The text below paraphrases the content of Paragraph [G]. Choose the best word or expression for No. 27 through 30. [2×4]

Evidence over the last twenty years suggests that children who are (27) nature and experience the (28) more during study or leisure can gain many benefits compared to children who spend their time indoors and are unable to have much (29) with the natural world. These benefits include helping children to improve their learning and critical thinking skills, while making them more relaxed and (30) in their everyday lives.

出典追記：Gregory Goodmacher，梶浦麻子『Cultural Issues ⇄ Environmental Issues』南雲堂

27. a. afraid of　　b. allergic to
    c. cautious of　　d. closer to

28. a. friends　　b. games
    c. indoors　　d. outdoors

29. a. contact　　b. feeling
    c. speech　　d. weight

30. a. confused　　b. depressed
    c. formulated　　d. satisfied

[5] Read the dialogue below and complete B's response **in English**. When you answer,
(i) Circle "Yes" or "No" in the parentheses [Example : (Yes / No)], and
(ii) Write a response of **at least 20 words** after "because."
More than one sentence is acceptable. Do not use A's phrases or sentences. [10]

A : Do you think speaking a language fluently is essential for communicating with people who speak that same language?

B : (Yes / No), because ____

____

リスニング問題

［6］　これから流される放送を聴き、その指示に従ってください。（2 点× 10）

編集部注：リスニング音源は，大学公式のウェブサイトで公表されています。
https://www.kufs.ac.jp/admissions/unv_col/past_tests/index.html

なお，上記のリンクは 2023 年 3 月時点のものであり，掲載元の都合によってはアクセスできなくなる場合もございます。あらかじめご了承ください。

例　　題

Dialogue〔1〕

F:　*Do you remember that David needs a ride to school earlier than usual this morning?*
M:　*Oh no, I forgot. What time does he need to leave?*
F:　*Right now, actually. He's already waiting for you in the car.*
M:　*Okay. I'll be ready in five minutes.*

Question No. 1: What will the man do?

a. Give David a ride to school.
b. Wait in the car.
c. Leave later than usual.
d. Come home from work earlier than usual.

例

1	2	3	4	5
●	ⓐ	ⓐ	ⓐ	ⓐ
ⓑ	ⓑ	ⓑ	ⓑ	ⓑ
ⓒ	ⓒ	ⓒ	ⓒ	ⓒ
ⓓ	ⓓ	ⓓ	ⓓ	ⓓ

Monologue〔1〕

Max had a lot of homework last night, but he talked with his best friend Harry on the phone until eleven. Then he started doing his homework. When Max finally finished his homework, it was already six o'clock in the morning, and so he ended up going to school without sleeping at all.

Question No. 6: How long did it take for Max to finish his homework?

a. Three hours.
b. Six hours.
c. Seven hours.
d. Eleven hours.

例

6	7	8	9	10
ⓐ	ⓐ	ⓐ	ⓐ	ⓐ
ⓑ	ⓑ	ⓑ	ⓑ	ⓑ
●	ⓒ	ⓒ	ⓒ	ⓒ
ⓓ	ⓓ	ⓓ	ⓓ	ⓓ

Dialogues

Dialogue〔1〕

1. a. Baking a fruit cake.
   b. Cleaning jam jars.
   c. Eating breakfast.
   d. Making jars of jam.

2. a. Blueberries.
   b. Toast and butter.
   c. 15 jars.
   d. 2 kg.

Dialogue〔2〕

3. a. At two o'clock.
   b. In the afternoon.
   c. In the morning.
   d. On the man's day off.

4. a. Cold and sunny.
   b. Minus two degrees.
   c. Sunny and windy.
   d. Windy with rain.

5. a. He is cold and extremely tired.
   b. The pond is covered in ice.
   c. The weather on his day off is going to be bad.
   d. The weather today is not good for the beach.

Monologues

Monologue 〔1〕

6. a. A cheap shop.
   b. An expensive shop.
   c. A nice cafe.
   d. A plastic recycle center.

7. a. A bigger and more colorful drinks bottle.
   b. A cheap plastic drinks bottle.
   c. A drinks bottle for both hot and cold drinks.
   d. A drinks bottle with a cafe logo.

Monologue 〔2〕

8. a. To be a successful chef.
   b. To be healthy.
   c. To help homeless people.
   d. To move to Milan.

9. a. Cheap French food.
   b. Delicious English food.
   c. Free and healthy food.
   d. Traditional food of Milan.

10. a. Brazil, England, and France.
    b. Food For Soul.
    c. Milan Kitchens.
    d. Poor and Homeless.

放送内容

Dialogues

Dialogue [1]

M: Can you pass me the sugar?
F: Sure. What are you making?
M: I'm making jam.
F: Smells nice. What are they?
M: Blueberries. This was a good summer for growing fruit.
F: Really?
M: Yes, and making jam is an easy way to use up any extra fruit we grow.
F: Great idea. How much will you be making?
M: Well, there are 2 kg. So, about 15 glass jars, I think.
F: Should be great for breakfast with toast and butter.

Question No. 1: What is the man doing?
Question No. 2: How much fruit does the man have?

Dialogue [2]

F: Wow, it feels so cold this morning.
M: It sure does. The pond is covered in ice.
F: Who would have thought it could be this cold in early December?
M: I know. The temperature was minus 2 degrees when I woke up this morning. I was freezing as soon as I got out of bed.
F: The weather forecast for the afternoon is clear and sunny, but still cold.
M: How about tomorrow?
F: It looks like there will be wind and rain.
M: Really? It's my day off and I was planning to take a walk on the beach.
F: That's too bad.

Question No. 3: When does this conversation take place?
Question No. 4: What will the afternoon weather be like?
Question No. 5: Why is the man unhappy?

Monologues

Monologue [1]

John spent the morning shopping for a drinks bottle to take to his office. The first shop he went to only had cheap plastic bottles. Bottles in the next shop he visited were very expensive. Finally, he went to a cafe for a break, and to his surprise, they were selling the kind of bottle he wanted. They were a little expensive but were the color and size he wanted, and suitable for both hot and cold drinks.

Question No. 6:　What was the second place John visited?
Question No. 7:　What did he want?

Monologue [2]

Three years ago, a 55-year-old Italian restaurant owner, worried about food waste and homelessness, opened a small kitchen in a poor area of Milan, Italy. For the menu he used 13,000kg of food waste from markets to create 10,000 free, healthy meals for the poor. The success of that first kitchen in Milan led him to start a non-profit restaurant group called Food For Soul. He has also started setting up larger kitchens that serve free meals to the poor and homeless. The group is now international and there are Food For Soul kitchens in Brazil, England and France.

Question No. 8:　Why did the Italian first open a small kitchen?
Question No. 9:　What kind of food does his group provide?
Question No. 10: What is the group of restaurants called?

◀英語課題型▶

（70 分）

次の英文を読んで、続く質問に答えなさい。

著作権の都合上，省略。

著作権の都合上，省略。

Adapted from “Global Migration” in Keynote 3. Paul Dummett, Helen Stephenson & Lewis Lansford. National Geographic Learning/Cengage Learning. 2017.

問A　本文の内容に基づいて、次の英文を完成させるのに最も適したものを(a)～(d)の中から一つ選び、記号で解答用紙に記入しなさい。(10 点×5)

1. The writer says that people with multicultural backgrounds are

(a) slowly changing.
(b) likely to be single.
(c) more traditional.
(d) more common now.

2. According to the article, it seems that most economic migrants

(a) come from countries with low birth rates.
(b) want to work in more developed countries.
(c) often have very small families in urban areas.
(d) started traveling in the twentieth century.

3. In this article, the writer suggests that most refugees

(a) want to move to any other country as long as it is safe.
(b) will only move and retire to a country of their choice.
(c) are usually luckier than economic migrants and retirees.
(d) are dangerous because they come from countries in conflict.

4. According to the article,

(a) around 80% of economic migrants live and work in Asia.
(b) there are fifty times more migrants in Japan than in Hong Kong.
(c) many migrants are billionaires and send money home to their families.
(d) having too many migrants in a country can sometimes cause trouble.

5. In this article, the writer suggests that

(a) the IOM is trying to force governments to accept more migrants.
(b) the contributions of migrants need to be increased greatly.
(c) having different cultures in a country can be a very positive thing.
(d) walking down the street with grandparents is a cultural experience.

問B 次の指示に従って、解答用紙に記入しなさい。(50 点)

In your opinion, should Japan start to accept more economic migrants? Provide examples to support your answers in 100－120 words (in English).

解答編

適性検査

◀英語重視型▶

1 **解答** A. 1－c　2－c　3－b　B. 4－c
C. 5－b　D. 6－c　E. 7－d

解 説　≪色彩の役割≫

A. 1.（ ① ）で始まる第1段第2文は，従属節と主節で構成されていると判断できる。従属節内（前半部分）に or があることに着目して，whether ～ or …「～であろうと…であろうと」を用いると，文意が通じる。

2.「オレンジ色の魅力的な色」と「それ（＝オレンジ色）は赤色ほど威圧的な色ではない」をつなぐ論理を考えると「オレンジ色の魅力的な色にもかかわらず，それは赤色ほど威圧的な色ではない」となるので，逆接を意味する前置詞の c. Despite「～にもかかわらず」が正解である。

3.（ ③ ）で始まる最終段第1文は，従属節と主節で構成されていると判断できる。従属節と主節の意味関係から，接続詞の b. Now that「今や～なので」が正解である。

B. 4. 第2段第1・2文（Color psychology is … items we buy.）には「色彩心理学は人間の行動と関連がある色についての研究である。それは，私たちが購入する商品のような日々の決定にどのように色が影響を与えるかを明らかにすることを目的としている」とあり，a・b・d はその内容と一致するが，c は「色彩と人間の行動には関連性はない」と書かれており一致しない。よって，c が正解である。association「関連性，つながり」

C. 5. 第4段第3文（You might've noticed …）には「『今すぐ注文』

ボタンに，または，商品棚で目立つようにパッケージに，赤色を使っているブランドがあることに気づいているかもしれない」とあり，b の内容と一致する。stand out「目立つ」

D．6．第 6 段第 2 文（The color meaning …）には power「権力」，nobility「崇高さ」，luxury「ぜいたく」，wisdom「博識」，spirituality「精神性」がある。c にある nobility と wisdom は本文と同じ語であり，elegance「優雅」は luxury，majesty「威厳」は power と同じような意味を表すので，c が正解である。

E．7．d は「人間の色彩についての感情は文化的背景によって影響されない」という意味であるが，これは第 7 段最終文（How you perceive …）と一致しないので正解である。a は第 2 段（Color psychology is … bit more complicated.）の内容と一致する。b は第 7 段（Even though color … and so on.）の内容と一致する。c は最終段（(　③　) you've learned … your online store.）の内容と一致する。

2　解答

8－d　9－a　10－a　11－b　12－c
13－c　14－a　15－b　16－d　17－c

解説　8．to renew all the information in that book「その本にある情報のすべてを更新するために」があり，the entire book を目的語とすることを考えると d．revise「～を改訂する」が正解である。a．renovate「～を改築する」 b．restore「～を取り戻す」 c．resume「～を再開する」

9．because 以下を「健康についてますます意識するようになっているので」と考えると文意が通じるので a が正解である。be aware of ～「～を意識する」

10．「巨大な台風がその地域を襲ったすぐ後に食料や毛布を（　）に配給する」という意味から，a．inhabitants「住民」が正解である。distribute *A* to *B*「*A* を *B* に配給する」 b．insiders「内部の人間」 c．invaders「侵入者」 d．inventors「発明者」

11．「会社の従業員が作り出した知的（　）は会社に属する」という意味から，b．property「財産」が正解である。a．propaganda「宣伝活動」 c．prospect「見込み」 d．protection「保護」

12.「ひどい知らせがベスをかなり（　）ので，彼女は動くことができなかった」という意味から，c．shook「～を動揺させた」が正解である。a．boost「～を高める」 b．broadcast「～を放送する」 d．spill「～をこぼす」

13.「音読をする（　）な時間は15分である」という意味から，c．reasonable「妥当な，ほどほどの」が正解である。a．capable「有能な」 b．dependable「信頼できる」 d．variable「変わりやすい」

14.「息子が級友を（　）という悪い行動」から，aが正解である。deceive「～をだます」 b．define「～を定義する」 c．deliberate「～を熟考する」 d．demonstrate「～を証明する」

15.「新鮮なハーブをスープに加えることが（　）される」から，bが正解である。recommend「～を推奨する」 a．reassure「～を安心させる」 c．reconfirm「～を再確認する」 d．refund「～を払い戻す」

16.「酒は和食に（　）」の（　）内に入る日本語を考えると，「酒は和食によく合う」と推測できる。go smoothlyは「円滑に進む」という意味から，この文では「よく合う」という意味であると判断できるのでdが正解である。この問題は消去法を用いて解答するのもよいだろう。a．alternatively「二者択一的に」 b．connectedly「共同して」 c．inclusively「包括的に」

17.「ナンシーの多大な（　）は，たった1年でハイテク産業において築かれた。彼女は現在，大変裕福である」という意味から，c．fortune「財産」が正解である。a．budget「予算」 b．debt「借金」 d．supply「供給」

3　**解答**　18―(c)　19―(b)　20―(d)　21―(b)　22―(b)

解説　18. 下線部(c)以下はa two-wheeled vehicle「二輪車」を修飾しており，pulled by a human being「人間によって引かれる（二輪車）」とすることで意味が通じるので(c)が誤り。rickshaw「人力車」 transport「～を運ぶ」

19. 文の主語はThe hostであり，その動詞はwereとなっているが，The hostは単数形であるので，wasに訂正する。よって，(b)が誤り。

20. it seemed to have been gone wrong の it は her smartphone を指す。「彼女のスマートフォンは調子が悪くなった」は Her smartphone went wrong. と表現でき，seemed と go wrong「調子が悪くなる」は時制が異なるので，to 不定詞の後は完了形で表現する。よって，(d)が誤り。it seemed to have gone wrong が正しい形となる。

21. 強調構文の文である。that 節の主語は everyone であり，その動詞は respect となっているが，everyone は単数扱いなので，respects に訂正する。よって，(b)が誤り。

22. 「*A* に〜することを思い出させる」は remind *A* to *do* の形で表現する。remind *A* of *doing* は，「*A* に〜したことを思い出させる」という意味になる。よって，(b)が誤り。

4 解答

A．23－d 24－a 25－b 26－b

B．27－d 28－d 29－a 30－d

解説 ≪環境教育の必要性≫

A．23.［A］段第1文（Your grandparents probably …）と［B］段第5・6文（Kids today love … do not exercise much.）の内容から，d が正解である。

24.［D］段第3～5文（Scientists have concluded … each day indoors!）の内容から，a が正解である。be likely to 〜「〜する可能性が高い」

25.［E］段の内容から，b が正解である。benefit from 〜「〜から恩恵を受ける」

26.［I］段の内容から，b が正解である。

B．27・28.［G］段にある children who spend a lot of time playing or studying in nature と同じ意味を表すには，27 には d．closer to 〜「〜により近い」，28 には d．outdoors を入れるとよい。27. a．be afraid of 〜「〜を恐れる」 b．be allergic to 〜「〜に対してアレルギーがある」 c．be cautious of 〜「〜に注意する」

29.［G］段にある children who do not interact with nature と同じ意味にするには，a．contact を入れるとよい。interact with 〜 と have contact with 〜 がともに「〜と接触する」という意味を表している。

30. 空所の前の more relaxed は，［G］段にある calmer に対応している。calmer の後の happier に対応するように，d．satisfied「満足した」を入れるとよい。a．confused「困惑した」 b．depressed「意気消沈した」 c．formulated「公式化された」

5 解答

〈解答例１〉 Yes(, because) if you are not a fluent speaker, listeners may not understand what you say. This misunderstanding can lead you to have a bad relationship with them. As a result, you may become less confident in speaking. (at least 20 words)

〈解答例２〉 No(, because) you only need to be able to understand each other when you talk to others. Therefore, speaking fluently is not an important factor. It is sometimes better to speak slowly in order to make yourself understood. (at least 20 words)

解説　〈解答例１〉は，流暢に話すことが不可欠だという意見に賛成の立場をとっている。賛成の理由として，流暢でなければ聞き手が話をよく理解できないし，そのことから生じる誤解が聞き手との関係を悪くし，その結果として，話し手も自信をなくしていくことを述べている。

〈解答例２〉は，流暢に話すことが不可欠だという意見に反対の立場をとっている。反対の理由として，会話では，相手の言うことをただ理解できればよいので，流暢に話すことは重要ではなく，言いたいことを理解させるのにゆっくり話すほうがよいときもあることを述べている。

6 解答

1－d　2－d　3－c　4－a　5－c
6－b　7－c　8－c　9－c　10－b

解説　1．問題文は「男性は何をしていますか」である。2回目の男性の発言で「ジャムを作っている」と言っているので，dが正解である。

2．問題文は「どのくらいの果物を男性はもっていますか」である。5回目の男性の発言で「2キロある」と言っているので，dが正解である。

3．問題文は「この会話はいつ行われていますか」である。女性が冒頭で「今朝はとても寒いね」と言っているので，cが正解である。

4．問題文は「午後の天気はどうなりますか」である。3回目の女性の発言で「晴れるが，まだ寒い」と言っているので，aが正解である。d.「雨が降り，風が強い」は明日の天気。

5．問題文は「なぜ男性は不運ですか」である。4回目の女性の発言で「風と雨みたいよ」と言っていることと，最後の男性の発言で「(明日は)休みの日で，海岸を散歩するつもりだった」と言っていることから，cが正解である。

6．問題文は「ジョンが訪れた2番目の場所はどんなところですか」である。第3文でBottles in the next shop he visited were very expensive. と言っているので，bが正解である。

7．問題文は「彼は何が欲しかったのですか」である。最終文でThey … were the color and size he wanted, and suitable for both hot and cold drinks. と言っているので，cが正解である。

8．問題文は「なぜ最初そのイタリア人は小さな厨房を開いたのですか」である。第1文で，worried about food waste and homelessnessと言っているので，cが正解である。

9．問題文は「彼のグループはどんな食べ物を提供するのですか」である。第2文で，to create 10,000 free, healthy meals for the poorと言っているので，cが正解である。

10．問題文は「レストランのグループは何と呼ばれていますか」である。第3文で，a non-profit restaurant group called Food For Soulと言っているので，bが正解である。

◀英語課題型▶

A

解答　1―(d)　2―(b)　3―(a)　4―(d)　5―(c)

解説　≪世界的な人口移動≫

1．第1段第6文（People with multicultural …）に「多文化的背景をもつ人々は新しい常識を示している」とあり，多文化的背景をもつ人はどこにでもいるような時代になっていると考えられるので，common「一般的な」という語が含まれている(d)が正解である。

2．第2段第2文（They often travel …）に「経済移民は，出生率が低いことで，生産年齢人口を必要としている先進国へ移住する」とあるので，(b)が正解である。

3．第3段最終文（These migrants often …）に「安心や安全をもたらしてくれる国へ必死にたどり着こうとしている」とあるので，(a)が正解である。(a)にある as long as SV は「SがVする限り」の意味である。(b)は難民がリタイアするという記述はなく，(c)は第3段最終文（These migrants often …）に合わない。また，(d)は難民自身が危険人物という意味になるので，不適。

4．第4段第6文（A large-scale influx …）に「大規模な移民の流入は受け入れ国に緊張状態を生み出す」とあるので，(d)が正解である。

5．最終段第5文（As we move …）に「多文化世界がますます進むにつれて，私たちはさまざまな国においてどのように文化が混ざり合って活気を生み出すのかを観察することができる」とあり，vibrancy「活気」という positive な意味をもつ語があることからも，(c)が正解である。

B

解答　〈解答例1〉I agree with the idea that Japan should start to accept more economic migrants. First, Japan is facing an aging society, and as a result, there will be fewer and fewer working people. A smaller number of workers will negatively affect Japan's economy. In order to improve it, accepting more economic migrants is necessary. Second, having many people from other countries can create new types of businesses. Migrants with different cultures have their own preferences about food, clothing, and housing. To meet their needs, many companies with new ideas will appear. In summary, it is important to accept more economic migrants so that Japan will flourish in the future. (100-120 words)

〈解答例２〉I disagree with the idea that Japan should start to accept more economic migrants. First, it is said that Japan is one of the safest countries in the world, and this is the biggest attraction for foreign tourists. However, if Japan accepts more economic migrants, the crime rate will increase, making Japan less safe. This will reduce the number of foreign tourists dramatically. Second, economic migrants have different thoughts and beliefs that Japanese people cannot understand well, which can create discrimination and prejudice toward them. Moreover, it is hard for migrants to explain their thoughts and beliefs because of the language difference. For these reasons, I think that Japan should not accept more economic migrants. (100-120 words)

解説　トピックは「日本はより多くの経済移民を受け入れ始めるべきであるか」である。経済移民とは，住む国の生活条件や雇用機会などが不十分であるために，より高い生活水準を求めてある国や地域から別の国や地域へ移民する人々のことである。受け入れに賛成であるか，反対であるかを明確にして書き始める。指定語数が100～120語なので，理由は最大２つまでにするのがよいだろう。

〈解答例１〉は経済移民を受け入れることに賛成の立場をとっている。賛成の理由を２つ挙げており，１つ目の理由として，日本は高齢化社会に直面しており，労働者の数が減っている。これは日本経済に悪影響を与えるので，経済移民を受け入れるべきであるというもの。２つ目の理由として，異なる文化をもつ経済移民は衣食住について日本人とは異なる好みをもっており，そのことが新しいビジネスを生むというものである。

〈解答例２〉は経済移民を受け入れることに反対の立場をとっている。反対の理由を２つ挙げており，１つ目の理由として，犯罪率が増加し，日本を訪問する旅行者が劇的に減少するというもの。2つ目の理由として，経済移民は日本人が理解できない考えや信念をもっているので，差別や偏見の対象になるというものである。

■一般選抜　一般入試〔A日程〕：2月4日実施分

問題編

▶試験科目・配点

区分	方式	教科	科目	配点
大学	2教科型	外国語	コミュニケーション英語Ⅰ・Ⅱ，英語表現Ⅰ・Ⅱ	180点
			英語リスニング	20点
		選択	日本史B・世界史B・地理B〈省略〉・国語（国語総合〔古文・漢文を除く〕・現代文B）から1科目選択	100点
	3教科型	外国語	コミュニケーション英語Ⅰ・Ⅱ，英語表現Ⅰ・Ⅱ	180点
			英語リスニング	20点
		地理歴史	日本史B・世界史B・地理B〈省略〉から1科目選択	100点
		国語	国語総合（古文・漢文を除く）・現代文B	100点
短大	1教科型	外国語	コミュニケーション英語Ⅰ・Ⅱ，英語表現Ⅰ・Ⅱ	180点

英語

（大学：筆記 80 分，リスニング約 10 分
短大：筆記 80 分）

[1] Read the passage below and answer the questions that follow. Words marked with an asterisk (*) are explained in Japanese after the passage.

Some researchers at Oxford University recently made a surprising find by examining 55 skulls preserved at the Oxford University Museum of Natural History. The skull samples were from Australia, England, China, Kenya, Micronesia*, and Scandinavia* and were thought to date back to the 19th century. The purpose of the study was to explore the relationship between the size of a skull and the nationality of its "owner." Does skull size change according to nationality? The results of the study suggest that, yes, it does. The biggest brains, averaging 1,484 milliliters, were from Scandinavia, while the smallest brains, (①) 1,200 milliliters, came from Micronesia, which points to the conclusion that people living in the north tend to have bigger brains than people in the south. How can this be explained? Some researchers have been working to answer this difficult question.

A study published by Pearce and Dunbar at Oxford University in 2011 suggests that as you move away from the equator, there's less light available, so humans have had to evolve bigger eyes. This would imply that their brains also need to be bigger to deal with and process the extra visual input. (②), say Pearce and Dunbar, there is a close relationship between less light and a bigger brain. (1)<u>This</u> seems logical, but the two Oxford researchers also say that having bigger brains doesn't necessarily mean that high-latitude humans are smarter. Dimmer light requires larger eyes, which in turn requires larger visual cortices* in the brain. That's all that can be said on this point.

But a study published by Hoffecker in 2002 offers another possible explanation. He says that hunting distance increases with latitude: The higher the latitude, the fewer game animals* there are to hunt per square kilometer. In such open areas, (2)<u>hunters</u> have to store larger amounts of space and time information in their brains. They must remember where landmarks are, recall previous hunting routes, and carry out mental calculation of possible movements by game animals over space and time. In places where game animals are hard to find, hunters' brains need to develop to allow them to collect and process increased amounts of useful information. This, says Hoffecker, is why higher-latitude people have larger brains. According to another study, human brains have actually grown smaller since people started adopting agricultural lifestyles, which seems to suggest that agricultural people don't need to deal with as much visual information as hunting people do, and (③) don't require such large brains.

(3)<u>The third explanation is even more interesting.</u> (④) climate and geographical factors, women living at higher latitudes gather less food; in the Arctic, they gather almost none. They can't expect to find so much food in or on the ground when the men are away hunting. So what do women do at home? They engage in special tasks such as garment making, food processing, and shelter building. This sort of "family workshop" creates chances for greater technological complexity, which in turn increases natural selection for greater cognitive* performance.

Despite these three theories, researchers have still not found a clear answer to the question of why higher-latitude brains are bigger. It is interesting to note that this phenomenon is true of (4)birds as well as humans. Birds at higher latitudes have bigger eyes than those living in the lower latitudes. Can we explain this by saying that it is because there is less sunlight? Do they need their larger eyes to help them find food in the dark? Or is it because they have developed certain "technological" skills at home in their (⑤)?

Micronesia：ミクロネシア（西太平洋の赤道の北側に位置する島国）
Scandinavia：スカンジナビア（北欧）
cortices：皮質（cortex の複数形）
game animals：狩猟動物
cognitive：認知的な

(Adapted from a work by Yumiko Ishitani)

A. Choose the best word or expression for No. 1 through 5. [4×5]

1. (①)	a. around	b. between	c. except	d. from
2. (②)	a. Furthermore	b. However	c. Next	d. Thus
3. (③)	a. approximately	b. consequently	c. gradually	d. instantly
4. (④)	a. Contrary to	b. In addition to	c. Moving on to	d. Owing to
5. (⑤)	a. building	b. clothes	c. kitchen	d. nest

B. Which one of the following best expresses the content of the underlined part (1)? [4]

6. a. Brains process a smaller amount of visual input in higher-latitude areas.
   b. The amount of light is smaller at low latitudes than at high latitudes.
   c. The size of the brain increases as the amount of available light decreases.
   d. When eyes and brains receive more visual input, they become larger.

C. Which one of the following is **NOT** a suitable explanation of the underlined part (2)? [4]

7. a. Hunters at lower latitudes seem to use more memory when going out to hunt.
   b. Hunters living in a higher-latitude area have to travel farther to find animals.
   c. Hunters must recall their past experience in order to hunt animals efficiently.
   d. Hunters seem to process more visual information than agricultural people do.

D. Which one of the following best expresses the content of the underlined part (3)? [4]

8. a. Higher-latitude brains are bigger since high technology is used to gather food.
   b. Humans living in the very far north have great cognitive abilities by nature.
   c. Men improve their cognitive performance by learning hunting in the family.

出典追記：石谷由美子『Skills for Better Reading〈Advanced〉』南雲堂

d. The learning and use of advanced skills for making clothing can develop brains.

E. Which one of the following best expresses the content of the underlined part (4)? [4]

9. a. Birds developed bigger eyes because they had to process less sunlight.
b. Birds living farther away from the equator developed bigger eyes.
c. Birds living in lower-latitude regions have to fly farther to find food.
d. Birds with bigger eyes do more technologically complex tasks at home.

F. Which one of the following ideas can be found in the passage? [4]

10. a. A researcher at Oxford University found a similarity between humans and birds.
b. People in Micronesia came to possess wide knowledge and skills of agriculture.
c. Scandinavian people's brains possibly developed to adjust to their environment.
d. Studies say human skulls and brains are bigger now than in the 19th century.

[2] In the context of the following statements, choose the best word or expression for each item. [3×12]

11. Jim wants to go to the movies tonight. He checked the (　　　) section of the newspaper to see the schedule.
a. business　b. channel　c. entertainment　d. weather

12. Many tourists visit Kyoto every year, and Kiyomizu-dera Temple is one of the most popular (　　　).
a. associations　b. destinations　c. relaxations　d. vacations

13. Eating three meals a day, getting exercise, and having a regular sleep cycle are often said to be (　　　) to one's health.
a. beneficial　b. obvious　c. realistic　d. unique

14. Anna finally decided to (　　　) in literature at a university in Hokkaido.
a. check　b. major　c. participate　d. result

15. A police officer stopped my car on the street. He made me pay a (　　　) for talking on the phone while driving.
a. balance　b. donation　c. fine　d. tax

16. The president of the company requested a team of (　　　) employees to develop a new rocket that uses less fuel.
a. enthusiastic　b. intermediate　c. nasty　d. spiritual

17. The committee discussed whether to host an international conference next year, but they did not (　　　) a conclusion. Another meeting will be held tomorrow.
a. extend　b. investigate　c. predict　d. reach

18. A research team found that, amazingly, one-day-old babies are (　　　　) of distinguishing the voices of their mothers from those of other women.
    a. capable　　b. full　　c. independent　　d. typical

19. The ticket windows will open in a few minutes. People started to (　　　　) lines to purchase tickets for the symphony orchestra concert.
    a. assemble　　b. draw　　c. form　　d. insert

20. Since it was a hot day and the sun was bright, Rachel wanted to stay in the (　　　　) to avoid the heat.
    a. black　　b. center　　c. light　　d. shade

21. Unfortunately, my proposal on a new environmental project was not (　　　　) by the government.
    a. approved　　b. occupied　　c. preceded　　d. rejected

22. I really respect my grandparents; after immigrating to the U.S. from Japan, they studied English (　　　　) and established a restaurant chain on the West Coast.
    a. earnestly　　b. formerly　　c. hardly　　d. typically

[3] Choose the underlined part in each item below that is **NOT** grammatically correct.
[3×8]

23. The website that I found (a) says that this luxury hotel in Osaka is welcoming (b) guests whose (c) travel with their (d) pet animals.

24. The university to which (a) my sister went (b) has the most (c) students than any other (d) university in the country.

25. I'm going to ask (a) my boyfriend to help me organize (b) my birthday party. I'm turning (c) 20 tomorrow and want to invite some friends of me (d).

26. The Asian fast-food restaurant is providing (a) delicious lunch plates to the locals since (b) 1985. Their fried rice sells out (c) so fast (d).

27. Immediately after returning to home (a) from work (b), I changed my clothes (c) and went out running to relieve (d) stress.

28. Lately, some (a) of the fake news on (b) social media have caused (c) tremendous confusion in society and upset people (d).

29. William started to (a) receive many email messages from unknown senders (b). He is now checking what (c) is happened (d) to his account.

30. I missed (a) an important business meeting this afternoon because (b) my secretary either (c) told me the exact (d) meeting time nor reserved a taxi for me to get there.

[4] Read the passage below and answer the questions that follow. Words marked with an asterisk (*) are explained in Japanese after the passage.

Thinking is a purposeful mental activity. You control it, not vice versa*. Generally, thinking is a conscious activity. This means you are awake and aware of your thinking. However, the unconscious mind can continue working on a problem, for example, while you sleep.

Thinking is sometimes regarded as two harmonious processes. One process is the production of ideas. This is creative thinking. When you think creatively, your focus is wide, and you look at many possibilities. The other process is the evaluation of ideas. This is critical thinking. When you think critically, your focus is narrow. You sort out the ideas you have generated and identify the most logical ones.

For example, imagine you are going to the airport. You picture yourself ready for a cruise in the Caribbean*. Your pockets are stuffed with money. Is this mental process thinking? Now imagine you are discussing politics with friends. When they ask which candidate you support, you say you will vote for the one who comes from your state. Is your choice based on thinking? Imagining yourself on a Caribbean cruise is not thinking. It is daydreaming*. On the other hand, the discussion of politics may or may not involve thinking. Your support for a candidate may be based on issues you have evaluated. It may also just be based on something you have heard someone else say.

Both creative and critical thinking are natural activities for human beings. However, it is difficult to do them well without training and diligent practice. In fact, shallow and illogical thinking is very common. Much of our education was based on the idea that thinking can't be taught or that some subjects teach thinking automatically. Modern research proves that both ideas are wrong. Thinking can be taught to all students. No course automatically teaches thinking. Students can get regular practice in producing and evaluating ideas when teachers make thinking skills a specific goal. Around the world, authorities are encouraging schools to make critical thinking a priority.

Good thinking skills are necessary for academic success. Professors do not want students simply to repeat information they have learned in lectures and readings. Successful students will analyze facts and opinions. They will synthesize* information from different resources, such as books and journals, and will apply their knowledge to assignments. Students who have poor thinking skills will have difficulty making conclusions after conducting research. It will also be difficult for them to create ideas or solve problems.

Success in work also depends on thinking skills. People who want to succeed must be able to apply what they know to the challenges of their jobs. Employers are looking for problem solvers and decision makers, not walking encyclopedias*.

Critical thinking is appropriate whenever someone makes a statement or claim that is open to question. Such statements are made daily in every field of study and work. Using creative thinking to produce ideas and critical thinking to evaluate them will allow you to find the most logical solutions to problems.

vice versa：逆に
the Caribbean：カリブ海
daydreaming：空想にふけること
synthesize：統合する
walking encyclopedia：物知りな人

(Adapted from a work by Barbara Smith-Palinkas and Kelly Croghan-Ford)

A. Choose the best expression to complete each sentence. [4×6]

31. We learn from the article that thinking
    a. becomes more unconscious as we get older.
    b. is something that is mostly conscious.
    c. is sometimes more unconscious than conscious.
    d. only focuses on producing ideas.

32. When we think creatively,
    a. our focus is wider than when we are evaluating something.
    b. the production of ideas uses more of our energy.
    c. we focus all our concentration on a single possibility.
    d. we must also evaluate things at the same time.

33. When people are asked which candidate they will support, they
    a. may just follow opinions of others.
    b. may start daydreaming of the Caribbean.
    c. will always need to think about it.
    d. will imagine discussing politics.

34. The article suggests that a lot of our education
    a. did not emphasize the process of thinking very well.
    b. has moved away from teaching critical thinking.
    c. is good at teaching us about thinking automatically.
    d. was better at developing thinking skills than it is now.

35. The writers believe that thinking skills
    a. are a problem for employers.

出典追記：Becoming a Critical Thinker by Vincent Ryan Ruggiero, Cengage Learning

b. are not important for many types of jobs.
c. can be important for doing well at your work.
d. may be too hard for many types of jobs.

36. When solving a problem logically, it is
a. important to listen to everyone's statements or claims.
b. important to use critical thinking before creative thinking.
c. more difficult if you use critical and creative thinking at the same time.
d. necessary to think both critically and creatively.

B. The text below explains the underlined part "Good thinking skills" within the passage. Choose the best word or expression for No. 37 through 41. [2×5]

In higher education, students are expected to develop and use skills to (37) what is happening in the world, interpret the points of others' messages, utilize (38) existing information when working on new tasks, and state what can be (39) research results. Also, they need to find new perspectives, (40) common ideas, and figure out how to deal with (41).

37. a. carefully observe　b. fully rely on
c. quickly report　d. widely apply

38. a. extremely important　b. fast changing
c. the latest　d. various sources of

39. a. controlled by　b. inferred from
c. measured in　d. tested for

40. a. due to　b. not just adopting
c. thanks to　d. which just copy

41. a. academic success　b. books and journals
c. questions and difficulties　d. thinking skills

[5] Choose the most suitable order for the given set of expressions to complete each sentence. [4×4]

42. All (　　　　) and their electronic devices turned off for landing.

(1) are expected to have　　(2) their seatbelts
(3) fastened　　(4) passengers

a. (2) (1) (3) (4)　　b. (2) (1) (4) (3)
c. (4) (1) (2) (3)　　d. (4) (1) (3) (2)

43. I think the form is clear enough, but (　　　　), please do not hesitate to contact us.

(1) any questions　　(2) should
(3) you　　(4) have

a. (2) (1) (3) (4)　　b. (2) (3) (4) (1)
c. (3) (2) (4) (1)　　d. (3) (4) (1) (2)

44. Go straight for two blocks, and you will see the famous statue (　　　　).

(1) from　　(2) the street
(3) the bank　　(4) across

a. (1) (2) (3) (4)　　b. (1) (3) (2) (4)
c. (4) (1) (2) (3)　　d. (4) (2) (1) (3)

45. I (　　　　) today because I finished all the exams for the semester.

(1) to swim　　(2) feel
(3) to the beach　　(4) like going

a. (2) (3) (4) (1)　　b. (2) (4) (3) (1)
c. (4) (1) (3) (2)　　d. (4) (3) (1) (2)

[6] Read the dialogue below and complete B's responses, (1) and (2). Each response should have **at least 15 words** in English. More than one sentence is acceptable. Do not use A's phrases or sentences. [15×2]

(A and B are friends who meet by chance in their neighborhood.)

A: Hi! I heard you were in the hospital recently. I'm glad to see you looking better. How are you doing?

B: (1)____

A: Well, I'm glad it was nothing serious. What are you going to do while you recover at home?

B: (2)____

A: That sounds like an interesting project. Good luck with that.

リスニング問題

［7］　これから流される放送を聴き、その指示に従ってください。（2点× 10）

編集部注：リスニング音源は，大学公式のウェブサイトで公表されています。
https://www.kufs.ac.jp/admissions/unv_col/past_tests/index.html

なお，上記のリンクは 2023 年 3 月時点のものであり，掲載元の都合によってはアクセスできなくなる場合もございます。あらかじめご了承ください。

例　題

Dialogue〔1〕

F: *Do you remember that David needs a ride to school earlier than usual this morning?*
M: *Oh no, I forgot. What time does he need to leave?*
F: *Right now, actually. He's already waiting for you in the car.*
M: *Okay. I'll be ready in five minutes.*

Question No. 1: What will the man do?

a. Give David a ride to school.
b. Wait in the car.
c. Leave later than usual.
d. Come home from work earlier than usual.

例

1	2	3	4	5
●	ⓐ	ⓐ	ⓐ	ⓐ
ⓑ	ⓑ	ⓑ	ⓑ	ⓑ
ⓒ	ⓒ	ⓒ	ⓒ	ⓒ
ⓓ	ⓓ	ⓓ	ⓓ	ⓓ

Monologue〔1〕

Max had a lot of homework last night, but he talked with his best friend Harry on the phone until eleven. Then he started doing his homework. When Max finally finished his homework, it was already six o'clock in the morning, and so he ended up going to school without sleeping at all.

Question No. 6: How long did it take for Max to finish his homework?

a. Three hours.
b. Six hours.
c. Seven hours.
d. Eleven hours.

例

6	7	8	9	10
ⓐ	ⓐ	ⓐ	ⓐ	ⓐ
ⓑ	ⓑ	ⓑ	ⓑ	ⓑ
●	ⓒ	ⓒ	ⓒ	ⓒ
ⓓ	ⓓ	ⓓ	ⓓ	ⓓ

Dialogues

Dialogue〔1〕

1. a. She got a new computer.
   b. She has a new bookcase.
   c. The man met her in the fall.
   d. The woman got a new printer.

2. a. By connecting a new cable.
   b. By moving the bookcase.
   c. By starting the computer.
   d. By turning the printer around.

Dialogue〔2〕

3. a. It is going to snow next weekend.
   b. It snowed last night.
   c. The weather is too warm for snow.
   d. The weather will change this morning.

4. a. Go out.
   b. Play in the snow.
   c. Stay home.
   d. Watch a movie.

5. a. It is cold outside.
   b. It is going to snow all day.
   c. They have nothing to do at home.
   d. They like to go out on the weekend.

Monologues

Monologue〔1〕

6. a. In a frying pan.
   b. In a toaster.
   c. In France.
   d. In two minutes.

7. a. Only butter.
   b. Put it on a frying pan.
   c. Some egg and milk.
   d. Some jam or syrup.

Monologue〔2〕

8. a. Both of them are very careful of the water.
   b. Both of them grow to be seven meters long.
   c. They are both large and live in the water.
   d. They both live in the ocean today.

9. a. Most alligators are saltwater creatures.
   b. Most of them live in America.
   c. They live in Australia and Africa.
   d. They live in the ocean.

10. a. Alligators are larger than crocodiles.
    b. Alligators live in saltwater but crocodiles live in rivers.
    c. Crocodiles are more dangerous than alligators.
    d. Crocodiles can grow to be longer than alligators.

放送内容

Dialogues

Dialogue [1]

F: Can you help me connect this printer to my new computer? I think I just need to use this blue cable.

M: Sure. Let's put the connecting cable behind that bookcase so nobody falls on it.

F: That's a good idea. I had it on the table before, but it's really in the way when I'm working.

M: All right, it's connected. All we need to do is to turn it on and see if everything works.

Question No. 1: What new thing did the woman get?

Question No. 2: How will they check to see if everything works?

Dialogue [2]

M: How is the weather outside this morning?

F: It's about the same as yesterday. Freezing cold with lots of snow on the ground.

M: Is it snowing now?

F: No, not now. But it snowed all night, so the snow is pretty deep outside.

M: Do you want to go out today? I know it's Saturday and we had planned to go out but I have to say that I would rather stay home and keep warm.

F: Then, let's stay home. We can watch a movie and have some hot chocolate. We'll go out next weekend.

Question No. 3: When did it snow?

Question No. 4: What had they planned to do?

Question No. 5: Why do they want to stay home today?

Monologues

Monologue [1]

Making French toast is easy. In a bowl, beat two eggs and a little bit of milk. Next, get some slices of bread. In a frying pan, heat some butter. When the frying pan is hot, dip the bread into the egg mixture on both sides. Then, drop the bread into the hot frying pan. Cook it for about two minutes on each side. It should be a lovely golden brown color when it is done. Serve French toast hot on a plate with jam, syrup, or fresh fruit.

Question No. 6: Where do you cook French toast?
Question No. 7: Before you fry it, what should you put on the bread?

Monologue [2]

What's the difference between an alligator and a crocodile? They are both large, dangerous animals that live in the water. They look alike, with four short legs, a long tail and a long mouth that can open very wide. Both alligators and crocodiles have very sharp teeth and can bite very hard. However, there are some differences. Alligators are found mostly in America, but crocodiles live in many parts of the world, including Asia, Australia, and Africa. Crocodiles are larger than alligators. Crocodiles can grow to be as long as 7 meters. Alligators are smaller but can grow to about 4 meters long. Crocodiles often live in saltwater but alligators prefer fresh water in rivers and lakes. Be very careful of both crocodiles and alligators.

Question No. 8: What is something that crocodiles and alligators have in common?
Question No. 9: Where do alligators usually live?
Question No. 10: What is the difference between alligators and crocodiles?

日本史

（2 教科型：　　　　60 分
3 教科型：2 教科 120 分）

［1］　次の文章を読み、後の問いに答えなさい。（16 点）

日本列島にもたらされた①<u>水稲農耕</u>や金属器は、弥生文化が成立する前提となった。金属器のうちの青銅器は、祭器として利用された。朝鮮半島の鈴を起源とする銅鐸は、おもに［ア］地方から出土している。

好太王碑の碑文によれば、4 世紀末に朝鮮半島に渡った倭の軍は、好太王率いる［イ］の軍と交戦したという。古墳時代中期の副葬品に馬具がみられることなどから、このとき倭の軍は乗馬の技術を学んだとされている。6 世紀には百済から仏教や儒教が伝えられ、ヤマト政権を構成する豪族層に影響を与えた。たとえば、それまでの豪族にとって、権威の象徴は古墳であったが、秦氏の［ウ］など、氏寺の建立や造仏に変化していったと考えられている。

遣隋使や遣唐使が中国大陸と日本列島の間を往来するなかで、官僚制や律令制、貨幣制度や条坊をともなう都城制など、さまざまな知識や技術がもたらされた。8 世紀には、遣唐使船で渡来した［エ］が日本に戒律をもたらし、9 世紀には最澄や空海が入唐した。

中世には、②<u>貿易によってもたらされた文物が、日本の文化だけでなく、産業や経済に影響を与えることもあった</u>。

問 1　空白部［ア］に入るものとして最も適当なものを、次のａ～ｄの中から選びなさい。解答番号は 1。（2 点）

ａ　東北　　ｂ　近畿　　ｃ　瀬戸内海沿岸　　ｄ　九州北部

問 2　空白部［イ］に入るものとして最も適当なものを、次のａ～ｄの中から選びなさい。解答番号は 2。（2 点）

ａ　百済　　ｂ　新羅　　ｃ　高句麗　　ｄ　渤海

問 3　空白部［ウ］に入るものとして最も適当なものを、次のａ～ｄの中から選びなさい。解答番号は 3。（3 点）

ａ　広隆寺　　ｂ　興福寺　　ｃ　飛鳥寺　　ｄ　中宮寺

問 4　空白部［エ］に入るものとして最も適当なものを、次のａ～ｄの中から選びなさい。解答番号は 4。（3 点）

ａ　観勒　　ｂ　曇徴　　ｃ　鑑真　　ｄ　玄昉

問５　下線部①に関して述べた次の文Ｘ・Ｙと、その所在地を示した下の地図中の場所Ⅰ～Ⅳの組合せとして正しいものを、下のａ～ｄの中から選びなさい。解答番号は５。（３点）

Ｘ　縄文時代晩期に水稲農耕が行われていたことが、この地にある板付遺跡で確認されている。

Ｙ　この地にある登呂遺跡では、平地式の住居跡、高床倉庫、多数の木製農具などが確認されている。

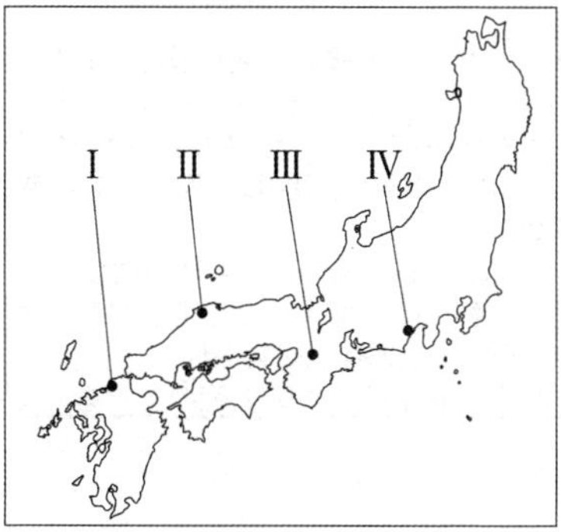

ａ　Ｘ－Ⅰ　Ｙ－Ⅲ　　ｂ　Ｘ－Ⅰ　Ｙ－Ⅳ
ｃ　Ｘ－Ⅱ　Ｙ－Ⅲ　　ｄ　Ｘ－Ⅱ　Ｙ－Ⅳ

問６　下線部②に関して述べた次の文Ⅰ～Ⅲについて、古いものから年代順に正しく配列したものを、下のａ～ｆの中から選びなさい。解答番号は６。（３点）

Ⅰ　僧祖阿らが中国に派遣されて国交が開かれ、洪武通宝などが輸入されるようになった。

Ⅱ　宋銭の輸入によって貨幣経済が浸透し、金融業者である借上の活動が活発になった。

Ⅲ　日朝貿易が展開されるなかで輸入されていた木綿は、三河地方をはじめとして栽培がさかんになった。

ａ　Ⅰ－Ⅱ－Ⅲ　　ｂ　Ⅰ－Ⅲ－Ⅱ　　ｃ　Ⅱ－Ⅰ－Ⅲ
ｄ　Ⅱ－Ⅲ－Ⅰ　　ｅ　Ⅲ－Ⅰ－Ⅱ　　ｆ　Ⅲ－Ⅱ－Ⅰ

［２］　次の文章を読み、後の問いに答えなさい。（16 点）

記録上、日本に渡来した最初のヨーロッパ人は、1540 年代前半、倭寇の船に乗って種子島に漂着したポルトガル人とされている。この時に伝えられた鉄砲は、紀伊の[ア]など、各地で生産されるようになり、城郭や戦闘のあり方を大きく変えていった。南蛮人とよばれたポルトガル人、スペイン人の来航は、キリスト教禁止の観点から警戒されるようになり、ヨーロッパ諸国のうち、江戸時代には「鎖国」体制のもと、オランダのみが日本と接点をもつようになった。しかし、①18 世紀後半以降、外国使節の渡航や外国船の来航があいつぎ、東アジア情勢の緊張もあって、幕府は外国船への対応をしばしば変更させていった。

1850 年代前半には、ペリーが来航して老中首座[イ]のもとで日米和親条約が締結された。1850 年代後半にはアメリカ総領事ハリスが着任して日米修好通商条約が締結され、諸外国との間で貿易が開始された。輸出品の約８割を占めた[ウ]など、活発な輸出が展開されると国内の物資は不足し、物価上昇を背景に尊王攘夷運動が活発化するなかで江戸幕府は滅亡した。

明治政府は、欧米との間で締結された不平等条約の改正を大きな外交課題とした。外相陸奥宗光のもとで法権回復が実現したのち、日露戦争を経て、外相[エ]のもとで関税自主権が完全に回復して課題は克服された。

②大正・昭和初期の日本と欧米は、中国大陸の利害をめぐって対立し、対英米戦争の要因となった。

問１　空白部[ア]に入るものとして最も適当なものを、次のａ～ｄの中から選びなさい。解答番号は７。（２点）

ａ　国友　　ｂ　根来　　ｃ　桑名　　ｄ　大湊

問２　空白部[イ]に入るものとして最も適当なものを、次のａ～ｄの中から選びなさい。解答番号は８。（２点）

ａ　堀田正睦　　ｂ　井伊直弼　　ｃ　阿部正弘　　ｄ　安藤信正

問３　空白部[ウ]に入るものとして最も適当なものを、次のａ～ｄの中から選びなさい。解答番号は９。（３点）

ａ　綿織物　　ｂ　毛織物　　ｃ　生糸　　ｄ　綿糸

問４　空白部[エ]に入るものとして最も適当なものを、次のａ～ｄの中から選びなさい。解答番号は 10。（３点）

ａ　井上馨　　ｂ　小村寿太郎　　ｃ　寺島宗則　　ｄ　大隈重信

問５　下線部①に関して述べた次の文Ⅰ～Ⅲについて、古いものから年代順に正しく配列したものを、下のａ～ｆの中から選びなさい。解答番号は 11。（３点）

Ⅰ　アヘン戦争が勃発し、東アジア情勢が緊張したことにともない、薪水給与令が出された。

Ⅱ　イギリス船やアメリカ船などが日本近海に出没するなかで、異国船打払令が出された。

Ⅲ　ロシア使節ラクスマンが根室に来航し、漂流民を届けるとともに日本に通商を求めた。

a　I－II－III　　b　I－III－II　　c　II－I－III
d　II－III－I　　e　III－I－II　　f　III－II－I

問6　下線部②に関して述べた次の文I～IVについて、正しいものの組合せを、下のa～dの中から選びなさい。解答番号は12。（3点）

I　第一次世界大戦中、日本はドイツの根拠地だった香港を占領した。
II　第一次世界大戦後、日本は中国問題に関する九カ国条約に調印した。
III　日中戦争開戦後、英米と関係が悪化するなか、日本は国際連盟を脱退した。
IV　日中戦争開戦後、アメリカは日米通商航海条約の廃棄を日本に通告した。

a　I・III　　b　I・IV　　c　II・III　　d　II・IV

［3］　次の文章を読み、後の問いに答えなさい。(32点)

「移動」の観点から歴史を眺めてみると、原始・古代から近現代に至るまで人々はその範囲を広げながら、さまざまな移動を行ってきたことがわかる。

縄文時代の遺跡からは網のおもりである［ア］などが発掘されており、漁労が活発化したことが知られている。そして、縄文人が漁労に利用した丸木舟は、外洋航海術をもっていたことを裏づけるものとされている。

①7世紀から8世紀にかけては、天皇がたびたび遷都を行ったため、そのたびに多くの人々も移動を余儀なくされた。律令制下では、全国は畿内と七道に区分された。七道に属する諸国の国府は主要官道で結ばれ、これら官道そのものも七道とよばれ、約16㎞ごとに駅家を置く駅制が敷かれた。七道のうち、周防国や安芸国などを経由する、大宰府と宮都を結ぶ［イ］は大路とされ、外国使者が往来することもあったことなどから特に重視された。

鎌倉に幕府が開かれると、京都と鎌倉の往来が盛んになるとともに、中世においては、②物資の輸送が活発化した。しかし、関銭や津料といった通行税が交通の発達を妨げることもあったため、戦国大名のなかには関所を撤廃する者もあった。

幕藩体制下では、参勤交代が制度化されたこともあって、③陸上交通では五街道が整備された。さらに、17世紀後半に江戸の商人［ウ］が東廻り海運や西廻り海運を整備するなど、水上輸送が充実したことから、物資の集散地となった大坂を中心とする全国市場が形成された。

明治政府は、殖産興業の一環として、電信制度を整備するとともに、［エ］の建議にもとづいて郵便制度を発足させた。④陸上交通では、明治時代を通じて鉄道業が大きな発展を遂げた。また、⑤明治時代から大正時代にかけては、政府の保護もあって、鉄鋼業や造船業と深い関係をもつ海運業が活発な活動を展開した。

大正時代には新聞・雑誌に加え、ラジオ放送が開始されたことも注目される。ラジオ放送は1930年代前半の［オ］についての報道もあったことで、契約者数が増大した。

第二次世界大戦後、⑥高度経済成長期が到来するなかで、［カ］と同年に東海道新幹線が開通し、人々は短時間で長距離を移動する時代に移行したのである。

問1　空白部［ア］に入るものとして最も適当なものを、次のa～dの中から選びなさい。解答番号は13。（2点）
a　石錘　　b　石鏃　　c　石皿　　d　石匙

問2　空白部 イ に入るものとして最も適当なものを、次のa～dの中から選びなさい。解答番号は14。（2点）

a　山陽道　b　北陸道　c　東山道　d　南海道

問3　空白部 ウ に入るものとして最も適当なものを、次のa～dの中から選びなさい。解答番号は15。（2点）

a　角倉了以　b　河村瑞賢　c　末吉孫左衛門　d　末次平蔵

問4　空白部 エ に入るものとして最も適当なものを、次のa～dの中から選びなさい。解答番号は16。（2点）

a　五代友厚　b　渋沢栄一　c　前島密　d　古河市兵衛

問5　空白部 オ に入るものとして最も適当なものを、次のa～dの中から選びなさい。解答番号は17。（3点）

a　朝鮮戦争の勃発　b　満州事変の勃発
c　日中戦争の開戦　d　太平洋戦争の開戦

問6　空白部 カ に入るものとして最も適当なものを、次のa～dの中から選びなさい。解答番号は18。（3点）

a　サンフランシスコ平和条約の発効　b　日本の国際連合加盟
c　東京オリンピックの開催　d　日本万国博覧会の開催

問7　下線部①に関して述べた次の文Ⅰ～Ⅲについて、古いものから年代順に正しく配列したものを、下のa～fの中から選びなさい。解答番号は19。（3点）

Ⅰ　社会不安が増大するなかで、恭仁京への遷都が行われた。
Ⅱ　乙巳の変ののち、難波宮への遷都が行われた。
Ⅲ　藤原種継が殺害されたのち、新たな宮都への遷都が行われた。

a　Ⅰ－Ⅱ－Ⅲ　b　Ⅰ－Ⅲ－Ⅱ　c　Ⅱ－Ⅰ－Ⅲ
d　Ⅱ－Ⅲ－Ⅰ　e　Ⅲ－Ⅰ－Ⅱ　f　Ⅲ－Ⅱ－Ⅰ

問8　下線部②に関連して、中世における運送業者や運送を担った人々の名称として誤っているものを、次のa～dの中から選びなさい。解答番号は20。（3点）

a　馬借　b　車借　c　継飛脚　d　問丸

問9　下線部③に関して述べた次の文Ⅰ～Ⅳについて、正しいものの組合せを、下のa～dの中から選びなさい。解答番号は21。（3点）

Ⅰ　17世紀半ば以降、五街道は道中奉行によって管理された。
Ⅱ　五街道のうち、東海道の碓氷・木曽福島には関所が置かれた。
Ⅲ　街道の宿駅には、大名の宿泊施設である問屋場が置かれた。
Ⅳ　街道には、一里塚や橋・渡船場などの設備が整えられた。

a　Ⅰ・Ⅲ　b　Ⅰ・Ⅳ　c　Ⅱ・Ⅲ　d　Ⅱ・Ⅳ

問 10　下線部④に関して述べた次の文Ⅰ～Ⅳについて、正しいものの組合せを、下のａ～ｄの中から選びなさい。解答番号は 22。（３点）

Ⅰ　1870 年代には、農商務省のもとで新橋・横浜間に鉄道が敷設された。
Ⅱ　1880 年代には、日本鉄道会社が設立され、政府の保護をうけた。
Ⅲ　1890 年代には、営業キロ数で官営鉄道が民営鉄道を上回った。
Ⅳ　1900 年代には、鉄道国有法が制定され、主要幹線の民営鉄道が買収された。

ａ　Ⅰ・Ⅲ　　ｂ　Ⅰ・Ⅳ　　ｃ　Ⅱ・Ⅲ　　ｄ　Ⅱ・Ⅳ

問 11　下線部⑤に関して述べた次の文Ｘ・Ｙについて、その正誤の組合せとして正しいものを、下のａ～ｄの中から選びなさい。解答番号は 23。（３点）

Ｘ　航海奨励法の公布と前後して、日本郵船会社によって各地への遠洋航路が開かれた。
Ｙ　大戦景気が到来すると、日本は英米につぐ世界第３位の海運国となった。

ａ　Ｘ－正　Ｙ－正　　ｂ　Ｘ－正　Ｙ－誤
ｃ　Ｘ－誤　Ｙ－正　　ｄ　Ｘ－誤　Ｙ－誤

問 12　下線部⑥に関連して、高度経済成長期に到来した大型景気の名称として誤っているものを、次のａ～ｄの中から選びなさい。解答番号は 24。（３点）
ａ　岩戸景気　　ｂ　バブル景気
ｃ　いざなぎ景気　　ｄ　神武景気

［４］　次の各問いに答えなさい。（36 点）

問１　原始時代の政治・社会に関して述べた文として誤っているものを、次のａ～ｄの中から選びなさい。解答番号は 25。（３点）
ａ　旧石器時代には、ナウマンゾウなどの大型動物が狩猟の対象とされた。
ｂ　縄文時代には、人々は竪穴住居を営み、定住的生活を送っていた。
ｃ　弥生時代には、人々は須恵器とよばれる土器を利用した。
ｄ　古墳時代には、氏姓制度とよばれる支配の仕組みがつくられた。

問２　７～９世紀の文化に関して述べた文として正しいものを、次のａ～ｄの中から選びなさい。解答番号は 26。（３点）
ａ　飛鳥文化期の彫刻として、乾漆像の法隆寺金堂釈迦三尊像があげられる。
ｂ　白鳳文化期の絵画として、薬師寺吉祥天像があげられる。
ｃ　天平文化期の建築物として、法隆寺夢殿があげられる。
ｄ　弘仁･貞観文化期の工芸品として、螺鈿紫檀五絃琵琶があげられる。

問３　藤原北家の台頭に関して述べた文として誤っているものを、次のａ～ｄの中から選びなさい。解答番号は 27。（３点）
ａ　藤原冬嗣は、平城太上天皇の変に際して蔵人頭に就任した。
ｂ　藤原良房は、外孫にあたる清和天皇の摂政となった。

c　藤原基経は、阿衡の紛議で関白の政治的地位を確立した。
d　藤原実資は、醍醐天皇のもとで菅原道真を政界から追放した。

問4　平安・鎌倉期の社会について述べた文として正しいものを、次のa～dの中から選びなさい。解答番号は28。（3点）
a　10世紀には、尾張国郡司百姓等解文によって、藤原元命が訴えられた。
b　11世紀には、紀伊国阿氏河荘民の訴状によって、地頭が訴えられた。
c　12世紀の地方では、半済令が出されるなかで、守護の荘園侵略が進行した。
d　13世紀の武家社会では、単独相続から分割相続への移行が進んだ。

問5　中世の戦乱・事件について述べた文として誤っているものを、次のa～dの中から選びなさい。解答番号は29。（3点）
a　霜月騒動では、安達泰盛が平頼綱に滅ぼされた。
b　元弘の変ののち、後醍醐天皇が隠岐に流された。
c　観応の擾乱が発生するなかで、足利義尚が将軍に就任した。
d　永享の乱では、足利持氏が足利義教に滅ぼされた。

問6　中世の産業について述べた文として正しいものを、次のa～dの中から選びなさい。解答番号は30。（3点）
a　院政期には、六斎市がみられるようになった。
b　鎌倉時代には、畿内などで二毛作が行われた。
c　南北朝期には、雑喉場魚市場などの卸売市場が発達した。
d　戦国時代には、工場制手工業がみられるようになった。

問7　太閤検地について述べた文として誤っているものを、次のa～dの中から選びなさい。解答番号は31。（3点）
a　土地の面積表示は、町・段・畝・歩に統一された。
b　まちまちだった枡の容量は、京枡に統一された。
c　一地一作人を原則として、検地が進められた。
d　6尺3寸が1歩とされ、360歩が1段とされた。

問8　江戸時代の事件について述べた文として正しいものを、次のa～dの中から選びなさい。解答番号は32。（3点）
a　尊号一件によって、勅許に対する幕府の法度の優位性が示された。
b　紫衣事件がおこるなかで、後水尾天皇は光格天皇に譲位した。
c　慶安の変が発覚すると、幕府は末期養子の禁止を緩和する措置をとった。
d　郡内騒動が発生すると、幕府は関東取締出役を設置する措置をとった。

問9　幕末・明治期の社会について述べた文として正しいものを、次のa～dの中から選びなさい。解答番号は33。（3点）
a　天理教などの民衆宗教が普及し、出雲大社への御蔭参りが流行した。
b　神仏分離令が出されると、全国で廃仏毀釈とよばれる運動が展開された。
c　教育令にもとづく小学校の設置は、負担をきらう民衆の血税一揆を誘発した。
d　地租改正条例が出されると、自由党員や農民は反対一揆をおこした。

問 10　大正時代の団体について述べた文として誤っているものを、次のａ～ｄの中から選びなさい。解答番号は 34。（３点）

ａ　高野房太郎らによって、労働組合期成会が結成された。
ｂ　西光万吉らによって、全国水平社が結成された。
ｃ　賀川豊彦らによって、日本農民組合が結成された。
ｄ　市川房枝らによって、新婦人協会が結成された。

問 11　近代における学問・思想の弾圧や統制に関して述べた文として誤っているものを、次のａ～ｄの中から選びなさい。解答番号は 35。（３点）

ａ　東京帝国大学の森戸辰男は、無政府主義者の研究をとがめられた。
ｂ　自由主義的刑法学者の滝川幸辰は、人民戦線事件で弾圧された。
ｃ　美濃部達吉の天皇機関説が、貴族院で問題視される事件が発生した。
ｄ　植民地政策の研究者である矢内原忠雄は、東京帝国大学を追われた。

問 12　戦後の運動に関して述べた文として誤っているものを、次のａ～ｄの中から選びなさい。解答番号は 36。（３点）

ａ　第五福龍丸事件を機に、原水爆禁止運動が高揚した。
ｂ　岸信介内閣による安保改定の動きに対し、反対運動が高揚した。
ｃ　1950 年代には、「春闘」方式を導入した労働運動が展開された。
ｄ　1980 年代には、沖縄県で祖国復帰運動が展開された。

世界史

（2教科型：　　　60分）
（3教科型：2教科120分）

［1］　バルカン半島をめぐる歴史に関する次の文章を読み、後の問いに答えなさい。（32点）

バルカン半島は南東ヨーロッパに位置する半島で、古来よりさまざまな民族が流入した。古代にはバルカン半島南部にギリシア人が南下し、のちのヨーロッパ文明の源流となる①ギリシア文化を生み出した。前4世紀になると、ギリシア北方の［ア］が台頭し、アレクサンドロス大王が東方遠征を行って大帝国を建設した。その後、バルカン半島にはローマが進出し、［イ］の時代には、ダキア（現在のルーマニア）を属州としてローマ帝国の最大版図が実現した。

4世紀末にローマ帝国が東西に分裂すると、バルカン半島は②東ローマ帝国（ビザンツ帝国）の支配下に入った。6世紀以降、［ウ］北方を原住地とするスラヴ人がバルカン半島へ進出し、各地に建国した。また、非スラヴ系の諸民族も自立し、ブルガール人は7世紀に第1次ブルガリア帝国を建て、ウラル語系の［エ］は10世紀末にハンガリー王国を建国した。これらの国々はビザンツ帝国や西ヨーロッパの影響を受けた。14世紀になると、オスマン帝国がバルカン半島に進出してアドリアノープル（現在のエディルネ）を首都とし、1453年にはビザンツ帝国を滅ぼしてバルカン半島を支配下においた。

オスマン帝国の領土は17世紀後半の第2次ウィーン包囲の失敗を機に縮小に転じ、カルロヴィッツ条約によってハンガリーなどをオーストリアへ割譲した。ヨーロッパ列強の干渉も強まり、帝国内ではオスマン帝国からの自立を求める諸民族による運動が始まった。1821年にはギリシア独立戦争が始まり、イギリスの詩人［オ］はこれに参加した。その後、③ベルリン会議でセルビアなどの独立が承認された。

④20世紀初頭のバルカン半島は、複雑な民族問題や列強の利害の対立などによって不安定な状況にあり、「ヨーロッパの火薬庫」とよばれた。1914年の［カ］をきっかけとしてオーストリアはセルビアに宣戦し、第一次世界大戦が勃発した。同盟国側として参戦したブルガリアは敗北し、1919年には連合国と［キ］を結んだ。第二次世界大戦に際し、バルカン諸国の多くはソ連軍によって解放され、戦後は親ソ的な政権が成立した。⑤東欧諸国は社会主義陣営の一員となったが、1989年の「東欧革命」によって共産党支配は終結した。

問1　空白部［ア］に入るものとして最も適当なものを次の中から選びなさい。解答番号は1。（2点）

a　パルティア　　b　バクトリア　　c　マケドニア　　d　エフタル

問2　空白部［イ］に入るものとして最も適当なものを次の中から選びなさい。解答番号は2。（2点）

a　ネルウァ帝　　b　カラカラ帝　　c　ハドリアヌス帝　　d　トラヤヌス帝

問3　空白部 ウ に入るものとして最も適当なものを次の中から選びなさい。解答番号は3。(3点)

a　カルパティア山脈　　b　ガリア
c　スカンディナヴィア半島　　d　ユトランド半島

問4　空白部 エ に入るものとして最も適当なものを次の中から選びなさい。解答番号は4。(2点)

a　フン人　　b　マジャール人　　c　アヴァール人　　d　チェック人

問5　空白部 オ に入るものとして最も適当なものを次の中から選びなさい。解答番号は5。(3点)

a　ハイネ　　b　ドラクロワ　　c　ヴィクトル=ユゴー　　d　バイロン

問6　空白部 カ に入るものとして最も適当なものを次の中から選びなさい。解答番号は6。(2点)

a　ファショダ事件　　b　サライェヴォ事件
c　ドレフュス事件　　d　イースター蜂起

問7　空白部 キ に入るものとして最も適当なものを次の中から選びなさい。解答番号は7。(3点)

a　トリアノン条約　　b　セーヴル条約
c　ヌイイ条約　　d　サン=ジェルマン条約

問8　下線部①に関連して述べた文として正しいものを次の中から選びなさい。解答番号は8。(3点)

a　ホメロスは『アエネイス』をまとめた。
b　ヘシオドスは『労働と日々』を残した。
c　ソクラテスは「万物の尺度は人間」と主張した。
d　ソフォクレスは喜劇『女の平和』を代表作とした。

問9　下線部②に関連して述べた文として誤っているものを次の中から選びなさい。解答番号は9。(3点)

a　ビザンツ皇帝ユスティニアヌス1世(大帝)は東ゴート王国を滅ぼした。
b　ビザンツ皇帝レオン3世は聖像禁止令を発布した。
c　第3回十字軍によって、コンスタンティノープルが占領された。
d　ドームとモザイク壁画を特色とするビザンツ様式の教会建築がつくられた。

問10　下線部③に関連して、オーストリアが占領と行政権を認められた地域の名と、その位置を示す地図中のXまたはYとの組合せとして最も適当なものを下の中から選びなさい。解答番号は10。(3点)

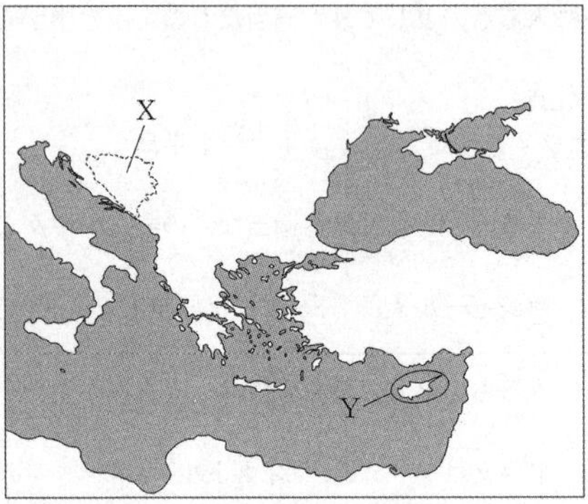

a　ボスニア・ヘルツェゴヴィナ－Ｘ
b　モンテネグロ－Ｘ
c　キプロス島－Ｙ
d　クレタ島－Ｙ

問 11　下線部④に関連して述べた次の文ＸとＹの正誤の組合せとして最も適当なものを下の中から選びなさい。解答番号は 11。（３点）

Ｘ　ロシアはセルビアなどのバルカン諸国にバルカン同盟を結成させた。
Ｙ　２度にわたるバルカン戦争がおこった。

a　Ｘ－正　Ｙ－正　b　Ｘ－正　Ｙ－誤
c　Ｘ－誤　Ｙ－正　d　Ｘ－誤　Ｙ－誤

問 12　下線部⑤に関連して、冷戦期の東欧諸国について述べた文として正しいものを次の中から選びなさい。解答番号は 12。（３点）
a　ポーランドでは、ドプチェクが民主化を進めた。
b　ハンガリーでは、自主管理労組「連帯」が組織された。
c　ユーゴスラヴィアは、コミンテルンから除名された。
d　ルーマニアでは、チャウシェスクの独裁体制が続いた。

［2］　中国税制史に関する次の文章を読み、後の問いに答えなさい。(32点)

中国では、古来より農業生産によって経済が支えられ、税制と土地制度は社会情勢と密接に結びついていた。秦代には穀物をおさめる租と賦（労役）が課され、漢代には収穫の30分の1をおさめる田租、算賦（人頭税）、徭役（労役）が課された。①晋（西晋）の時代には、土地制度の占田・課田法と密接にかかわる税制として戸調式が発布された。隋代には、［ア］に始まる土地制度の均田制が採用され、均田制に基づく税制として租調庸制が採用された。続く唐代にも隋の制度が継承され、均田制や租調庸制が採用された。玄宗の治世期になると、口分田の不足や荘園の成長などによって均田制の実施が困難となっていった。②安史の乱以降には、［イ］とよばれる有力な節度使が行政・財産権を握って各地に割拠し、中央政府の統制力が弱まった。租調庸制も行き詰まったため、780年には各戸が所有する土地に応じて夏・秋2回の税を課す両税法が採用され、明代後半まで実施された。両税法は銭納を原則としたため、農民は③貨幣経済に組み込まれるようになっていった。

明の初代皇帝である［ウ］は、元末の社会経済の混乱をおさめるため社会全般への統制を強め、生活の安定をはかった。農村では村落行政制度の［エ］を実施して治安維持や徴税を担わせ、戸籍・租税台帳の［オ］を作成させた。16世後半、万暦帝の幼少期に皇帝を補佐した［カ］は財政の立て直しをはかり、各種の税や徭役を銀に一本化して納入する一条鞭法を全国的に実施した。この背景には、当時、世界的に商業が活発となり、日本銀やフィリピンの［キ］を経由して運ばれたメキシコ銀が中国に流入して銀経済が浸透したことがあげられる。清代にも海上貿易は発展し、生糸や陶磁器、茶などの輸出によって中国には銀が流入した。④康熙帝の時代になると、人頭税を土地税に繰り込んだ地丁銀制が始められ、雍正帝の時代には全国で実施されるようになった。この頃、中国では⑤人口が激増し、明代に1億人程度であった人口は18世紀末には3億人に達したとされる。

問1　空白部［ア］に入るものとして最も適当なものを次の中から選びなさい。解答番号は13。(2点)

a　西魏　　b　北魏　　c　北周　　d　東晋

問2　空白部［イ］に入るものとして最も適当なものを次の中から選びなさい。解答番号は14。(2点)

a　形勢戸　　b　郷勇　　c　藩王　　d　藩鎮

問3　空白部［ウ］に入るものとして最も適当なものを次の中から選びなさい。解答番号は15。(2点)

a　洪武帝　　b　正統帝　　c　永楽帝　　d　建文帝

問4　空白部［エ］に入るものとして最も適当なものを次の中から選びなさい。解答番号は16。(2点)

a　千戸制　　b　里甲制　　c　三長制　　d　衛所制

問5　空白部［オ］に入るものとして最も適当なものを次の中から選びなさい。解答番号は17。(3点)

a　「坤輿万国全図」　　b　「皇輿全覧図」　　c　賦役黄冊　　d　魚鱗図冊

問6　空白部［カ］に入るものとして最も適当なものを次の中から選びなさい。解答番号

号は 18。（３点）

a　顧憲成　b　董其昌　c　王安石　d　張居正

問７　空白部 キ に入るものとして最も適当なものを次の中から選びなさい。解答番号は 19。（３点）

a　アカプルコ　b　アチェ　c　マニラ　d　マカオ

問８　下線部①に関連して述べた文として正しいものを次の中から選びなさい。解答番号は 20。（３点）

a　司馬睿によって建国された。

b　建康を都とした。

c　呉を滅ぼして中国を統一した。

d　帝位をめぐって呉楚七国の乱がおこった。

問９　下線部②に関連して述べた文として正しいものを次の中から選びなさい。解答番号は 21。（３点）

a　則天武后の一族の専横に反発しておこった。

b　白蓮教徒が反乱軍の中心となった。

c　反乱軍は南京を占領し、天京と改称した。

d　ウイグルの援軍によって鎮圧された。

問 10　下線部③に関連して、中国の貨幣について述べた次の文Ｘ～Ｚが、年代の古いものから順に正しく配列されているものを下の中から選びなさい。解答番号は 22。（３点）

Ｘ　統一貨幣として半両銭が発行された。

Ｙ　紙幣として交子が発行された。

Ｚ　交鈔が主要な通貨となった。

a　Ｘ→Ｙ→Ｚ　b　Ｘ→Ｚ→Ｙ　c　Ｙ→Ｘ→Ｚ

d　Ｙ→Ｚ→Ｘ　e　Ｚ→Ｘ→Ｙ　f　Ｚ→Ｙ→Ｘ

問 11　下線部④に関連して述べた文として正しいものを次の中から選びなさい。解答番号は 23。（３点）

a　キリスト教布教を全面禁止した。

b　台湾の鄭氏を平定した。

c　ヨーロッパ船の来航を広州１港に制限した。

d　『四書大全』や『五経大全』を編纂させた。

問 12　下線部⑤の理由に関連して述べた次の文ＸとＹの正誤の組合せとして最も適当なものを下の中から選びなさい。解答番号は 24。（３点）

Ｘ　地丁銀制で人頭税が廃止されたことで、税から逃れるために戸籍を隠す必要がなくなったから。

Ｙ　アメリカ大陸からトウモロコシやサツマイモなどの作物が伝来し、土地が開墾されて人口の増加を支えたから。

a　X－正　　Y－正　　b　X－正　　Y－誤
c　X－誤　　Y－正　　d　X－誤　　Y－誤

［3］　世界史上の条約に関する後の問いに答えなさい。(36点)

問1　前13世紀、エジプト新王国はヒッタイトとシリアのカデシュで戦い、現在確認できる最古の講和条約を結んだとされる。エジプト新王国について述べた次の文XとYの正誤の組合せとして最も適当なものを下の中から選びなさい。解答番号は25。(3点)

X　アレクサンドリアを都とした。
Y　王国の末期にヒクソスが流入した。

a　X－正　　Y－正　　b　X－正　　Y－誤
c　X－誤　　Y－正　　d　X－誤　　Y－誤

問2　次の年表に示した**ア**～**エ**の時期のうち、フランク王国を分割したヴェルダン条約が締結された時期として最も適当なものを下の中から選びなさい。解答番号は26。(3点)

ア	
496年	クローヴィスがアタナシウス派に改宗した
イ	
774年	ランゴバルド王国が滅亡した
ウ	
987年	カペー朝が成立した
エ	

a　**ア**　　b　**イ**　　c　**ウ**　　d　**エ**

問3　1648年に締結されたウェストファリア条約について述べた文として正しいものを次の中から選びなさい。解答番号は27。(3点)
a　イタリア戦争の講和条約として結ばれた。
b　フランスはアルザスを失った。
c　カルヴァン派が公認された。
d　この条約締結により、神聖ローマ帝国は消滅した。

問4　1689年には清とロシアの間でネルチンスク条約が締結された。この条約締結時の君主の組合せとして最も適当なものを次の中から選びなさい。解答番号は28。(3点)
a　康熙帝－ミハイル=ロマノフ
b　康熙帝－ピョートル1世(大帝)
c　雍正帝－ミハイル=ロマノフ
d　雍正帝－ピョートル1世(大帝)

問５　フランスのパリで締結された条約はいくつもある。パリ条約について述べた次の文X～Zが、年代の古いものから順に正しく配列されているものを下の中から選びなさい。解答番号は 29。（３点）

Ｘ　フランスからイギリスにカナダが割譲された。
Ｙ　黒海の中立化が定められた。
Ｚ　イギリスからアメリカ合衆国にミシシッピ川以東のルイジアナが割譲された。

a　X→Y→Z　　b　X→Z→Y　　c　Y→X→Z
d　Y→Z→X　　e　Z→X→Y　　f　Z→Y→X

問６　トルコマンチャーイ条約について述べた次の文章中の空白部 **オ** ・ **カ** に入る語句の組合せとして最も適当なものを下の中から選びなさい。解答番号は 30。（３点）

トルコマンチャーイ条約は、1828 年にロシアと **オ** との間に締結された。この条約によって **オ** はロシアに **カ** を割譲し、治外法権を認めた。

a　**オ**－カージャール朝　　**カ**－アルメニア
b　**オ**－カージャール朝　　**カ**－ホルムズ島
c　**オ**－パフレヴィー朝　　**カ**－アルメニア
d　**オ**－パフレヴィー朝　　**カ**－ホルムズ島

問７　1842 年に締結された南京条約について述べた文として正しいものを次の中から選びなさい。解答番号は 31。（３点）
a　遼東半島をイギリスに割譲した。
b　朝鮮の独立を認めた。
c　外国軍隊の北京駐屯を認めた。
d　公行の廃止を認めた。

問８　1919 年にドイツと連合国との間で結ばれたヴェルサイユ条約により、ドイツの租借地や植民地は戦勝列強国に分配された。ドイツが失った租借地や植民地として誤っているものを次の中から選びなさい。解答番号は 32。（３点）
a　マダガスカル　　b　カメルーン　　c　マリアナ諸島　　d　膠州湾

問９　1921～22 年に開かれたワシントン会議で締結された条約について述べた次の文章中の空白部 **キ** ・ **ク** に入る語句の組合せとして最も適当なものを下の中から選びなさい。解答番号は 33。（３点）

キ の保有トン数と保有比率を定めた海軍軍備制限条約や、太平洋諸島の現状維持などを定めた **ク** などが締結された。

a　**キ**－主力艦　　**ク**－九カ国条約
b　**キ**－主力艦　　**ク**－四カ国条約
c　**キ**－補助艦　　**ク**－九カ国条約
d　**キ**－補助艦　　**ク**－四カ国条約

問10　1929年に締結されたラテラノ（ラテラン）条約について述べた次の文ＸとＹの正誤の組合せとして最も適当なものを下の中から選びなさい。解答番号は34。（３点）

Ｘ　イタリアに「未回収のイタリア」を割譲することが約束された。
Ｙ　イタリアはヴァチカン市国の独立を認めた。

a　Ｘ－正　Ｙ－正　b　Ｘ－正　Ｙ－誤
c　Ｘ－誤　Ｙ－正　d　Ｘ－誤　Ｙ－誤

問11　1950年に中ソ友好同盟相互援助条約が結ばれたが、その後両国の関係は悪化し、1960年にこの条約は有名無実化した。この理由について述べた文として正しいものを次の中から選びなさい。解答番号は35。（３点）
a　中国がソ連の平和共存路線を批判したから。
b　中国がアメリカ合衆国との国交を正常化したから。
c　ソ連がアフガニスタンへ侵攻したから。
d　ソ連とアメリカ合衆国の首脳が冷戦の終結を宣言したから。

問12　レーガン大統領の時代に結ばれた軍縮に関する条約として最も適当なものを次の中から選びなさい。解答番号は36。（３点）
a　包括的核実験禁止条約（CTBT）　b　部分的核実験禁止条約
c　核拡散防止条約（NPT）　d　中距離核戦力（INF）全廃条約

c　異例の出世で社長の右腕となった。　　d　同市の煙害対策は画期的なものだ。

(2)　先生は天平時代の仏像彫刻に造詣が深い。

a　大臣は贈収賄の罪に問われている。　　b　あの人が新しい大司教だ。

c　彼はすっかり競馬に入れあげている。　　d　ご参拝の方はこちらにどうぞ。

三　次の問いに答えなさい。（各2点、計10点）

問一　次の傍線部に当たる漢字と同じものを、それぞれa～dの中から一つ選びなさい。
解答番号は（1）は24、（2）は25、（3）は26。

（1）あんなに罵トウしなくてもいいだろうに。

a　桃太郎一行は鬼のトウ伐に向かった。
b　築年数も古く、トウ壊寸前の状態だ。
c　格トウ技なら、何であれお手のものだ。
d　結果的に今期のトウ達目標を達成した。

（2）きみはよくオク面もなくそんなことが言えるな。

a　友人は株で儲けて巨オクの財をなした。
b　父はこの頃、記オク力が低下している。
c　虫が怖いなんて、オク病なやつだなあ。
d　几帳面な彼は、オク付にまで目を通す。

（3）河川が氾ランし、甚大な被害をもたらした。

a　氏名はラン外の余白にお願いします。
b　土日祝日以外は、閲ランできます。
c　それこそ職権のラン用というものだ。
d　彼らは、反ラン分子として片づけられた。

問二　次の傍線部の漢字と同じ読みのものを、それぞれa～dの中から一つ選びなさい。
解答番号は（1）は27、（2）は28。

（1）角の立たないよう婉曲に断っておいた方がいいだろう。

a　これは海外でもよく知られた謡曲だ。
b　ナポリ湾の汚染が悪化している。

a　犬や猫の世話をするのに飽きる

b　餌代が膨大になり、金銭的に苦しくなる

c　犬や猫が病気になり、手に負えなくなる

d　ペット不可のマンションに引っ越す

問十一　傍線部⑩「明らかに関係がある」が表す意味としてもっとも適切なものを次の中から選びなさい。解答番号は23。（4点）

a　都道府県による犬や猫の引き取り数が減少すると、新たな飼い主の希望を満たす犬や猫を提供することが難しくなるため、殺処分率が減少する。

b　都道府県による犬や猫の引き取り数が減少すると、事務量が減少して新たな飼い主を探すなどの対策が取りやすくなるため、殺処分率が減少する。

c　都道府県による犬や猫の引き取り数が減少すると、新たな飼い主を探す労力が増えて事務量が増大するため、殺処分率が減少する。

d　都道府県による犬や猫の引き取り数が減少すると、犬や猫を捨てようと考える国民の数も減少するため、殺処分率が減少する。

生徒Ａ――都道府県の引き取り数が減るのと、殺処分率の低下は⑩明らかに関係があるので、やっぱり国民に対する意識改革こそが動物愛護にもっとも効果的ってことなんだね。

問八　空白部［⑦］に当てはまるものとしてもっとも適切なものを次の中から選びなさい。解答番号は20。（4点）

a　ニホンジカやイノシシなんかは害獣だからね
b　ニホンジカやイノシシだって動物なのにね
c　ニホンジカやイノシシは農作物を食べないからね
d　ニホンジカやイノシシは速やかに捕獲すべきだね

問九　傍線部⑧に関して、**【資料2】**の「殺処分率」の説明としてもっとも適切なものを次の中から選びなさい。解答番号は21。（4点）

a　二〇一九年度は二〇〇四年度の三分の一以下まで減少している。
b　二〇一六年度以降、殺処分率は減少しなくなり停滞している。
c　減少幅が二番目に大きい年度間でも減少幅は10％を超える。
d　二〇一八年度から二〇一九年度の減少幅はこれまでで最低である。

問十　空白部［⑨］に当てはまるものとしてもっとも適切なものを次の中から選びなさい。解答番号は22。（3点）

生徒A――ニホンジカやイノシシが農作物へ被害を及ぼすという理由で、10年で半減を目指しているというのは初めて知った。ちょっとショックだったな。

生徒B――本当にそうだね。［　　⑦　　］。

生徒C――ニホンジカやイノシシはペットとして飼うというわけにもいかないしね。それに対して犬や猫の場合はペットが多いんだろうけど、こっちも飼い主が無責任に捨てるから、結局は多くが殺処分になってるみたいだね。

生徒A――うん、やっぱりそれは人間のせいだからなんとかしたいよね。でも、【資料2】を見てみると⑧殺処分率は着実に下がっているみたいだね。

生徒B――もちろんそうなんだけど、近年になると停滞気味だね。もうこれ以上は殺処分率を下げるのは難しいのかな。

生徒C――というか、そもそも捨てなければいいのに。面倒を見られないんだったら飼うなって話だよね。

生徒A――確かに私もそう思うんだけど、［　　⑨　　］とかの理由もあるんだろうね。

生徒B――猫はその理由の可能性が大きいよね。あ、犬も室内で飼えるのもいるか。

生徒C――そうだよね。当初から猫の方が引き取り数は多いもんね。ということは、それだけ捨てられている数も多いってことだろうし。

教師――最初に読んだ文章では、ニホンジカやイノシシ等による農作物等への被害が話題になっていましたね。やむなく捕獲を進めなければいけない場合もあれば、一方では動物愛護をおこなう場合もあります。【資料2】は都道府県等に引き取られる犬猫の数の推移を表したものです。先ほどの資料も踏まえて、【資料2】を見ながらグループで話し合ってみましょう。

【資料2】　全国の犬猫の引取数の推移

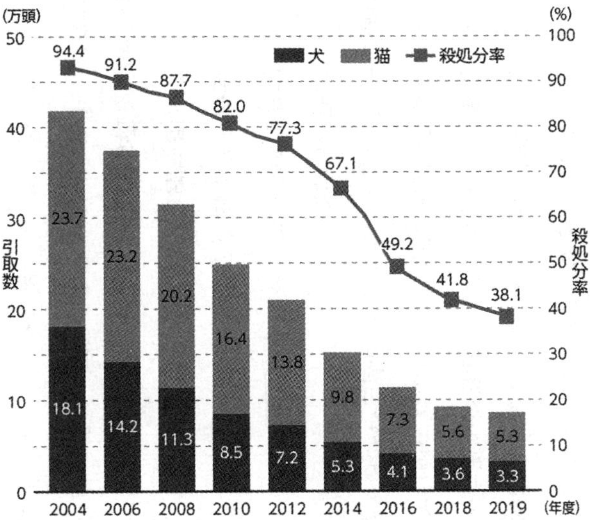

注：2005年度以前の犬の引取数は、狂犬病予防法に基づく抑留を勘案した推計値。

資料：環境省

a　18万人　　b　20万人　　c　33万人　　d　35万人　　e　38万人

問六　傍線部⑥「農林水産業への被害防止等」に当てはまらないものはどれか。もっとも適切なものを次の中から選びなさい。解答番号は18。（4点）

a　侵入防止柵の設置
b　捕獲活動や追払い
c　捕獲鳥獣の食肉（ジビエ）利用
d　鳥獣との共存

問七　【資料1】の説明としてもっとも適切なものを次の中から選びなさい。解答番号は19。（4点）

a　全体の捕獲数は調査開始から減じることなく増加し続けている。
b　狩猟による捕獲数は調査開始から減じることなく増加し続けている。
c　許可捕獲による捕獲数は二〇一〇年前後には狩猟による捕獲数を上回った。
d　指定管理鳥獣捕獲等事業による捕獲は二〇一〇年前後から始まった。

次に示すのは、前に示した文章を読んだ後に、三人の生徒が教師から与えられた新たな調査結果を見ながら話し合っている場面である。

b　ニホンジカやイノシシ等の数が少なくなりすぎて、出現する場所は多くなった。

c　ニホンジカやイノシシ等の数が多くなりすぎて、出現する場所は少なくなった。

d　ニホンジカやイノシシ等の数が多くなりすぎて、出現する場所も多くなった。

問二　空白部 ② に入る語としてもっとも適切なものを次の中から選びなさい。解答番号は14。（3点）。

a　客観的　b　観念的　c　抜本的　d　突発的　e　打算的

問三　傍線部③「指定管理鳥獣捕獲等事業は」という主語はどこに係るか、もっとも適切なものを次の中から選びなさい。解答番号は15。（4点）

a　集中的かつ広域的に管理を図る必要がある

b　環境大臣が指定した指定管理鳥獣（ニホンジカ及びイノシシ）

c　都道府県又は国の機関が捕獲等を行い

d　適正な管理を推進するものです

問四　傍線部④「事業者」が指すものは何か。もっとも適切なものを次の中から選びなさい。解答番号は16。（3点）

a　国の機関　b　都道府県　c　従事者

d　団体　e　鳥獣　f　狩猟者

問五　傍線部⑤に関して、狩猟者数は一九七〇年度から二〇一六年度にかけて何万人減少していると述べられているか。もっとも適切なものを次の中から選びなさい。解答番号は17。（3点）

【資料1】　ニホンジカの捕獲数の推移

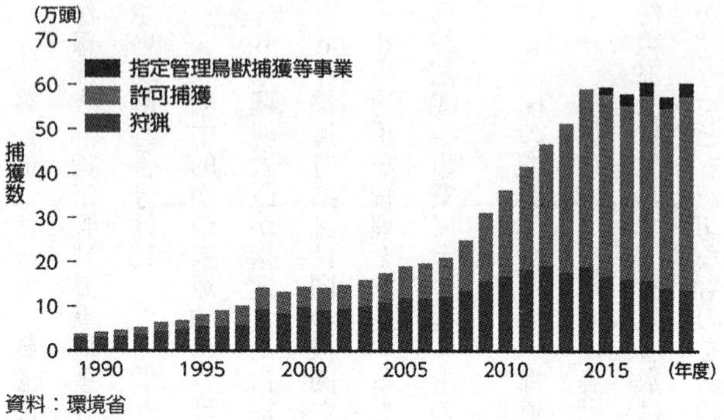

（環境省『令和三年版 環境・循環型社会・生物多様性白書』より）

問一　傍線部①「こうした状況」の説明としてもっとも適切なものを次の中から選びなさい。

解答番号は13。（4点）

a　ニホンジカやイノシシ等の数が少なくなりすぎて、出現する場所も少なくなった。

識が一定の基準に適合し、安全を確保して適切かつ効果的に鳥獣の捕獲等を実施できる④事業者を都道府県が認定するもので、42都道府県において一五三団体が認定されています（二〇二一年三月時点）。

また、⑤狩猟者については、一九七〇年度の約53万人から二〇一二年度には約18万人まで減少しました。二〇一六年度には約20万人と微増してはいるものの、二〇〇八年度以降は六十歳以上の狩猟者が全体の六割を超えており、依然として高齢化が進んでいることから、引き続き捕獲等を行う鳥獣保護管理の担い手の育成が求められています。このため、政府において、狩猟免許の取得年齢の引下げ、狩猟の魅力を紹介する「狩猟の魅力まるわかりフォーラム」の開催、鳥獣保護管理に係る専門的な人材を登録し紹介する事業など、様々な取組を行いました。

⑥農林水産業への被害防止等の観点から、侵入防止柵の設置、捕獲活動や追払い等の地域ぐるみの被害防止活動、捕獲鳥獣の食肉（ジビエ）利用の取組等の対策を進めるとともに、鳥獣との共存にも配慮した多様で健全な森林の整備・保全等を実施しました。また、ニホンジカによる森林被害の防止に向けて、広域かつ計画的な捕獲のモデル的実施、捕獲等の新技術の開発・実証に対する支援等を行いました。さらに、トドによる漁業被害防止対策として、出現状況等の調査や改良漁具の実証試験等を行いました。これらの取組の実施により、ニホンジカ及びイノシシの捕獲数は増加し、二〇一四年度をピークに、推定個体数は減少傾向にあると考えられています。

二　次の文章と資料を参照して、後の問いに答えなさい。（40点）

近年、ニホンジカやイノシシ等の一部の鳥獣については、急速に生息数が増加するとともに生息域が拡大し、その結果、自然生態系や農林水産業等への被害が拡大・深刻化しています。①こうした状況を踏まえ、二〇一三年に、環境省と農林水産省が共同で「抜本的な鳥獣捕獲強化対策」を取りまとめ、当面の目標として、ニホンジカ、イノシシの個体数を10年後（二〇二三年度）までに二〇一一年度と比較して半減させることを目指すこととしました。特に二〇二〇年の秋からは、半減目標を達成するため、各都道府県や関係機関と連携し、捕獲活動を［　②　］に強化する「集中捕獲キャンペーン」を展開しました。

二〇一五年五月に施行された鳥獣保護管理法においては、都道府県が捕獲等を行う指定管理鳥獣捕獲等事業や捕獲の担い手の確保・育成に向けた認定鳥獣捕獲等事業者制度の創設など、「鳥獣の管理」のための新たな措置が導入されました。

③指定管理鳥獣捕獲等事業は、集中的かつ広域的に管理を図る必要があるとして環境大臣が指定した指定管理鳥獣（ニホンジカ及びイノシシ）について、都道府県又は国の機関が捕獲等を行い、適正な管理を推進するものです。国は指定管理鳥獣の捕獲等の強化を図るため、都道府県が実施する指定管理鳥獣捕獲等事業に対し、交付金により支援を行っています。二〇二〇年度においては、43道府県等で当該事業が実施されました。

認定鳥獣捕獲等事業者制度は、鳥獣保護管理法に基づき、鳥獣の捕獲等に係る安全管理体制や従事者の技能・知意味なものにしてしまう危険性を秘めているから注意が必要だ。

b　世界との接し方がうまくいかず、日常にひっかかりが生じてしまうのは、倫理の問いに悩まされて不安になっているところに、異質なものと出会うときである。

c　ひとたび工場畜産の現状を知ってしまえば、たとえそれにひっかかることがなくとも、もはや昨日までのように、当たり前のこととして肉を食べることはできない。

d　スーパーで晩ご飯の買い物をする際に思い悩む場合でも、状況や意識の持ち方によっては、経済的な問いだけでなく、同時に倫理的な問いになることもありうる。

e　社会に密かに蔓延する集団的偏見は、誰かに対する不正義をなかったことにしてしまうかもしれないので、「自分が悪い」という意識を持つことが重要となってくる。

問十　傍線部6「非常に危険なこと」の例としてふさわしくないものを、次の中から一つ選びなさい。解答番号は10。（5点）

a　女子学生についての先生の言い方がおかしいと思いながらも、みんなが笑っていたので、とりあえず自分も笑うことにした。

b　教卓の掃除がまだ終わっていないことに気づいたが、既に校門を出てしまっていたので、考えないことにしてそのまま帰宅した。

c　お弁当を家に忘れてきたことに気づいて、作ってくれた母に悪いと思ったのだが、学校の売店でパンが買えると考えると楽しくなってきた。

d　部活動の時間の変更を、休んでいた友だちに連絡してあげようかと思ったが、誰かほかの人が言うだろうと思い直してやめた。

e　ダイエット中であったのだが、父親が有名店のケーキを買ってきたので、うしろめたいと思いながらも食べてしまった。

問十一　二か所の空白部［エ］にあてはまるものとして、もっとも適切なものを次の中から選びなさい。解答番号は11。（4点）

a　自覚的　　b　解釈的　　c　差別的　　d　日常的　　e　認証的

問十二　本文の趣旨として、もっとも適切なものを次の中から選びなさい。解答番号は12。（5点）

a　日常の内側で扱われる問いと、日常そのものを扱う問いの区別は、経済的な問いや健康上の問いを無

a　荷物もかさばるし多少面倒ではあるが、プラスチックごみの削減のため、出かけるときにはエコバッグを持参するべきではないかと家族で話し合う。

b　晩ご飯の支度をしながら、子供が嫌がるからといって、いつも魚の小骨をあらかじめ取ってしまっては教育にならないのではないかと考える。

c　県大会が来週に迫っていて部活動が長引き帰宅が遅くなるので、お弁当の中の嫌いなおかずも残さず食べておこうと判断する。

d　父が病気で倒れたために苦しくなった家計の負担を考えて、第一志望の東京の大学を諦めて地元の大学に進学するべきだろうかと思案する。

e　ふだん我々が口にしているものが、どのように作られているかを知るために、校外学習の行先に、ソーセージ工場を加えることを検討する。

問八　傍線部5に関して、谷間の村のスーパーマーケットを舞台にした、ノーベル文学賞受賞作家の作品を次の中から一つ選びなさい。解答番号は8。（4点）

a　1973年のピンボール　　b　なんとなく、クリスタル

c　万延元年のフットボール　　d　限りなく透明に近いブルー

問九　三か所の空白部［ウ］にあてはまる語として、もっとも適切なものを次の中から選びなさい。解答番号は9。（4点）

a　保障する　　b　取り戻す　　c　考える　　d　優先する　　e　侵害する

問五　傍線部2「ここでの平穏」の指示している内容として、もっとも適切なものを次の中から選びなさい。
解答番号は5。（4点）

a　3年間、野球部の練習に取り組んできたが、地区予選の決勝で敗北し、甲子園の夢が終わった。その瞬間、虚脱感と解放感を覚えて不思議と安らかな気持ちになった。

b　友だちの心無い言葉に傷ついて、眠れなくなり学校を休みがちになっていたが、思い切って母親に打ち明けたことで気持ちが楽になって、再び登校できるようになった。

c　苦手な科目を放置してきたけれども、模擬試験で散々な点を取ったので、母親に怒られて勉強すると、点数が上がったばかりかそれまでの不安も解消された。

d　恋人にひどく馬鹿にされても気にしなかったのだが、友だちにそれはおかしいと言われて気になり、当の恋人と話し合ったところ、うまくいかずに別れることになった。

問六　傍線部3「交々」の読み方と意味の組み合わせとして、正しいものを次の中から一つ選びなさい。
解答番号は6。（4点）

a　こうごう・様々なものが入り混じり、次々と現れてくるさま

b　こうごう・二つの要素が溶け合い、ひとつになっているさま

c　こもごも・様々なものが入り混じり、次々と現れてくるさま

d　こもごも・二つの要素が溶け合い、ひとつになっているさま

問七　傍線部4「倫理の問い」としてふさわしくないものを、次の中から一つ選びなさい。解答番号は7。（4点）

	Ⅰ	Ⅱ	Ⅲ	Ⅳ
a	けれども	あるいは	さらに	だから
b	そして	たとえば	もちろん	さらに
c	とはいえ	また	一方	そして
d	もちろん	そして	たとえば	しかし
e	また	しかし	そのうえ	一方

問三　二か所の空白部［イ］にあてはまる語として、もっとも適切なものを次の中から選びなさい。解答番号は3。（4点）

a　世界　b　知識　c　関心　d　確信　e　問い

問四　傍線部1「至る」と同じ品詞を含むものを次の傍線部の中から一つ選びなさい。解答番号は4。（4点）

a　早朝から1時間も走るなんて、大した奴だ。

b　この夏、初めてクジラを海で見た。

c　最近は、似たような歌ばかりが流行する。

d　ついつい簡単な方を選んでしまう。

e　あらゆる可能性を視野に入れておくべきだ。

平穏な日常を奪っておきながら、自分だけは様々なごまかしの上に、何事もないようにして暮らしていはしないか、世界を自分に都合のいいように解釈してはいないかと、私たちは常に疑う用意をもっておくべきです。

（佐藤岳詩『「倫理の問題」とは何か　メタ倫理学から考える』より）

注1　遡及…さかのぼって影響を及ぼすこと。

問一　空白部［ア］にあてはまるものとして、もっとも適切なものを次の中から選びなさい。解答番号は1。（4点）

a　倫理的　　b　典型的　　c　構造的　　d　実質的　　e　直接的

問二　空白部［Ⅰ］～［Ⅳ］には、文をつなぐ言葉が入る。その組み合わせとして、もっとも適切なものを次の中から選びなさい。解答番号は2。（4点）

「居心地が悪い」「わりきれない感じがする」「やましい」「すっきりしない」「何かよからぬものを感じる」「筋が通らない」など、言葉にしにくい微妙なもので表れることが多いように思います。偏見や先入観というものは、本当に自分では気づきにくいものです。 Ⅳ 、そうしたちょっとしたことに対する感受性こそ、私たちには必要なものであり、私たちは自分たち自身でそれを自覚的に育てていく必要があります。

フリッカーは特に、このことを強調していました。認識的不正義について、彼女は証言的不正義とは別に、 エ 不正義というものを挙げています。 エ 不正義とは、差別的な偏見などに基づく認知的資源の不足から、人の社会的経験の重要な領域が覆い隠されてしまう不正義を指します。要するに、正しく事態を捉えるための情報に、社会的な偏見からアクセスすることができなくなっており、その情報の不足のために、本来在るべき仕方とは違う仕方である人を見てしまったり、その人の経験を評価してしまったりすることです。

私たちはしばしば、社会に密かに蔓延する集団的偏見に基づいて、それは何でもないこと、そういうもの、としてしまうことによって、誰かに対する不正義をなかったことにしてしまいます。それは、証言的不正義の場合と同様、被害者の側からもです。こういう目に遭うのが、自分たちの日常なんだと。しかし、注意深く見回していけば、ひっかかりに気づくことができるかもしれません。そして、被害者の方も、これはおかしい、これは私たちの望む日常ではない、と気づくことができるかもしれません。たとえば、そのひっかかりに名前を与えることはその第一歩かもしれません。

ひっかかりに目をつぶって見たいものだけを見ているとき、私たちの倫理は歪んだものとなっています。他人のその意味でも、値段が安いかどうかといった単なる経済的な問い以上に、日常を覆すような問い、すなわち日常それ自体に対する問いになっているという意味でも、経済的な問い以上に、動物の苦痛を考えるということは、日常それ自体に対する問いになっています。

もちろん、経済的にひどく困窮したり重病を患ってしまったりすることで、これまで通りの日常を送ることが困難になることもあります。その場合、私たちは新たな日常のために、何らかの倫理的な決断を迫られることになり、そこには倫理の問いが現れることになります。

たとえば限られた貯金を子どもの養育費に充てるか、母の治療費に充てるか、といった場合です。そのとき、経済的な問いは同時に、倫理的な問いにもなります。あるいは経済を［ウ］か、人命を［ウ］か、という問いは、経済と倫理の対立というよりは、それ自体が倫理の問いです。経済を［ウ］という決断もまた、このとき一つの倫理的決断なのです。

毎日が摩擦やひっかかりばかりだと生きることが苦しくなってしまいます。そのため、ひっかかりはないに越したことはないでしょう。しかし、それでも、摩擦やひっかかりがまったくない毎日が良いこととも限りません。それはより良い方へと成長する機会を逃しているかもしれない、という意味でもそうです。しかしそれ以上に、本来なら、摩擦があるはずのことに、目をつぶってしまっていたり、ひっかかるべきところをごまかしてしまったりしているかもしれない、という意味で、6それは非常に危険なことでもあります。

ひっかかりは、これまで扱ってきた善悪、正不正などのわかりやすい倫理の言葉というよりは、「うしろめたい」

ても、それらを通じて、私たちは再び平穏な日常を取り戻そうとしていると考えることができるように見えます。その際、2ここでの平穏は文字通りの平穏を意味しません。むしろ、日常の様々なことに泣いたり笑ったり怒ったり喜んだりできるという意味での平穏です。

そうした悲喜3交々の日常を支えているものについての問いが4倫理の問いだと考えるなら、倫理の問いと、それ以外の問いとの関係も少しずつ見えてきます。それは日常の内側で扱われる問いと、日常そのものを扱う問いの区別ということができるかもしれません。

［　Ⅲ　］、経済的な問いや健康上の問いは、基本的には、安定した日常のうちに含まれた問いであるように思います。つまり、値段や栄養、味の観点から肉を買うか、野菜を買うかという問いは、それを問うこと自体が日常の一部であることがほとんどでしょう。5スーパーで晩ご飯に何を食べようかと悩むのは私たちのありふれた生活の一場面です。

他方、倫理の問いは、そうした日常の成立にかかわる問いです。動物の苦痛を考えて肉を買うことを躊躇《ちゅうちょ》する場合、そこで問われているのは、動物に対してどのような態度をとるか、ものを言わず、苦しみを直接に訴えることができない存在者に対して、どのように接するかということであり、これについて真剣に悩み何らかの答えをだすことは、これからの日常の在り方そのものを変えてしまう可能性をもちます（同時に、注1遡及《そきゅう》的に、これまでの日常の評価を変えてしまいます）。それらは、経済的な事情で肉を買うかどうかを決めることを自分の日常の一部にしていてよいのか、ということへの反省を促します。

はうまくいかなそうな見込みを得たとき、これまでのやり方は本当に正しかったのか、この選択は本当に正しいのか、これから私は何をなすべきか、という問いをたてます。そこで問われている事柄や答え、求められている知識の内容は、何にひっかかりを覚えさせられたのかによって、それぞれの場面で違います。

　しかし、いずれにしても、その背後に共通してあるのは、もう一度、うまく世界と接することができるようになりたい、そして日常を取り戻したい、そして可能であれば、これを機会により良い接し方を探したい、という思いではないでしょうか。

　たとえば、ある人は、動物への関心と、自分のこれまでの食生活とを考えて、思い悩んでしまい、その苦悩を解消するために倫理的な［イ］を求めているのかもしれません。そして、少なくとも、工場畜産で生産された肉を食べることは正しくないと判断し、動物福祉に配慮した農場で生産された肉や卵だけを食べよう、と答えを出すことで苦悩を解消するかもしれません。

　また、新しい科学技術を前に逡巡している人も、これまでの倫理的な知識が通じない見込みから、立ち止まってしまっているのかもしれません。彼らはその技術が存在する世界と、存在しない世界を想像し比較し、倫理的な［イ］に1至ることで、その技術の開発を推進すべきか、規制すべきかを判断できるかもしれません。

　あるいは、差別やハラスメントについても、自分は悪くない、相手が悪いという確信に至ることができれば、とるべき態度も決められるかもしれません。

　もちろん、そこで得られた確信に基づいて、何かの対応がただちにとれるとは限りません。ですが、いずれにしもいいのだろうか」と悩み始めるかもしれません。

立ち止まることになるのは、人や生き物との出会いに限りません。これまでなかった新しい科学技術などとの出会いもまた、私たちに倫理の問いを投げかけます。新しい技術には、これまで通りのやり方が通用しないことが多々あります。遺伝子操作技術や人工知能の技術は、私たちの日常を根本的に変えてしまうかもしれません。そうしたものの出現を目の前にすることで、私たちは自分たちの日常を問い直すことになります。

［Ⅰ］、もっとずっと苦しい出会い方の場面もあります。たとえばいじめや差別にあったとき、ドメスティックバイオレンスやハラスメントの被害にあったとき。私たちは突如として、自分の日常のなかではおよそ許容し得なかった、存在が認められなかった圧倒的な暴力に曝されます。このとき、最初から最後まで「相手が悪い」「世界が悪い」という考えを貫ける人はそう多くありません。むしろ、こうした仕方で自分の当たり前の接し方が世界に通じなかったとき、多くの人は「私が悪いんだろうか」「私が悪いからこんなひどい目にあうんだろうか」「私のやり方が間違っているのだろうか」「私が我慢すればいいのだろうか」と考えてしまうものです。

［Ⅱ］癌などの大きな病や、大地震などの天災。こうしたものは、急に外からやってきて、私たちの日常を破壊し、根本的に変えてしまいます。日常は突如として失われ、私たちは非日常のなかに放り込まれます。そのなかで、私たちはなんとかしてもう一度日常を取り戻し、生きていく術を探すことになります。

一連の場面から、以下のようなことを見てとることができるのではないでしょうか。私たちは生きていく上で、自分たちのこれまでの世界との接し方にひっかかりを覚えたり、それがうまくいかなくなったりしたとき、あるい

国語

（二教科型…六〇分
三教科型…二教科一二〇分）

一　次の文章を読んで、後の問いに答えなさい。（50点）

どんなときに、私たちの世界との接し方はうまくいかず、日常にひっかかりが生じるのでしょうか。[ア]には、これまでの自分の経験のなかにはない、異質なものと出会ったときです。こうなるはずだったのに、そうはならなかった。そうしたものは私たちの外部からやってきます。これまでの自分の日常にはなかった何かとの出会い、自分とはまったく違う仕方で世界と接している人との出会い、そうした様々な出来事を通じて、私たちは自分の世界への接し方は一つの方法に過ぎず、別の接し方の可能性があるのだと気づかされます。

たとえば、お祭りで綺麗な金魚をすくってきた日の晩ご飯が焼き魚だった、可愛い飼い猫が誇らしげに雀を狩ってきた、そうした出来事によって、肉を食べるというそれまで当たり前だったことに、少しのひっかかりを覚える人もいるかもしれません。そして、たまたまヴィーガン向けのカフェに入店したことで、たまたまクリックしたサイトで工場畜産の現状を知ってしまったことで、好きな芸能人が菜食主義者だと知ったことで、「動物の肉を食べて

解答編

英語

1 解答　A．1－a　2－d　3－b　4－d　5－d
B．6－c　C．7－a　D．8－d　E．9－b
F．10－c

解 説　≪脳の大きさと緯度との関係≫

A．1．The biggest brains, averaging 1,484 milliliters, were from Scandinavia と the smallest brains, (　①　) 1,200 milliliters, came from Micronesia の文は～, while…「～だが一方…」を中心として，その前後が同じ形をしている。同じ形をしているということはその前後はほぼ同じようなことを表していると考えられる。よって，averaging の意味に近い a．around「およそ，約」が正解である。

2．第 2 段第 2 文（This would imply…）には「さらなる視覚入力に対応し処理するために，脳は大きくなければならない」と書かれており，第 2 段第 3 文（(　②　), say Pearce…）には「光の少なさと大きな脳には密接な関係がある」と書かれている。この 2 つの文は「*A*，それゆえに *B*」という論理関係が成立するので，d．Thus「それゆえに」が正解である。

3．第 3 段最終文（According to another…）には「農耕民族は狩猟民族ほど多くの視覚情報に対応し，処理する必要はない」と書かれており，(　③　) の直後（don't require such…）には「そのような大きな脳を必要としない」と書かれている。この 2 つの文は「*A*，その結果として *B*」という論理関係が成立するので，b．consequently「その結果として」が正解である。

4．(　④　) の直後には，climate and geographical factors「気候や地理的要因」とあり，その後には，women living at higher latitudes gather less food「高緯度に住む女性は採集する食料がより少ない」と書

かれている。食料を採集することは気候や地理的要因に影響されると考えられるので，d．Owing to ～「～のために」が正解である。

5．第4段第4～6文（So what do … greater cognitive performance.）を要約すると「高緯度に住んでいる女性は衣服作りや食品加工などの複雑な技術を要する仕事を家で行うので，認知能力が高い」となる。また，最終段第2文（It is interesting …）には，「同じ現象が鳥にもあてはまる（＝高緯度に住む鳥も人間と同様に脳がより大きい）」とあり，（　⑤　）のある最終文（Or is it …）では，その理由として「鳥も高緯度に住んでいる女性と同様に家で技術力を発達させているのか」と疑問を呈しており，人間の「家」に該当するのは鳥の「巣」であると考えられるのでd．nest「巣」が正解である。

B．6．第2段第3文（（　②　），say Pearce …）には「光の少なさと大きな脳には密接な関係がある」と書かれているので，「利用できる光の量が減るにつれて，脳は大きくなる」という意味のcが正解である。

C．7．aの意味は「低緯度にいる狩人は狩りに出かけるときに，より多くの記憶を利用するようだ」であり，これは第3段第4文（They must remember …）の内容と一致しない。bは第3段第2文（He says that …）の内容と一致する。cは第3段第4文（They must remember …）の内容と一致する。dは第3段最終文（According to another …）の内容と一致する。

D．8．dの意味は「衣服作りのための高度な技術を学んだり，活用したりすることは，脳を発達させる」であり，これは第4段第5・6文（They engage in … greater cognitive performance.）の内容と一致する。

E．9．最終段第3文（Birds at higher …）の意味は「高緯度に住む鳥の目は低緯度に住む鳥の目よりも大きい」であり，これはbと一致する。equator「赤道」

F．10．cの意味は「スカンジナビア人の脳はおそらく彼らが住む環境に適応するために発達した」であり「おそらく」の部分は，第2段第5・6文（Dimmer light requires … on this point.）や，第3段最終文（According to another …）にある seems to suggest「示唆しているようだ」に該当する。

2 解答

11－c　12－b　13－a　14－b　15－c　16－a
17－d　18－a　19－c　20－d　21－a　22－a

解 説　11.「映画のスケジュールを確認するためには，新聞の娯楽欄を見る」と考えられるので，c．entertainment「娯楽」が正解である。

12.「清水寺は旅行の目的地である」ので，b．destinations「目的地」が正解である。a．association「協会」　c．relaxation「休養」

13.「三度の食事，運動，規則正しい睡眠は健康にとって有益である」と考えられるので，a．beneficial「有益な」が正解である。be beneficial to～「～にとって有益である」　b．obvious「明らかな」　c．realistic「現実的な」　d．unique「独特の」

14. major in～「～を専攻する」　literature「文学」

15.「運転しながら電話をした」ことで支払うものは罰金であると考えられるので，c．fine「罰金」が正解である。a．balance「差額」　b．donation「寄付金」　d．tax「税金」

16. 文脈に合うようにemployees「従業員」を修飾できる形容詞を考えると，a．enthusiastic「熱心な」が最適である。b．intermediate「中間の」　c．nasty「意地悪な」　d．spiritual「精神的な」

17. 第2文に「明日，別の会議が行われるだろう」とあることから，会議は結論に達しなかったことがわかるのでd．reachが正解である。reach a conclusion「結論に達する」　a．extend「～を伸ばす」　b．investigate「～を調査する」　c．predict「～を予言する」

18. 研究結果の内容は「生まれて1日しか経っていない赤ちゃんは母親の声と他の女性の声を聞き分けることができる」というものなので，be capable of *doing*「～することができる」が正解である。distinguish *A* from *B*「*A*と*B*を区別する」　b．be full of～「～でいっぱいである」　c．be independent of～「～から独立している」　d．be typical of～「～に特有である」

19. form a line「列を作る」　a．assemble「～を集める」　b．draw「～を描く」　d．insert「～を差し込む」

20.「レイチェルは暑さを避けるために，日陰にいたかった」と考えられるので，d．shade「日陰」が正解である。

21. unfortunately「あいにく」より，「私の提案が政府によって却下された」という内容になると考えて，was not approved「承認されなかった」とする。b．occupy「～を占める」　c．precede「～に先行する」　d．reject「～を拒絶する」

22.「祖父母を尊敬している」より「彼らは英語を熱心に勉強した」が最適であるので，a．earnestly「熱心に」が正解である。b．formerly「以前は」　c．hardly「ほとんど～ない」　d．typically「典型的に」

3 解答

23―(c)　24―(c)　25―(d)　26―(a)　27―(a)　28―(c)
29―(d)　30―(c)

解説　23. guests を説明する関係代名詞に着目すると，この travel は動詞であることから，主格の関係代名詞を置かなければならないので，(c)が誤り。正しくは who である。

24.「比較級＋than any other 単数名詞」で最上級の意味を表す。よって，(c)が誤り。正しくは more である。

25. 冠詞と所有格（my など）は並べて使うことができないので「私の友達の１人」は，a friend of mine と表現する。このことを活用すると「私の友達の数人」は，some friends of mine となる。よって，(d)が誤り。

26. since「～以来」は現在完了の文で用いるので，現在進行形である(a)が誤り。正しくは現在完了進行形の has been providing である。

27. home は副詞であるので，直前に前置詞を置くことができないので，(a)が誤り。正しくは returning home である。

28. news は不可算名詞であり some of the fake news が主語になっているので，(c)が誤り。正しくは has caused である。

29.「何が起こっているか」は現在進行形を用いて，what is happening と表現する。よって，(d)が誤り。

30. nor に注目して，neither *A* nor *B*「*A* も *B* も～ない」の形にする。either は either *A* or *B* の形で用いると「*A* か *B* のどちらか」の意味である。よって，(c)が誤り。

4 解答

A．31－b　32－a　33－a　34－a　35－c
36－d

B．37－a　38－d　39－b　40－b　41－c

解説　≪創造的思考力と批判的思考力≫

A．31. 第1段第3文（Generally, thinking is …）に「一般的に思考は意識的な活動である」とあり，bと一致する。conscious は a conscious activity と対応し，mostly は generally と対応する。

32. 第2段第2～7文（One process is … focus is narrow.）に「創造的に考えるときの焦点は広いが，批判的に考えるときの焦点は狭い」とあり，aと一致する。

33. 第3段最終文（It may also …）に「それ（＝あなたがある候補者を支持するの）は，他の誰かが言うのを聞いたことに基づいているだけかもしれない」とあり，aと一致する。follow opinions of others「他人の意見にしたがう」

34. 第4段第4文（Much of our …）に「私たちの教育の多くは，思考は教えることができない，あるいは，いくつかの教科では，機械的に思考を教えるという考えに基づいている」とあり，思考を育てることを重視していないことがわかるので，aと一致する。emphasize「～を重視する」

35. 第6段第1文（Success in work …）に「仕事での成功も思考能力にかかっている」とあり，cと一致する。doing well at your work は success in work と対応している。

36. 最終段最終文（Using creative thinking …）に「考えを生み出すのに創造的思考を使い，考えを評価するのに批判的思考を使うことで，あなたは問題に対する最も論理的な解決法を見つけることができるだろう」とあり，dと一致する。

B．37. 第5段第3文（Successful students will …）に「成功する学生は，事実と意見を分析する」とあり，analyze facts and opinions が a．carefully observe「注意深く観察する」と対応する。

38. 第5段第4文（They will synthesize …）に「成功する学生は，異なる資料から情報を統合する」とあり，dと一致する。

39. 第5段第5文（Students who have …）に「思考能力の乏しい学生は，研究を行った後に結論を出すのに苦労する」とあり，思考能力のある学生，つまり成功する学生は，結論を出すのに苦労しないと解釈できる。よって，bを入れてstate what be inferred from research results「研究結果から推論したことを述べる」とする。

40. 第5段第2文（Professors do not …）に「教授は学生が講義や読み物で得た情報を単に繰り返すことを望んでいない」とあるので，bを入れてnot just adopting common ideas「一般的な考えを単に取り入れるのではなく」とする。

41. 第5段最終文（It will also …）に「思考力の乏しい学生は，考えを生み出したり問題を解決したりするのも難しい」とあり，思考力のある学生は，考えを生み出したり問題を解決したりすると解釈できるので，cを入れてfigure out how to deal with questions and difficulties「疑問や困難に対処する方法を理解する」とする。

5 **解答**　42－c　43－b　44－d　45－b

解説　42. All（passengers are expected to have their seatbelts fastened）and their electronic devices turned off for landing.

使役動詞のhaveが用いられており，have their seatbelts fastenedと（have）their electronic devices turned offという2つの意味のかたまりを見抜けるかがポイントである。

43. I think the form is clear enough, but（should you have any questions）, please do not hesitate to contact us.

元の文はif you should have any questionsであったが，ifが省略されて倒置の形になっている。

44. Go straight for two blocks, and you will see the famous statue（across the street from the bank）.

across the street from the bankは「銀行から通りを横切ったところに」の意味である。

45. I（feel like going to the beach to swim）today because I finished all the exams for the semester.

feel like *doing*は「～したい気がする」の意。to swimのto不定詞は目的「～するために」を表す。

6 解答例

(1) I feel much better now. I injured my ankle while I was playing soccer. The doctor told me that it will be cured in a couple of days. (at least 15 words)

(2) Since I can't walk around my house without someone's help, I am going to work at my desk on a research project on how people fall in love. (at least 15 words)

解説　(1) Aの最初の発言にある How are you doing? に対する返答を入れることと，Aの2回目の発言にある Well, I'm glad it was nothing serious. とつながる発言をすることがポイントである。〔解答例〕では，I feel much better now. と The doctor told me that it will be cured in a couple of days. がそれらに該当する。

(2) Aの2回目の発言にある What are you going to do while you recover at home? に対する返答を入れることと，Aの3回目の発言にある That sounds like an interesting project. とつながる発言をすることがポイントである。〔解答例〕では，I am going to work at my desk on a research project on how people fall in love. がそれらに該当する。

7 解答

1－a　2－c　3－b　4－a　5－a
6－a　7－c　8－c　9－b　10－d

解説　1．問題文は「その女性はどんな新しいものを得ましたか」である。女性の最初の発言で「私の新しいコンピューター」と言っているので，aが正解である。

2．問題文は「すべてが機能しているかどうかを見るのにどのように確認しますか」である。最後の男性の発言で「電源を入れて確認しよう」と言っているので，cが正解である。turn *A* on「*A* の電源を入れる」

3．問題文は「いつ雪が降りましたか」である。女性の2回目の発言で「今は降っていないが，一晩中降っていた」と言っているので，bが正解である。

4．問題文は「彼らは何をするつもりでしたか」である。男性の3回目の発言で「外出するつもりだった」と言っているので，aが正解である。

5．問題文は「なぜ彼らは今日家にいたいのですか」である。男性の3回目の発言で I would rather … keep warm と言っているので，aが正解である。

6．問題文は「フレンチトーストはどこで料理されますか」である。第6文で，Then, drop the bread into the hot frying pan. と言っているので，aが正解である。

7．問題文は「油で調理する前にパンに何をつけるべきですか」である。第5文で，dip the bread into the egg mixture on both sides「パンの両面を卵と牛乳を混ぜたものに浸しなさい」と言っているので，cが正解である。

8．問題文は「クロコダイルとアリゲーターが共通してもっているものは何ですか」である。第2文で，They are both large, dangerous animals that live in the water. と言っているので，cが正解である。

9．問題文は「アリゲーターは普段どこに住んでいますか」である。第6文で，Alligators are found mostly in America と言っているので，bが正解である。

10．問題文は「アリゲーターとクロコダイルとの違いは何ですか」である。第8・9文で，Crocodiles can grow to be as long as 7 meters. Alligators are smaller but can grow to about 4 meters long. と言っているので，dが正解である。

日本史

1 解答

問１．b　問２．c　問３．a　問４．c　問５．b
問６．c

解 説　≪原始～中世の大陸からの影響≫

問１．銅と錫《すず》の合金で作られた青銅器のうち，銅鐸は主として近畿地方で出土した。

問２．好太王（広開土王）は高句麗第19代の国王。領土を広げ高句麗発展の基礎を築いた。子の長寿王が父の功績をたたえ丸都城（中国吉林省集安市）に石碑（好太王碑文）を築いた。

問３．京都・太秦にある広隆寺は，聖徳太子に仕えた側近・秦河勝が創建した。『日本書紀』によると，太子から授かった仏像をまつるために建立したという。

問４．唐の学僧であった鑑真は，日本の僧侶からの要請で来日を試みたが，５度も失敗したのち６度目に渡来し754年に入京した。日本に正式に戒律をもたらすとともに東大寺に戒壇を建て，またのち唐招提寺を開いた。

問５．X．板付遺跡は福岡県に位置した。Y．登呂遺跡は静岡県に位置した。

問６．Ⅱ．輸入された宋銭の浸透によって借上が活動したのは鎌倉時代。Ⅰ．祖阿が派遣されたのは室町時代の日明貿易においてである。Ⅲ．国内で木綿が栽培されるようになったのは戦国時代以降。

2 解答

問１．b　問２．c　問３．c　問４．b　問５．f
問６．d

解 説　≪中世～近代の日欧米関係≫

問１．鉄砲伝来後，鉄砲産地として著名になったのが近江国国友，和泉国堺，紀伊国根来。根来では，伝来地の種子島からいち早く鉄砲が導入され，僧兵らによる根来衆が形成された。

問２．阿部正弘は，天保の改革の失敗で失脚した水野忠邦に代わって老中首座となり，ペリー来航に対応した。

問 3．江戸幕末に欧米との貿易が開始されると，輸出品目の一位を生糸，二位を茶が占めた。

問 4．小村寿太郎は，第 2 次桂太郎内閣の外相として日米通商航海条約を締結し，積年の課題であった関税自主権の完全回復を実現した。

問 5．Ⅲ．ラクスマンの根室来航は寛政の改革中の 1792 年。Ⅱ．異国船打払令は大御所時代の 1825 年に出された。Ⅰ．天保の薪水給与令は天保の改革中の 1842 年に出された。

問 6．Ⅱ．正文。九カ国条約は第一次世界大戦後の 1922 年に調印された。Ⅳ．正文。日米通商航海条約の廃棄通告は日中戦争中の 1939 年。Ⅰ．誤文。日本が占領したドイツの根拠地は青島である。Ⅲ．誤文。日本の国際連盟脱退は日中戦争開戦前である。

3　解答

問 1．a　問 2．a　問 3．b　問 4．c　問 5．b
問 6．c　問 7．c　問 8．c　問 9．b　問 10．d
問 11．a　問 12．b

解説　≪原始～現代の「移動」の歴史≫

問 1．石錘は漁網の錘《おもり》用として用いられた石器である。漁労の発達した縄文時代にあらわれ，石を打ち欠いてつくったものや磨製のものもあった。

問 2．周防国（山口），安芸国（広島）を経由し都と大宰府を結んだ七道は山陽道である。瀬戸内海沿いに整備され，外交の窓口である博多と都をつなぐ重要な官道であった。

問 3．江戸時代前期にあらわれた河村瑞賢は，明暦の大火後に木材取引で巨利を得て豪商となり，幕命により江戸に廻送する米のための東廻り航路・西廻り航路を開いた。

問 4．越後生まれの前島密は明治政府に仕え，全国均一料金の郵便制度の基礎を築いた。

問 5．1925 年開始のラジオ放送は，1931 年勃発の満州事変で出征兵士の安否を気遣う人々がニュースに関心を示すようになり，契約者数を伸ばした。

問 6．東海道新幹線は 1965 年 10 月 1 日に開通したが，それは同年 10 月 10 日に開会式を控えた東京オリンピック開催にあわせたものだった。

問 7．Ⅱ．難波長柄豊碕宮に遷都したのは 645 年の乙巳の変の後。Ⅰ．山背国恭仁京への遷都は740年。Ⅲ．藤原種継暗殺後に平安京遷都が行われたのは794年。

問8．c．誤り。継飛脚は江戸時代のもの。

問9．Ⅰ．正文。五街道を管理した道中奉行は老中配下で，大目付と勘定奉行が兼務した。Ⅳ．正文。一里塚や渡船場は主要な街道に整備された。Ⅱ．誤文。碓氷・木曽福島はともに中山道の関所である。Ⅲ．誤文。大名の宿泊施設は本陣である。

問10．Ⅱ．正文。日本鉄道会社は1881年に華族出資で設立された。Ⅳ．正文。1906年制定の鉄道国有法により私鉄（民営鉄道）の国営化が図られた。Ⅰ．誤文。鉄道の敷設は工部省が中心となって行われた。Ⅲ．誤文。1889年に民営鉄道が官営鉄道を上回った。

問11．X．正文。航海奨励法とともに造船奨励法が公布され，各地への遠洋航路が整備されるようになった。Y．正文。第一次世界大戦の大戦景気によって国内の造船業・海運業が急成長し，日本は世界第3位の海運国となった。

問12．b．誤り。バブル景気は1985年のプラザ合意を契機とし，1980年代後半をピークに1990年代初頭まで続いた。

4 解答

問1．c　問2．c　問3．d　問4．a　問5．c
問6．b　問7．d　問8．c　問9．b　問10．a
問11．b　問12．d

解説　≪原始～現代の社会・事件・文化・運動≫

問1．c．誤文。須恵器は古墳時代に使われた土器。

問2．c．正文。法隆寺創建は飛鳥時代だが，夢殿は奈良時代に建てられ，天平文化に属する。

問3．d．誤文。藤原実資ではなく藤原時平が菅原道真追放を画策した。

問4．a．正文。尾張国の受領だった藤原元命は重税と不当な労働負担を強いたため郡司や有力農民から訴えられ，のち解任された。

問5．c．誤文。観応の擾乱発生後に将軍に就任したのは，足利義尚ではなく足利義詮。

問6．b．正文。鎌倉時代になると，農業先進地帯であった畿内とその周辺で米と麦の二毛作が始まった。

問 7．d．誤文。豊臣秀吉の太閤検地では，1 段は 360 歩ではなく 300 歩とされた。

問 8．c．正文。慶安の変後，末期養子の禁が緩和され，50 歳未満の大名は認められるようになった。

問 9．b．正文。神仏分離令によって，各地で廃仏毀釈運動が激しくなり，多くの寺院が襲撃された。

問 10．a．誤文。高野房太郎らによる労働組合期成会結成は明治時代のこと。

問 11．b．誤文。滝川幸辰は，人民戦線事件ではなく滝川（京大）事件で弾圧された。

問 12．d．誤文。沖縄の祖国復帰運動は 1960 年代に盛んになり，1972 年に施政権が返還された。

世界史

1 **解答**　問１．ｃ　問２．ｄ　問３．ａ　問４．ｂ　問５．ｄ
問６．ｂ　問７．ｃ　問８．ｂ　問９．ｃ　問 10．ａ
問 11．ａ　問 12．ｄ

解説　≪バルカン半島をめぐる歴史≫

問２．ｄ．正解。トラヤヌス帝は五賢帝の一人。五賢帝はネルウァ，トラヤヌス，ハドリアヌス，アントニヌス＝ピウス，マルクス＝アウレリウス＝アントニヌス。

問５．ｄ．正解。バイロンはイギリスのロマン派を代表する情熱詩人。代表作は『チャイルド＝ハロルドの遍歴』。ａ．不適。ハイネはドイツのロマン派叙情詩人。代表作は『歌の本』。ｂ．不適。ドラクロワはフランスのロマン主義絵画を代表する画家。ギリシア独立戦争を題材に「キオス島の虐殺」，フランス七月革命を題材に「民衆を導く自由の女神」を描いた。ｃ．不適。ヴィクトル＝ユゴーはフランスのロマン主義を代表する作家・詩人。代表作は『レ＝ミゼラブル』。

問７．ａ．不適。トリアノン条約は連合国とハンガリーの講和条約。ｂ．不適。セーヴル条約は連合国とオスマン帝国の講和条約。ｄ．不適。サン＝ジェルマン条約は連合国とオーストリアの講和条約。

問８．ａ．誤文。ホメロスの叙事詩は『イリアス』と『オデュッセイア』。『アエネイス』はローマの詩人ウェルギリウスが著した大叙事詩。ｃ．誤文。「万物の尺度は人間」はソフィストの代表的人物プロタゴラスの主張。ソクラテスはアテネの哲学者。対話を通じて「無知の知」の自覚を促した。ｄ．誤文。ソフォクレスはアテネの「三大悲劇作家」の一人。『女の平和』はアテネの喜劇作家アリストファネスの代表作。

問９．ｃ．誤文。コンスタンティノープルが占領されたのは第４回十字軍(1202～04 年)。ローマ教皇インノケンティウス３世が提唱した。ヴェネツィア商人の要求でコンスタンティノープルを占領され，ラテン帝国が建てられた。

問 10．ａ．正解。ボスニア・ヘルツェゴヴィナはバルカン半島西南部の地域でスラヴ系住民が多い。1908 年の青年トルコ革命の際に，オーストリアが完全に併合した。Ｙはキプロス島。1878 年のベルリン条約でイギリスがオスマン帝国から占領と行政権を獲得した。

問 12.　ａ．誤文。ドプチェクが民主化を進めたのはチェコスロヴァキア。「プラハの春」を指導したが，ワルシャワ条約機構軍の介入で失脚した。ｂ．誤文。自主管理労組「連帯」が組織されたのはポーランド。ｃ．誤文。ユーゴスラヴィアが除名されたのはコミンフォルム。

2　解答

問１．ｂ　問２．ｄ　問３．ａ　問４．ｂ　問５．ｃ
問６．ｄ　問７．ｃ　問８．ｃ　問９．ｄ　問 10.　ａ
問 11.　ｂ　問 12.　ａ

解 説　≪中国税制史≫

問５．ｄ．不適。魚鱗図冊は課税の基礎となる土地台帳。

問７．ｃ．正解。マニラはスペインのフィリピン経営の拠点。スペインは，マニラとアカプルコ（メキシコ）を大型帆船のガレオン船で結んだ。

問８．ａ．誤文。司馬睿が建国したのは東晋。西晋の建国者は司馬炎。ｂ．誤文。建康（現在の南京）を都としたのは東晋および南朝の諸王朝。西晋の都は洛陽。ｄ．誤文。西晋時代の帝位をめぐる争いは八王の乱。呉楚七国の乱は，前漢時代に有力諸侯がおこした反乱。

問９．ａ．誤文。安史の乱は，玄宗の寵愛を受けた楊貴妃の一族への安禄山らの反発が原因。ｂ．誤文。白蓮教徒が反乱軍の中心となったのは，元末の紅巾の乱や清代後期におこった白蓮教徒の乱などがある。ｃ．誤文。反乱軍が南京を占領し，天京と改称したのは清末の太平天国の乱。

問 10.　Ｘ．半両銭が統一貨幣として発行されたのは秦代。→Ｙ．世界最古の紙幣交子の発行は北宋時代。→Ｚ．交鈔は金・元代に使用された紙幣。

問 11.　ａ．誤文。キリスト教布教を全面禁止したのは雍正帝。ｃ．誤文。ヨーロッパ船の来航を広州１港に制限したのは乾隆帝。ｄ．誤文。『四書大全』や『五経大全』を編纂させたのは明の永楽帝。清の康熙帝が編纂を命じたのは『康熙字典』『古今図書集成』。

問 12.　Ｘ．正文。戸籍を隠す必要がなくなったことで，届出人口が飛躍的に増加した。Ｙ．正文。16 世紀にアメリカ大陸から伝えられた，トウモロコシやサツマイモなどの荒れ地や山地でも栽培可能な作物は，中国の人口の激増を支えた。

3 解答

問1．d　問2．c　問3．c　問4．b　問5．b
問6．a　問7．d　問8．a　問9．b　問10．c
問11．a　問12．d

解説　≪世界史上の条約≫

問1．X．誤文。エジプト新王国の都はテーベ。アレクサンドリアを都としたのはプトレマイオス朝。Y．誤文。新王国はヒクソスをエジプトから追放して成立した。ヒクソスが流入したのは中王国の末期。

問2．ヴェルダン条約の締結は843年。870年にはメルセン条約が締結され，現在のドイツ・フランス・イタリアの原形が成立した。

問3．ウェストファリア条約は三十年戦争の講和条約。a．誤文。イタリア戦争の講和条約は1559年のカトー＝カンブレジ条約。b．誤文。ウェストファリア条約で，フランスはロレーヌの一部とアルザスを獲得した。d．誤文。ウェストファリア条約で，ドイツ諸領邦のほぼ完全な主権が認められたことで帝国の分裂は決定的となり，神聖ローマ帝国は有名無実化した。ただし，消滅は1806年のナポレオン1世によるライン同盟の結成による。

問5．X．フランスからイギリスにカナダが割譲されたのは1763年のパリ条約（七年戦争とフレンチ＝インディアン戦争の講和）。→Z．イギリスからアメリカ合衆国にミシシッピ川以東のルイジアナが割譲されたのは1783年のパリ条約（アメリカ独立戦争の講和）。→Y．黒海の中立化が定められたのは1856年のパリ条約（クリミア戦争の講和）。

問7．南京条約はアヘン戦争の講和条約。a．誤文。遼東半島は日清戦争の講和条約である下関条約（1895年）で日本に割譲されたが，三国干渉により清に返還された。b．誤文。清は下関条約で朝鮮の独立を認めた。c．誤文。外国軍隊の北京駐屯を認めたのは，1901年の北京議定書（辛丑和約）。義和団事件の講和条約である。

問8．a．不適。マダガスカルはフランスの勢力圏。

問9．補助艦の保有比率は，1930年のロンドン会議で米・英・日の比率が決定。九カ国条約は中国の主権尊重・領土保全などを約束した条約。

問10．X．誤文。ラテラノ条約は，イタリアのムッソリーニ政権とローマ教皇庁とがそれまでの絶縁状態を終わらせ和解した協定。Y．正文。

問11．ｂ．不適。中国とアメリカ合衆国との国交の正常化は1979年。ｃ．不適。ソ連のアフガニスタン侵攻は1979年。1989年には撤退した。ｄ．不適。冷戦終結の宣言は1989年。マルタ会談で宣言された。

問12．レーガン大統領の在任期間は1981～89年。ｄ．正解。中距離核戦力（INF）全廃条約の調印は1987年。ａ．不適。包括的核実験禁止条約（CTBT）が国連総会で採択されたのは1996年。ｂ．不適。部分的核実験禁止条約の調印は1963年。ｃ．不適。核拡散防止条約（NPT）の調印は1968年。

問八　生徒Ａがショックを受けている理由はニホンジカやイノシシが駆除の対象になっていること。生徒Ｂはそのことに共感している。

問九　ａは「三分の一以下まで」、ｂは「減少しなくなり」、ｄは「これまでで最低」がそれぞれ間違い。

問十　空欄前の「そう思うんだけど」は〈面倒を見られないなら飼うべきでないと思うが〉ということを指す。「…けど」は逆接の助詞であることに着目して、空欄⑨には、ペットを捨てざるを得ない事情など、手前の考えと対立する事柄が入る。また、生徒Ｂの「犬も室内で飼える」という発言から、住居にかかわることと考えられる。

問十一　犬や猫の引き取り数の減少が殺処分率の減少をもたらすには、引き取った側の負担の軽減があり、その余力をどう使うかを考える。

三

解答

問一　(1)—ｂ　(2)—ｃ　(3)—ｃ

問二　(1)—ｄ　(2)—ｃ

二

出典　環境省『令和三年版　環境・循環型社会・生物多様性白書』〈第2部　各分野の施策等に関する報告　第2章　生物多様性の保全及び持続可能な利用に関する取組　第5節　野生生物の適切な保護管理と外来種対策の強化　2　野生鳥獣の保護管理　(1)　野生鳥獣の管理の強化〉

解答

問一　d

問二　c

問三　d

問四　d

問五　c

問六　d

問七　c

問八　b

問九　c

問十　d

問十一　b

解説

問一　傍線部①の前文より「生息数が増加」「生息域が拡大」を踏まえているものを選ぶ。

問二　空欄②は捕獲活動を集中して強化する状態を表している。

問三　a・bはcを修飾し、傍線部③の「事業」はa・b・cのような形でd「管理を推進するもの」と捉える。

問六　dは鳥獣による被害を減少させる対策ではない。

問七　全体の捕獲数は二〇一六・二〇一八年などに、狩猟による捕獲数は二〇一五年から微減しているから、a・bの「減じることなく増加」は不適当。dは、「二〇一〇年前後」が誤りで、正しくは「二〇一五年」である。

問二　空欄Ⅳの前は〈偏見や先入観は気づきにくい〉ということを述べ、後では〈ちょっとしたことに対する感受性こそ必要だ〉としている。前後は逆接の関係。

問三　一つ目の空欄イの直後「求めている」をヒントに、苦悩を解消するために人は何を求めるのかを考える。二つ目の空欄イの直後には「に至る」とあり、その次の文に「確信に至る」とあるので確定できるだろう。

問四　「至る」は動詞。a・eは連体詞。bは副詞。dは形容動詞。cは動詞（「似る」の連用形）＋存続の助動詞「た」である。

問五　傍線部2の「ここ」は悩みを通して何らかの倫理的な確信を得た状態のこと。つまり、悩みから確信への変化を含むものを探す。bは、友だちの言葉による悩みを母親に打ち明けて、自己の正当性などの確信を得て「気持ちが楽に」なっている。

問六　dは「ひとつになっている」が間違い。

問七　傍線部4は次々段にある「日常の在り方そのものを変えてしまう」ような問いのこと。aはごみ削減、bは子供の教育、dは家計の負担、eは我々が食べているものという問いを経て、行動が変容する可能性がある。

問九　前文にある「限られた貯金」を養育費と治療費のどちらに充てるかに悩むのは優先順位を考えることになる。

問十　前文を参考にすると「危険なこと」というのは摩擦やひっかかりへの意識をもつ、つまりなすべきことに気づいていながら無視すること。eは、ダイエット中に葛藤しつつもつい有名店のケーキを食べてしまった、というだけで該当しない。

問十一　空欄の前の記述から、「［エ］不正義」は、「認識的不正義」に含まれ、かつ「証言的不正義」と対照的な内容となる。同じ段落末尾の「本来在るべき仕方とは…してしまったりすること」に相当するのはbである。

問十二　同じようにスーパーで肉を買うのでも、空欄Ⅲの段落に書かれているような問いは「日常のうちに含まれた問い」だが、その次の段落にある「動物の苦痛を考えて…」という問いは「倫理の問い」である。

国語

一

出典　佐藤岳詩『「倫理の問題」とは何か　メタ倫理学から考える』〈第五章　日常とかかわりあいの倫理〉（光文社新書）

解答

問一　b

問二　d

問三　d

問四　c

問五　b

問六　c

問七　c

問八　c

問九　d

問十　e

問十一　b

問十二　d

解説

問一　空欄アの前後から、「日常にひっかかりが生じる」原因の一つが「異質なものと出会ったとき」だと述べているが、具体的に言い換えているわけではなく、一般的にわかりやすい状況を述べていることから考える。

////////////////// · memo · //////////////////

//////////////////// · memo · ////////////////////

//////////////////// · memo · ///////////////////

//////////////////// · memo · ////////////////////

//////////////////// ·memo· ////////////////////

//////////////////// · memo · ////////////////////

教学社 刊行一覧

2025年版 大学赤本シリーズ

374大学556点
全都道府県を網羅

国公立大学（都道府県順）

全国の書店で取り扱っています。店頭にない場合は，お取り寄せができます。

1 北海道大学（文系－前期日程）
2 北海道大学（理系－前期日程） 医
3 北海道大学（後期日程）
4 旭川医科大学（医学部〈医学科〉） 医
5 小樽商科大学
6 帯広畜産大学
7 北海道教育大学
8 室蘭工業大学／北見工業大学
9 釧路公立大学
10 公立千歳科学技術大学
11 公立はこだて未来大学 総推
12 札幌医科大学（医学部） 医
13 弘前大学 医
14 岩手大学
15 岩手県立大学・盛岡短期大学部・宮古短期大学部
16 東北大学（文系－前期日程）
17 東北大学（理系－前期日程） 医
18 東北大学（後期日程）
19 宮城教育大学
20 宮城大学
21 秋田大学 医
22 秋田県立大学
23 国際教養大学 総推
24 山形大学 医
25 福島大学
26 会津大学
27 福島県立医科大学（医・保健科学部） 医
28 茨城大学（文系）
29 茨城大学（理系）
30 筑波大学（推薦入試） 医 総推
31 筑波大学（文系－前期日程）
32 筑波大学（理系－前期日程） 医
33 筑波大学（後期日程）
34 宇都宮大学
35 群馬大学 医
36 群馬県立女子大学
37 高崎経済大学
38 前橋工科大学
39 埼玉大学（文系）
40 埼玉大学（理系）
41 千葉大学（文系－前期日程）
42 千葉大学（理系－前期日程） 医
43 千葉大学（後期日程） 医
44 東京大学（文科） DL
45 東京大学（理科） DL 医
46 お茶の水女子大学
47 電気通信大学
48 東京外国語大学 DL
49 東京海洋大学
50 東京科学大学（旧 東京工業大学）
51 東京科学大学（旧 東京医科歯科大学） 医
52 東京学芸大学
53 東京藝術大学
54 東京農工大学
55 一橋大学（前期日程）
56 一橋大学（後期日程）
57 東京都立大学（文系）
58 東京都立大学（理系）
59 横浜国立大学（文系）
60 横浜国立大学（理系）
61 横浜市立大学（国際教養・国際商・理・データサイエンス・医〈看護〉学部）
62 横浜市立大学（医学部〈医学科〉） 医
63 新潟大学（人文・教育〈文系〉・法・経済科・医〈看護〉・創生学部）
64 新潟大学（教育〈理系〉・理・医〈看護を除く〉・歯・工・農学部） 医
65 新潟県立大学
66 富山大学（文系）
67 富山大学（理系） 医
68 富山県立大学
69 金沢大学（文系）
70 金沢大学（理系） 医
71 福井大学（教育・医〈看護〉・工・国際地域学部）
72 福井大学（医学部〈医学科〉） 医
73 福井県立大学
74 山梨大学（教育・医〈看護〉・工・生命環境学部）
75 山梨大学（医学部〈医学科〉） 医
76 都留文科大学
77 信州大学（文系－前期日程）
78 信州大学（理系－前期日程） 医
79 信州大学（後期日程）
80 公立諏訪東京理科大学 総推
81 岐阜大学（前期日程） 医
82 岐阜大学（後期日程）
83 岐阜薬科大学
84 静岡大学（前期日程）
85 静岡大学（後期日程）
86 浜松医科大学（医学部〈医学科〉） 医
87 静岡県立大学
88 静岡文化芸術大学
89 名古屋大学（文系）
90 名古屋大学（理系） 医
91 愛知教育大学
92 名古屋工業大学
93 愛知県立大学
94 名古屋市立大学（経済・人文社会・芸術工・看護・総合生命理・データサイエンス学部）
95 名古屋市立大学（医学部〈医学科〉） 医
96 名古屋市立大学（薬学部）
97 三重大学（人文・教育・医〈看護〉学部）
98 三重大学（医〈医〉・工・生物資源学部） 医
99 滋賀大学
100 滋賀医科大学（医学部〈医学科〉） 医
101 滋賀県立大学
102 京都大学（文系）
103 京都大学（理系） 医
104 京都教育大学
105 京都工芸繊維大学
106 京都府立大学
107 京都府立医科大学（医学部〈医学科〉） 医
108 大阪大学（文系） DL
109 大阪大学（理系） 医
110 大阪教育大学
111 大阪公立大学（現代システム科学域〈文系〉・文・法・経済・商・看護・生活科〈居住環境・人間福祉〉学部－前期日程）
112 大阪公立大学（現代システム科学域〈理系〉・理・工・農・獣医・医・生活科〈食栄養〉学部－前期日程） 医
113 大阪公立大学（中期日程）
114 大阪公立大学（後期日程）
115 神戸大学（文系－前期日程）
116 神戸大学（理系－前期日程） 医
117 神戸大学（後期日程）
118 神戸市外国語大学 DL
119 兵庫県立大学（国際商経・社会情報科・看護学部）
120 兵庫県立大学（工・理・環境人間学部）
121 奈良教育大学／奈良県立大学
122 奈良女子大学
123 奈良県立医科大学（医学部〈医学科〉） 医
124 和歌山大学
125 和歌山県立医科大学（医・薬学部） 医
126 鳥取大学 医
127 公立鳥取環境大学
128 島根大学 医
129 岡山大学（文系）
130 岡山大学（理系） 医
131 岡山県立大学
132 広島大学（文系－前期日程）
133 広島大学（理系－前期日程） 医
134 広島大学（後期日程）
135 尾道市立大学 総推
136 県立広島大学
137 広島市立大学
138 福山市立大学 総推
139 山口大学（人文・教育〈文系〉・経済・医〈看護〉・国際総合科学部）
140 山口大学（教育〈理系〉・理・医〈看護を除く〉・工・農・共同獣医学部） 医
141 山陽小野田市立山口東京理科大学 総推
142 下関市立大学／山口県立大学
143 周南公立大学 新 総推
144 徳島大学 医
145 香川大学 医
146 愛媛大学 医
147 高知大学 医
148 高知工科大学
149 九州大学（文系－前期日程）
150 九州大学（理系－前期日程） 医
151 九州大学（後期日程）
152 九州工業大学
153 福岡教育大学
154 北九州市立大学
155 九州歯科大学
156 福岡県立大学／福岡女子大学
157 佐賀大学 医
158 長崎大学（多文化社会・教育〈文系〉・経済・医〈保健〉・環境科〈文系〉学部）
159 長崎大学（教育〈理系〉・医〈医〉・歯・薬・情報データ科・工・環境科〈理系〉・水産学部） 医
160 長崎県立大学 総推
161 熊本大学（文・教育・法・医〈看護〉学部・情報融合学環〈文系型〉）
162 熊本大学（理・医〈看護を除く〉・薬・工学部・情報融合学環〈理系型〉） 医
163 熊本県立大学
164 大分大学（教育・経済・医〈看護〉・理工・福祉健康科学部）
165 大分大学（医学部〈医・先進医療科学科〉） 医
166 宮崎大学（教育・医〈看護〉・工・農・地域資源創成学部）
167 宮崎大学（医学部〈医学科〉） 医
168 鹿児島大学（文系）
169 鹿児島大学（理系） 医
170 琉球大学 医

2025年版　大学赤本シリーズ

国公立大学 その他

171 〔国公立大〕医学部医学科 総合型選抜・学校推薦型選抜※ 医 総推
172 看護・医療系大学〈国公立 東日本〉※
173 看護・医療系大学〈国公立 中日本〉※
174 看護・医療系大学〈国公立 西日本〉※
175 海上保安大学校／気象大学校
176 航空保安大学校
177 国立看護大学校
178 防衛大学校 総推
179 防衛医科大学校(医学科) 医
180 防衛医科大学校(看護学科)

※No.171～174の収載大学は赤本ウェブサイト(http://akahon.net/)でご確認ください。

私立大学①

北海道の大学(50音順)
201 札幌大学
202 札幌学院大学
203 北星学園大学
204 北海学園大学
205 北海道医療大学
206 北海道科学大学
207 北海道武蔵女子大学・短期大学
208 酪農学園大学(獣医学群〈獣医学類〉)

東北の大学(50音順)
209 岩手医科大学(医・歯・薬学部) 医
210 仙台大学 総推
211 東北医科薬科大学(医・薬学部) 医
212 東北学院大学
213 東北工業大学
214 東北福祉大学
215 宮城学院女子大学 総推

関東の大学(50音順)
あ行(関東の大学)
216 青山学院大学(法・国際政治経済学部－個別学部日程)
217 青山学院大学(経済学部－個別学部日程)
218 青山学院大学(経営学部－個別学部日程)
219 青山学院大学(文・教育人間科学部－個別学部日程)
220 青山学院大学(総合文化政策・社会情報・地球社会共生・コミュニティ人間科学部－個別学部日程)
221 青山学院大学(理工学部－個別学部日程)
222 青山学院大学(全学部日程)
223 麻布大学(獣医、生命・環境科学部)
224 亜細亜大学
226 桜美林大学
227 大妻女子大学・短期大学部

か行(関東の大学)
228 学習院大学(法学部－コア試験)
229 学習院大学(経済学部－コア試験)
230 学習院大学(文学部－コア試験)
231 学習院大学(国際社会科学部－コア試験)
232 学習院大学(理学部－コア試験)
233 学習院女子大学
234 神奈川大学(給費生試験)
235 神奈川大学(一般入試)
236 神奈川工科大学
237 鎌倉女子大学・短期大学部
238 川村学園女子大学
239 神田外語大学
240 関東学院大学
241 北里大学(理学部)
242 北里大学(医学部) 医
243 北里大学(薬学部)
244 北里大学(看護・医療衛生学部)
245 北里大学(未来工・獣医・海洋生命科学部)
246 共立女子大学・短期大学
247 杏林大学(医学部) 医
248 杏林大学(保健学部)
249 群馬医療福祉大学・短期大学部
250 群馬パース大学 総推
251 慶應義塾大学(法学部)
252 慶應義塾大学(経済学部)
253 慶應義塾大学(商学部)
254 慶應義塾大学(文学部) 総推
255 慶應義塾大学(総合政策学部)
256 慶應義塾大学(環境情報学部)
257 慶應義塾大学(理工学部)
258 慶應義塾大学(医学部) 医
259 慶應義塾大学(薬学部)
260 慶應義塾大学(看護医療学部)
261 工学院大学
262 國學院大學
263 国際医療福祉大学 医
264 国際基督教大学
265 国士舘大学
266 駒澤大学(一般選抜T方式・S方式)
267 駒澤大学(全学部統一日程選抜)

さ行(関東の大学)
268 埼玉医科大学(医学部) 医
269 相模女子大学・短期大学部
270 産業能率大学
271 自治医科大学(医学部) 医
272 自治医科大学(看護学部)／東京慈恵会医科大学(医学部〈看護学科〉)
273 実践女子大学 総推
274 芝浦工業大学(前期日程)
275 芝浦工業大学(全学統一日程・後期日程)
276 十文字学園女子大学
277 淑徳大学
278 順天堂大学(医学部) 医
279 順天堂大学(スポーツ健康科・医療看護・保健看護・国際教養・保健医療・医療科・健康データサイエンス・薬学部) 総推
280 上智大学(神・文・総合人間科学部)
281 上智大学(法・経済学部)
282 上智大学(外国語・総合グローバル学部)
283 上智大学(理工学部)
284 上智大学(TEAPスコア利用方式)
285 湘南工科大学
286 昭和大学(医学部) 医
287 昭和大学(歯・薬・保健医療学部)
288 昭和女子大学
289 昭和薬科大学
290 女子栄養大学・短期大学部 総推
291 白百合女子大学
292 成蹊大学(法学部－A方式)
293 成蹊大学(経済・経営学部－A方式)
294 成蹊大学(文学部－A方式)
295 成蹊大学(理工学部－A方式)
296 成蹊大学(E方式・G方式・P方式)
297 成城大学(経済・社会イノベーション学部－A方式)
298 成城大学(文芸・法学部－A方式)
299 成城大学(S方式〈全学部統一選抜〉)
300 聖心女子大学
301 清泉女子大学
303 聖マリアンナ医科大学 医
304 聖路加国際大学(看護学部)
305 専修大学(スカラシップ・全国入試)
306 専修大学(前期入試〈学部個別入試〉)
307 専修大学(前期入試〈全学部入試・スカラシップ入試〉)

た行(関東の大学)
308 大正大学
309 大東文化大学
310 高崎健康福祉大学
311 拓殖大学
312 玉川大学
313 多摩美術大学
314 千葉工業大学
315 中央大学(法学部－学部別選抜)
316 中央大学(経済学部－学部別選抜)
317 中央大学(商学部－学部別選抜)
318 中央大学(文学部－学部別選抜)
319 中央大学(総合政策学部－学部別選抜)
320 中央大学(国際経営・国際情報学部－学部別選抜)
321 中央大学(理工学部－学部別選抜)
322 中央大学(5学部共通選抜)
323 中央学院大学
324 津田塾大学
325 帝京大学(薬・経済・法・文・外国語・教育・理工・医療技術・福岡医療技術学部)
326 帝京大学(医学部) 医
327 帝京科学大学 総推
328 帝京平成大学 総推
329 東海大学(医〈医〉学部を除く－一般選抜)
330 東海大学(文系・理系学部統一選抜)
331 東海大学(医学部〈医学科〉) 医
332 東京医科大学(医学部〈医学科〉) 医
333 東京家政大学・短期大学部 総推
334 東京経済大学
335 東京工科大学
336 東京工芸大学
337 東京国際大学
338 東京歯科大学
339 東京慈恵会医科大学(医学部〈医学科〉) 医
340 東京情報大学
341 東京女子大学
342 東京女子医科大学(医学部) 医
343 東京電機大学
344 東京都市大学
345 東京農業大学
346 東京薬科大学(薬学部) 総推
347 東京薬科大学(生命科学部) 総推
348 東京理科大学(理学部〈第一部〉－B方式)
349 東京理科大学(創域理工学部－B方式・S方式)
350 東京理科大学(工学部－B方式)
351 東京理科大学(先進工学部－B方式)
352 東京理科大学(薬学部－B方式)
353 東京理科大学(経営学部－B方式)
354 東京理科大学(C方式、グローバル方式、理学部〈第二部〉－B方式)
355 東邦大学(医学部) 医
356 東邦大学(薬学部)

2025年版　大学赤本シリーズ

私立大学②

357 東邦大学（理・看護・健康科学部）
358 東洋大学（文・経済・経営・法・社会・国際・国際観光学部）
359 東洋大学（情報連携・福祉社会デザイン・健康スポーツ科・理工・総合情報・生命科・食環境科学部）
360 東洋大学（英語〈3日程×3カ年〉）
361 東洋大学（国語〈3日程×3カ年〉）
362 東洋大学（日本史・世界史〈2日程×3カ年〉）
363 東洋英和女学院大学
364 常磐大学・短期大学 総推
365 獨協大学
366 獨協医科大学（医学部） 医

な行（関東の大学）

367 二松学舎大学
368 日本大学（法学部）
369 日本大学（経済学部）
370 日本大学（商学部）
371 日本大学（文理学部〈文系〉）
372 日本大学（文理学部〈理系〉）
373 日本大学（芸術学部〈専門試験併用型〉）
374 日本大学（国際関係学部）
375 日本大学（危機管理・スポーツ科学部）
376 日本大学（理工学部）
377 日本大学（生産工・工学部）
378 日本大学（生物資源科学部）
379 日本大学（医学部） 医
380 日本大学（歯・松戸歯学部）
381 日本大学（薬学部）
382 日本大学（N全学統一方式−医・芸術〈専門試験併用型〉学部を除く）
383 日本医科大学 医
384 日本工業大学
385 日本歯科大学
386 日本社会事業大学 総推
387 日本獣医生命科学大学
388 日本女子大学
389 日本体育大学

は行（関東の大学）

390 白鷗大学（学業特待選抜・一般選抜）
391 フェリス女学院大学
392 文教大学
393 法政大学（法〈I日程〉・文〈II日程〉・経営〈II日程〉学部−A方式）
394 法政大学（法〈II日程〉・国際文化・キャリアデザイン学部−A方式）
395 法政大学（文〈I日程〉・経営〈I日程〉・人間環境・グローバル教養学部−A方式）
396 法政大学（経済〈I日程〉・社会〈I日程〉・現代福祉学部−A方式）
397 法政大学（経済〈II日程〉・社会〈II日程〉・スポーツ健康学部−A方式）
398 法政大学（情報科・デザイン工・理工・生命科学部−A方式）
399 法政大学（T日程〈統一日程〉・英語外部試験利用入試）
400 星薬科大学 総推

ま行（関東の大学）

401 武蔵大学
402 武蔵野大学
403 武蔵野美術大学
404 明海大学
405 明治大学（法学部−学部別入試）
406 明治大学（政治経済学部−学部別入試）
407 明治大学（商学部−学部別入試）
408 明治大学（経営学部−学部別入試）
409 明治大学（文学部−学部別入試）
410 明治大学（国際日本学部−学部別入試）
411 明治大学（情報コミュニケーション学部−学部別入試）
412 明治大学（理工学部−学部別入試）
413 明治大学（総合数理学部−学部別入試）
414 明治大学（農学部−学部別入試）
415 明治大学（全学部統一入試）
416 明治学院大学（A日程）
417 明治学院大学（全学部日程）
418 明治薬科大学 総推
419 明星大学
420 目白大学・短期大学部

ら・わ行（関東の大学）

421 立教大学（文系学部−一般入試〈大学独自の英語を課さない日程〉）
422 立教大学（国語〈3日程×3カ年〉）
423 立教大学（日本史・世界史〈2日程×3カ年〉）
424 立教大学（文学部−一般入試〈大学独自の英語を課す日程〉）
425 立教大学（理学部−一般入試）
426 立正大学
427 早稲田大学（法学部）
428 早稲田大学（政治経済学部）
429 早稲田大学（商学部）
430 早稲田大学（社会科学部）
431 早稲田大学（文学部）
432 早稲田大学（文化構想学部）
433 早稲田大学（教育学部〈文科系〉）
434 早稲田大学（教育学部〈理科系〉）
435 早稲田大学（人間科・スポーツ科学部）
436 早稲田大学（国際教養学部）
437 早稲田大学（基幹理工・創造理工・先進理工学部）
438 和洋女子大学 総推

中部の大学（50音順）

439 愛知大学
440 愛知医科大学（医学部） 医
441 愛知学院大学・短期大学部
442 愛知工業大学 総推
443 愛知淑徳大学
444 朝日大学 総推
445 金沢医科大学（医学部） 医
446 金沢工業大学
447 岐阜聖徳学園大学 総推
448 金城学院大学
449 至学館大学 総推
450 静岡理工科大学
451 椙山女学園大学
452 大同大学
453 中京大学
454 中部大学
455 名古屋外国語大学 総推
456 名古屋学院大学 総推
457 名古屋学芸大学 総推
458 名古屋女子大学 総推
459 南山大学（外国語〈英米〉・法・総合政策・国際教養学部）
460 南山大学（人文・外国語〈英米を除く〉・経済・経営・理工学部）
461 新潟国際情報大学
462 日本福祉大学
463 福井工業大学
464 藤田医科大学（医学部） 医
465 藤田医科大学（医療科・保健衛生学部）
466 名城大学（法・経営・経済・外国語・人間・都市情報学部）
467 名城大学（情報工・理工・農・薬学部）
468 山梨学院大学

近畿の大学（50音順）

469 追手門学院大学 総推
470 大阪医科薬科大学（医学部） 医
471 大阪医科薬科大学（薬学部） 総推
472 大阪学院大学 総推
473 大阪経済大学 総推
474 大阪経済法科大学 総推
475 大阪工業大学 総推
476 大阪国際大学・短期大学部 総推
477 大阪産業大学 総推
478 大阪歯科大学（歯学部）
479 大阪商業大学 総推
480 大阪成蹊大学・短期大学 総推
481 大谷大学 総推
482 大手前大学・短期大学 総推
483 関西大学（文系）
484 関西大学（理系）
485 関西大学（英語〈3日程×3カ年〉）
486 関西大学（国語〈3日程×3カ年〉）
487 関西大学（日本史・世界史・文系数学〈3日程×3カ年〉）
488 関西医科大学（医学部） 医
489 関西医療大学 総推
490 関西外国語大学・短期大学部 総推
491 関西学院大学（文・法・商・人間福祉・総合政策学部−学部個別日程）
492 関西学院大学（神・社会・経済・国際・教育学部−学部個別日程）
493 関西学院大学（全学部日程〈文系型〉）
494 関西学院大学（全学部日程〈理系型〉）
495 関西学院大学（共通テスト併用日程〈数学〉・英数日程）
496 関西学院大学（英語〈3日程×3カ年〉） 新
497 関西学院大学（国語〈3日程×3カ年〉） 新
498 関西学院大学（日本史・世界史・文系数学〈3日程×3カ年〉） 新
499 畿央大学 総推
500 京都外国語大学・短期大学 総推
502 京都産業大学（公募推薦入試） 総推
503 京都産業大学（一般選抜入試〈前期日程〉）
504 京都女子大学 総推
505 京都先端科学大学 総推
506 京都橘大学 総推
507 京都ノートルダム女子大学 総推
508 京都薬科大学 総推
509 近畿大学・短期大学部（医学部を除く−推薦入試） 総推
510 近畿大学・短期大学部（医学部を除く−一般入試前期）
511 近畿大学（英語〈医学部を除く3日程×3カ年〉）
512 近畿大学（理系数学〈医学部を除く3日程×3カ年〉）
513 近畿大学（国語〈医学部を除く3日程×3カ年〉）
514 近畿大学（医学部−推薦入試・一般入試前期） 医 総推
515 近畿大学・短期大学部（一般入試後期） 医
516 皇學館大学 総推
517 甲南大学 総推
518 甲南女子大学（学校推薦型選抜） 新 総推
519 神戸学院大学 総推
520 神戸国際大学 総推
521 神戸女学院大学 総推
522 神戸女子大学・短期大学 総推
523 神戸薬科大学 総推
524 四天王寺大学・短期大学部 総推
525 摂南大学（公募制推薦入試） 総推
526 摂南大学（一般選抜前期日程）
527 帝塚山学院大学 総推
528 同志社大学（法、グローバル・コミュニケーション学部−学部個別日程）

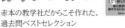

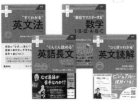

2025 年版　大学赤本シリーズ　No. 500

京都外国語大学
京都外国語短期大学

2024 年 6 月 30 日　第 1 刷発行
ISBN978-4-325-26559-7
定価は裏表紙に表示しています

編　集　教学社編集部
発行者　上原 寿明
発行所　教学社
〒606-0031
京都市左京区岩倉南桑原町56
電話　075-721-6500
振替　01020-1-15695
印　刷　共同印刷工業

- 乱丁・落丁等につきましてはお取替えいたします。
- 本書に関する最新の情報（訂正を含む）は，赤本ウェブサイト http://akahon.net/ の書籍の詳細ページでご確認いただけます。
- 本書は当社編集部の責任のもと独自に作成したものです。本書の内容についてのお問い合わせは，赤本ウェブサイトの「お問い合わせ」より，必要事項をご記入の上ご連絡ください。電話でのお問い合わせは受け付けておりません。なお，受験指導など，本書掲載内容以外の事柄に関しては，お答えしかねます。また，ご質問の内容によってはお時間をいただく場合がありますので，あらかじめご了承ください。

- 本シリーズ掲載の入試問題等について，万一，掲載許可手続等に遺漏や不備があると思われるものがございましたら，当社編集部までお知らせください。